KB235483

인문학
박물관
에서

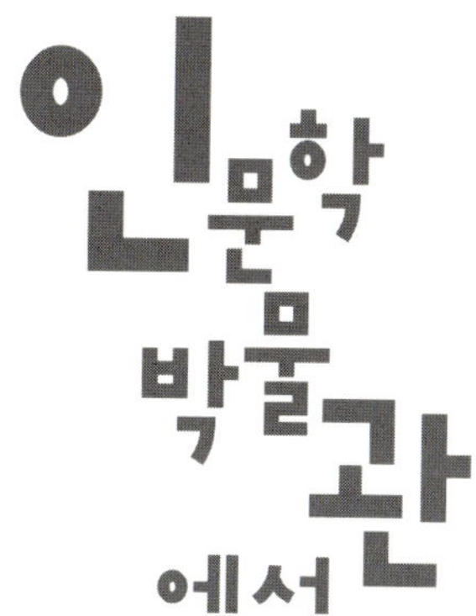

인문학 박물관에서

어떻게 살아야 하는가를 말하는
인문학자 12인의 육성

인물과
사상사

왜 ‘인문학박물관’ 일까

인문학박물관은 우리 사회에 인문학의 위기 담론이 한창일 때 세워졌습니다. 중앙고등학교 100주년 기념관으로 인문학박물관을 만들겠다고 이야기했을 때 누군가는 인문학을 박물학적으로 보겠다는 것은, 인문학에 종지부를 찍겠다는 의미가 아니냐고 반문하기도 했습니다. 하지만 ‘인문학박물관’ 이라는 이름에 과연 그러한 의미가 담겨 있을까요? 왜 인문학박물관일까요?

우리 민족은 지난 세기 동안 삶을 설계하고 평가하는 기준을 마련하는 데 많은 혼란을 겪었습니다. 그러나 이제는 세상을 보는 눈과 이를 바르게 가다듬을 수 있는 우리의 가치평가 원리를 마련해야 할 때입니다. 국민으로서의 행동기준이나 시장에서 살아남기 위한 가치기준 위에 있는 어떤 인식모델과 선택결정 모범이 필요합니다. 말하자면 세계관과 인간관, 가치관의 최선치에 대한 근대적 인류의 척도가 있어야 합니다. 하지만 근대화와 산업화, 자본주의와 사회주의 등 다양한 이념이 우리를 지배하면서 우리는 전쟁과 혁명, 쿠데타로 대표되는 반항의 세월만 살아온 것 같습니다. 이 시기 우리가 만든 모든 것에 대한 객관적인 평가나 교육, 문화, 심의를 위한 어떤 보편적인 기준도 없었습니다. 국가가 만든 보국안민의 기준, 이념의 기준 등만 난무했습니다.

인문학박물관은 이러한 세월을 뒤로 하고 오늘날 우리 인문학의 정체성을 올바로 파악하고 재정립하자는 기치 아래 설립되었습니다. 한 사회가 나아갈 이상적 상태와 공동체의 합의를 이끌어낼 수 있는 공공의 잣대를 세우기 위해, 인간과 인간의 사회에 필요한 가치기준을 찾기 위해 인간과 사회, 그리고 역사를 낱낱이 살펴보고자 세워졌습니다. 그래서 인간이 만든 모든 것, 인간 자체와 제도, 일과 사물, 사건과 관념 등에 대한 체험의 증언과 기록, 표현과 연구에 담긴 인간의 반응과 사유를 통해 우리의 삶이 스스로 최소한의 공리를 말할 수 있도록 자료를 수집하고 적절히 배열하는 일을 하는 곳으로서 '인문학박물관' 이라는 이름을 달게 되었습니다.

서
문

이 책은 우리 대표 인문학자들과 일반 청중들이 인문학박물관에 모여 어떻게 살아야 하는가를 고민했던 시간들을 고스란히 담은 것입니다. 인문학박물관 개관 후 첫 번째 작업으로서, 어려운 학술적 논쟁의 장이라기보다는 인문학자들의 경험과 사유를 들으면서 일반 청중들이 지닌 삶의 고민들을 함께 풀어보는 형식의 포럼이었습니다. 우리 인문학의 정체성 문제를 늘 고민하고 있는 대표 인문학자들의 풍부하고 진솔한 이야기를 그대로 흘려보내기 아쉬워 이 시대에 어떻게 살아야 할지 막막해하고 있는 분들에게 일말의 도움이 될 것이라 믿고 책으로까지 엮게 되었습니다.

여러 가지로 준비가 미흡했지만 기꺼이 초대에 응해주시고 출판까지 허락해주신 12명의 인문학자 분들께 진심으로 감사드립니다. 더불어 포럼에 참석해주신 청중들께도 깊이 감사드립니다. 그분들이 하신 질문들이 기명도 되지 않을 채 책에 실리게 된 것 또한 송구스럽고 감사합니다. 앞으로도 인문학박물관은 우리 인문학과 삶의 문제를 함께 생각해볼 수 있는 자리를 꾸준히 마련해나갈 것입니다. 인문학박물관에 대한 지속적인 관심과 날카로운 비판, 잊지 말아주십시오.

2010년 5월

인문학박물관에서

우리 인문학의 어제와 오늘

진중권

서울대학교에서 미학을, 독일 베를린자유대학교에서 철학을 연구했다. 미학자로서 그리고 사회비평가로서 활동하며 한편으로 에어택시 드라이버로서의 비상을 꿈꾸고 있다. 저서에는 《미학 오디세이》, 《춤추는 죽음》, 《폭력과 상스러움》, 《정재승+진중권 크로스》 등이 있다.

홍윤기

서울대학교와 독일 베를린자유대학교에서 철학을 연구했다. 현재 동국대학교에서 철학을 가르치고 있으며 '시민과 세계'의 공동편집인으로 활동하는 등 다양한 글쓰기 및 사회 참여를 통해 대중과의 소통을 모색하고 있다. 하버마스의 책과 울리히 벡의 책을 소개하기도 했다.

강성원 —— 안녕하세요. 인문학박물관 학예실장 강성원입니다. 인문학박물관 개관 이후 첫 사업인 오늘 포럼은 인문학박물관이 앞으로 해야 할 일들과 관련해 우리 인문학계의 대표적인 이론가 몇 분과 함께 이야기를 나누어보고자 마련한 자리입니다. 이런 취지에서 우선 과거 우리 근대 인문학이 성립되어온 역사를 개괄적으로 되돌아보고 근대 인문학에 진정성이나 공공성이 있었다면, 혹은 거짓이나 환멸이 있었다면 그것은 무엇인지 짚어보려 합니다. 그리고 문제가 있었다면 문제를 개선할 수 있는 여지와 발전 방향에 관해서도 의견을 들어보고자 합니다.

저는 요즘 우리 인문학의 문제들을 총체적으로 그 밑동에서부터 제대로 다시 한 번 확인해야 한다는 요구가 우리 사회 구성원 누구나의 마음속에 간절히 들어차 있다는 느낌을 받을 때가 많습니다. 가정생활이든 사회생활이든 간에 우리는 이곳에서 살아남고자 허우적대는 자신의 모습을 되돌아보고 이런 상태에서 벗어날 수 있을 길을 묻고자 결국은 인문학에 마음을 두어보는 것이 아닌가 싶습니다.

그런데 근대화 이후 현재까지 학계에서 중요하게 거론하는 근대 인문학의 계보를 따라가다 만나게 되는 몇몇 장면은 우리가 살아온 날들의 전체상과 진실, 분노와 좌절에 대해 제대로 말해주거나 밝혀주지 않고 있습니다.

그것은 식민지근대화론의 연장선상에 있는 근대화 문화의 역사, 그 이상을 보여주지 않습니다. 그래서 합리적이며 인본주의적인 사회를 실현하고자 하는 욕구가 더욱 보편화되고 커지고 있는 이 시대에 인문학의 올바른 가치를 정립하는 일은 지금 우리 인문학계, 아니 우리 사회에 던져진 가장 시급한 과제인지도 모르겠습니다.

인문학박물관이 준비한 이번 포럼은 우리 인문학의 정체성을 확립하고 앞으로의 삶의 지표를 찾기 위해, 결국 아름다운 삶과 문화를 누리기 위해 우리가 할 수 있는 일들이 무엇인가 살펴보고 우리 사회에 맞는 가치관 등을 가다듬어보고자 마련한 것입니다. 그래서 우리 인문학자들 중 주로 이런 문제에 관심을 가지고 연구해온 분들과 함께 우리 근대 인문학의 전개에 관련된 전반적 문제들을 비판적 논점들 중심으로 살펴보려고 합니다. 오늘은 그 첫 번째 자리로 홍윤기 선생님과 진중권 선생님 두 분을 먼저 모시게 되었습니다. 그럼 지금부터 두 분 이야기를 들어보겠는데요, 먼저 홍윤기 선생님의 말씀을 들은 후 진중권 선생님의 말씀을 듣도록 하고 두 분의 이야기를 듣고 난 다음 질의 시간을 가지도록 하겠습니다.

홍윤기 —— 우선 요새는 예전과 달라 별것 아닌 것 가지고 트집 잡는 일이 많아져서 혹이나 저를 초대한 측에 민폐가 되지 않을까 해 제 자리를 좀 정돈해보고 싶습니다. 어쨌든 쉰 고개를 넘어가는 이 순간까지도 저는 아직 엄밀한 의미에서 저자라기보다 습작가 정도에 머무는 처지라고 생각됩니다. 이렇게 저 자신을 굳이 습작가라고 하여 못난 모습을 거듭 드러내는 사정을 솔직히 말씀드리면 약간의 고지식함도 있겠지만, '한국 인문학의 어제와 오늘'이라는 오늘 이 자리의 주제와 관련해 제가 저자로서 나서기에는 심각한 콤플렉스가 하나 있기 때문입니다.

진 선생님도 외국에서 공부하고 저도 어쩌다가 느지막하게 외국에 나가 외국물을 먹고 왔는데, 이런 저희의 경력은 한국 인문학의 정체성과 그 실상을 보고자 할 때 회피했으면 하지만 그럴 수 없는 사태를 보도록 압박하는 측면이 있습니다. 여기서 문제는 어떤 보편적 의미에서의 인문학이라기보다는 '한국에서 인문학을 한다'는 데서 발생합니다. 한국에서 인문학을 하려면 세 가지 콤플렉스를 가지도록 압박받습니다. 그래서 오늘 저는 한국에서 인문학하기, 특히 철학하기의 세 가지 콤플렉스, 곧 시장경쟁력과 사회적 편견, 그리고 독창성 도전의 난관을 주제로 말씀드리고 싶습니다.

우선 첫째, 이른바 시장에서 경쟁력을 가진다는 다른 분야와 인문학 사이의 경쟁에서 인문학으로 당장 해결하기 곤란한 척도가 인문학 자체에 들이대어진다는 것입니다. 이런 상황에서는 '도대체 이런 시대에 인문학은 왜 하는가'라는 문제가 당당히 제기되기 마련이지요.

그리고 두 번째로 같은 인문학 안에서도 상당한 불균등이 있습니다. 문학은 그래도 우리말을 담보 받고 있기 때문에 홀대하기에는 찜찜한 가시적인 보장이 있습니다. 그리고 각 지자체마다 향토사와 축제, 관광 등에 관심을 가지면서 역사학과 출신의 경우에는 만만치 않은 일자리가 제공되기도 합니다. 그렇기 때문에 진중권 선생과 나는 동업자로서, 즉 같이 철학을 전공했다는 입장에서—진 선생의 정확한 전공은 미학입니다만 미학도 철학의 한 분야이기 때문에 이렇게 슬쩍 잘나가는 진 선생을 제 쪽으로 끌어보았습니다—동병상련의 처지라고 할 수 있습니다. 왜냐하면 다른 인문학하는 분은 받지 않는 질문을 하나 더 받아야 하는 부담을 지게 됩니다. 즉, 인문학 중에서도 사람들이 잘 모르는 철학 같은 것은 왜 하느냐는 것입니다. 특히 고등학교 때까지 배우는 공통기본교과 가운데 철학이라는 과목이 없기 때문에 인문학 중에서도 철학에 대한 생소함은 더욱 심합니다. 이 때문에 '왜 철학을 하느냐'라는 질문은 철학에 대해 우리나라 대중이 느끼는 생경함을 그대로 드러내는 징표이기도 합니다.

이런 상황에서 인문학을, 그중에서도 철학을 대학에서 가르친다고 할 때 단지 철학이라는 생경한 학문에 대한 내 자신의 입장이나 태도가 아니라 후속 세대가 걸머져야 하는 콤플렉스가 바로 내 자신의 것으로 전이되는 데서 오는 콤플렉스가 있습니다. 과거 저 자신이 철학을 선택하고 이 때문에 어려운 시대에 많은 힘을 얻기도 했지만 상당히 많은 부담을 지기도 했습니다. 그럼에도 저는 제 인생의 성공 여부와 관련해 철학을 선택했다는 데서 오는 콤플렉스는 전혀 없습니다.

그렇지만 대학이라고 하는 엄연한 공적 기관 안에서 학생들을 모집하고 이 학생들이 내는 결코 싸지 않은 등록금을 받아서 먹고사는 교수라는 처지에서 이런 문제에 직면하면 과연 내가 철학이라는 작업을 계속해야 하는가, 대학에서 계속 학생들에게 철학을 가르쳐도 되는가 하는 물음이 새삼 들면서 마음이 매우 무거워집니다. 무엇보다 한국은 굉장한 학벌사회입니다. 옛날 저희가 대학 다닐 때만 해도 조금 덜했습니다만 지금은 학교도 학벌상의 서열에 따라서 계급적 차별이 시퍼렇다고 보입니다. 이런 상태에서 중위권 대학이나 지방 대학에 비싼 등록금 내며 철학이나 다른 인문학을 계속 공부하라고 말하기는 보통 힘든 일이 아닙니다. 특히 자식이 철학을 공부한다고 하면 사정없이 학비를 끊겠다고 위협하거나 철학과 대학원에 간다고 하면 등록금 대주기를 거부하는 학부모들의 사례를 학생들로부터 접할 때 교수로서 느끼는 자괴감은 참으로 괴로운 것입니다. 이럴 때 계속 비싼 돈 내고 철학 공부하라고 이야기할 자신이 솔직히 말해서 없습니다. 내가 무슨 범죄를 사주하는 것도 아닌데 말입니다. 저도 유학 갈 때는 집안의 도움을 한 푼도 받지 못했고 누구에게서 어떤 보장을 받은 것도 없었습니다. 하지만

지금 학생들 보고 '내가 철학을 좋아했고 또 자신이 있어서 계속 공부해 여기까지 왔으니 너희들도 나처럼 해야 하고 또 나처럼 할 수 있다'고 확언해줄 자신감까지는 아직 가지지 못했습니다.

그리고 세 번째 콤플렉스는 제가 아직 저자로 나서지 못하는 것과 직접 관련된 사정입니다. 저를 비롯해서 한국 인문학에 종사하는 상당수 연구자들은 우리 인문학으로 독창성originality을 성취해내기가 그렇게 쉽지 않은 조건 속에서 아직도 암중모색을 계속하고 있는 상황이라는 것을 거론하지 않을 수 없습니다. 저는 한 달 모자란 7년 동안 독일에서 박사학위 논문을 쓰면서 그쪽 대학의 교육 과정과 연구 활동 현장에 거의 빠짐없이 참석했습니다. 그때 단 한마디의 자기 이야기를 끄집어내기 위해서 독일의 동료들과 교수들이 얼마나 심혈을 기울이는지, 또 이런 노력을 뒷받침하기 위한 교육 및 연구의 제도와 사회복지 체계가 어떻게 가동되는지를 실제로 체험할 기회가 있었습니다. 이렇게 해도 어떤 독창적인 말이나 명제 등을 철학사에 단 한 줄이나마 남길 수 있는 성과를 내기가 아주 힘들다는 것을 분명히 목격할 수 있었습니다.

그런데 역설적으로 들리겠지만 한국에서의 사정은 매우 좋고 또 쉽습니다. 수요만 뒷받침된다면 한국에서 책을 내기는 결코 어렵지 않습니다. 왜냐하면 아직까지 한국어가 대단히 든든한 방패막이 되고 있기 때문입니다. 외국에서 무지하게 나오는 인문학적 발상을 약간 번역하거나 번안한다 하더라도 한국 내에서 한국말로 바뀌어졌을 경우에는 상당할 정도의 독창성이 있는 것으로 인정받을 수 있기 때문입니다. 이렇게 되면 단지 '한국말로 인문학을 한다' 는 것이 '한국에서 인문학을 하는 것' 인가라는 의문이 생깁니다. 과연 내가 이 땅에서 책이라는 것을 쓸 때 이 점을 어떻게 돌파하면서 무엇을 써야 '한국에서 인문학을 했다' 고 할 수 있을지, 아직 한국의 인문학자로서 확증적인 답을 얻지 못한 상태라는 점을 고백합니다. 내가 책을 내 나름대로 쓸 수 있는 뭔가가 있는가 하고 자문하면 책을 쓰려고 들었던 펜도 자꾸 쪼그라드는 것이 사실입니다.

그러나 이것은 제 사정에 대한 고백일 뿐 책을 쓰는 다른 분들을 폄하하는 이야기가 아님을 분명히 강조해둡니다. 논문은 저 나름대로 아주 많이 쓰는 편입니다. 그리고 저뿐만 아니라 대학 교수들 대부분이 그러한데 여기에는 제도상의 이유가 있습니다. 대학에서 매년 교수의 업적을 평가하는데 대학마다 약간씩 차이가 있지만 대체로 저서 한 권은 논문 두 편과 같은 평점을 매겨줍니다. 즉, 저서 한 권을 내보았자 점수는 논문 한 편 쓸 때의 2배 정도밖에 되지 않습니다. 5배나 6배씩 주는 게 아니라는 것이지요. 그러니 사실 책 한 권을 저술하는 것보다 논문을 쓰는 편이 훨씬 유리합니다. 이는 물론 대학 교수들이 내는 책의 상당수가 기존의 발표 논문들을 묶은 것이라든지 아니면 개론서 수준에 지나지 않는다는 데서 기인하기도 합니다. 그런데 한국의 대학들은 광복 후 환갑이 지난 현재까지도 연구자들의 연구 수준을 제대로 평가할 수 있는 인프라를 갖추지 못한 채 양적 평가만 기계적으로 반복하는 실정입니다. 이런 상태에서는 연구자들이 심혈을 기울여 독창적인 발상을 심화시킬 동기가 제대로 주어지지 않는 것이 사실입니다. 이렇게 평가 체계가 제대로 작동하지 않음으로써 나타나는 또 다른 문제는 이 평가 체계로는 정작 제대로 된 독창적 저술을 인정해낼 수 없다는 것입니다.

저는 책을 쓰는 분들, 그것도 특히 인문학적 저술을 하는 분들을 높이 평가해야 한다고 생각합니다. 그렇게 높이 평가하는 분 중 하나가

우리 인문학의 어제와 오늘

제 옆에 앉아 있는 진중권 선생인데요, 이것은 단지 입에 발린 말이 아닙니다. 진중권 선생은 나를 인용할 일이 전혀 없지만 저는 진 선생의 글을 통째로 인용한 적도 있습니다.

한 가지 분명한 것은 이런 것입니다. 제가 볼 때 현시대의 한국 인문학은 옛날 우리가 조선 중기 때 도달했던 수준에 아직 미치지 못하고 있습니다. 제가 이런 생각을 한 계기가 있습니다. 진 선생도 들어가보았다고 생각합니다만 베를린자유대학교 철학과의 학과 도서관은 지하에 있는데 소장 도서가 2만 권입니다. 안쪽으로 가면 19세기 초에 나온 괴테 전집이 그대로 개가식 도서로 책꽂이에 꽂혀 있습니다. 그런데 같은 시기에 나온 정약용의 《여유당전서與猶堂全書》 원본은 규장각에 가서 장갑 끼고 아주 엄숙하게 보아야 합니다. 우리가 보는 것은 전부 영인본들이지요. 우리가 200년 전의 조상 세계와 칸막이로 격리되어 있는 반면, 베를린자유대학교 철학과 학과 도서관에는 독일에서 일어난 수많은 전란에도 불구하고 200년 전의 책이 개가식으로 꽂혀 20세기의 후손들을 직접 만나고 있습니다. 이것은 무엇을 뜻할까요? 일제강점기 이전만 하더라도 우리는 상당히 멀리 떨어져 있는 느낌입니다만 독일의 경우에는 당장 사유할 수 있는 지평이 시간상으로 150년 이상, 자료상으로는 고전의 반열에 오른 성과물도 현재의 시점에서 자유롭게 접근할 수 있습니다. 즉, 당장 접근할 수 있는 '현재의 폭'이 우리보다는 독일이 훨씬 넓다는 이야기입니다. 우리는 일제강점기 이전에 나온 책만 보더라도 굉장히 접근하기 힘들게 되어 있습니다.

거기에서 전율하듯 느꼈던 게 하나 있습니다. 독일 통일을 전후한 역사적인 시기에 베를린에서 유학했던 것이 한국에서 여러 가지로 고생했던 1970~1980년대의 경험과 더불어 저의 현재 개인적 양심을 결정하는 데 굉장히 중요한 역할을 했기 때문에 이런 이야기를 공석과 사석을 가리지 않고 주책없이 되풀이합니다만, 한 가지 분명한 것은 우리가 나름대로 사고할 수 있는 사유의 전통이라는 엄청난 자산이 일제강점기를 기점으로 해서 그 등뼈가 부러졌다는 것이죠. 그러면서 결국 실질적으로 우리 자신의 현재를 성찰할 수 있는 과거와 거의 단절된 상태가 되었고……. 이 상태로 외국의 새로운 문물에 그대로 노출된 채 제대로 형성되지 않았던 한국 인문학은 주변에 새롭게 조성된 현실과 소통하지 못하고 거의 유아적 수준에서 출발했다는 이야기입니다. 이 같은 상황에서 우리는 해방을 맞고 전쟁을 치르고 왜 벌어야 하는지도 모를 돈을 버는 데 온통 매달려 지내왔는데요, 돈을 벌어도 그 바탕은 아주 빈약한 상태로 지내다가 지금 와서 인문학이 어땠네 하는 이야기를 하는 처지에 있습니다.

제국주의 세력들의 침략과 거의 동시에 들어온 서양 인문학 앞에서 새로운 인문학을 형성해야 했던 우리 인문학의 토대를 보면 상당히 애매한 상태였습니다. 우선 우리는 아메리카 평원의 인디언이나 오스트레일리아의 태즈메이니아_{Tasmania} 토인들처럼 현대적인 것에 걸칠 것이 전혀 없는 '현대 문명 제로' 상태에 있지는 않았습니다. 서구의 현대 문명이 들이닥쳤을 때 우리는 이미 상당한 수준에 도달해 있던 자체의 문명을 꾸리고 있었지요. 그렇다고 서양 세력에 완강하게 저항할 수 있을 만큼 자생적 내구력이 큰 상태도 아니었습니다. 다시 말해서 우리는 나름대로 자체 문명은 있었지만 충분히 강건하지는 않은, 아주 허약한 상태였습니다. 이런 처지에서 제가 자주 이야기하고 있는 한국 인문학의 '삼면 고립' 상태가 전개된 것입니다. 즉, 한국 인문학은 밀려오는 서구 인문학과는 일단 아무 상관성이 없었고(=새로운 것과의 소통 부재),

자기 전통으로부터는 아무런 정신적·인적 지원도 받을 수 없는 상태였으며(=자기 전통으로부터의 단절), 무엇보다 자기가 처한 생활 현실에 적용될 수 있는 현실성도 없었습니다(=자기 현실로부터의 격리).

이런 상태는 우리에게 하나의 장점과 하나의 단점을 가지게 합니다. 우선 이 공허한 상태는 외국의 것이나 새로운 것을 수용할 때 엄청난 장점이 됩니다. 1919년 3·1운동에서부터, 아니면 19세기 중엽부터 치더라도 우리의 흡수력이나 수용력은 엄청나게 발휘되어왔습니다. 그러면서 우리의 현실을 생각할 수 있는 개념이나 인간상은 우리가 창출했다기보다 외국의 것을 차용하여 가공하는 의존성이 동시에 커졌습니다. 잘 알다시피 우리의 생각을 표현하는 많은 사상 언어는 거의 전부 번역을 통해서 공급되었습니다.

따라서 한국의 인문학이 아직 자기 개성을 가지지 못한 것은 우리가 인문학을 안 했기 때문이 아니라 우리가 해왔던 인문학이 이렇게 심각할 정도로 서구 종속적이라는 데서 그 원인을 찾을 수 있습니다. 한국 대학에서 인문학에 투자한 노력을 양적 측면에서만 살펴봅시다. 인적 투자나 자본금은 계산하기 좀 불편하니까 일단 제쳐두더라도, 일제강점기부터 건립된 대학들의 학과 편제를 보면 인문학 관련 학과들이 결코 적지 않다 것을 금방 눈치 챌 수 있습니다. 하지만 인문학 출판 시장에서 외국 필자와 한국 필자가 점유하는 비율을 따져보면 한국 인문학이 인문학으로서 자기 개성을 내세우는 데는 아직까지도 상당한 문제가 있다는 사실을 알 수 있습니다. 나아가 논문 생산의 측면에 있어서도 아주 극단적으로 표현하자면, 한국 인문학의 상당수 논문이나 저술의 아이디어라는 것은 극히 일부를 제외하고는 아직도 수입품 보세 가공 수준입니다. 그래서 도대체 한국 인문학이라는 것이 인문학적 정체성을 가지는가 하는 문제가 나오면 여전히 오금이 저립니다.

조금 보수적으로 말해서 인문학 덕분에 국가 발전을 기하고, 나아가 인문학에 기대어 인간 해방이라든가 차별 타파를 감행하는 등 인간 고유의 여러 가지 욕구를 반영하는 일을 할 수 있느냐 하는 문제에 대한 긍정적 응답은 아직 자신 있는 수준이 아닙니다. 우리가 산업화와 더불어 했다고 세계에 자랑하는 민주화도 많은 부분 수입된 사상으로 이룬 측면이 있고, 민주화 이후의 상황을 고찰하는 데에도 각종 포스트모더니즘 사상이 실시간으로 수입되어 들어와 급속하게 매력을 발휘하여 많은 젊은이가 거기에 경도되어 있습니다. 제가 운영하는 대학원의 세미나 코스 같은 경우에도 젊은 연구자들이 놀라울 정도로 빠르게 유럽의 최신 학풍을 수입해와서 박사학위를 끝냈을 때 하버마스Jürgen Habermas나 푸코Michel Foucault를 읽고 있었던 지도교수에게 들뢰즈Gilles Deleuze 읽어라, 스피노자Benedict de Spinoza 다시 읽어라 하면서 학문 검증을 압박하고 있는 실정입니다. 그래서 결국 학문 검증을 당하면서 옛날에 읽었던 스피노자 다시 읽고, 들뢰즈 다시 읽고……. 요새는 랑시에르Jacques Rancière 뭐 해가지고 마구마구 들어와 본의 아니게 실력만 쌓이는 중이지요. 역사와 문학까지 포함하여 아직까지도 한국 인문학은, 특히 대학 차원에서 보자면 자기 개성으로 만들어낸 그런 성과를 냈다고 하기에는 상당히 모자라다는 생각입니다.

어느 면에서 설득력 있는 인문학적인 저술이 뜻밖에도 대학권 바깥에서 상당히 활발하게 이루어지는 측면과 비교해보면 현재 인문학 생산 구조 같은 것은 상당할 정도로 재고해야 하는 상태임이 분명합니다. 이때 당장 문제되는 것은 무엇일지 생각해볼 필요가 있습니다. 한 가지 분명한 것은 우리 인문학이 우리가 안고 있는 문제들을 사유하는 데 아직은 굉장히 약한 부분이 있다는 점입니다.

과거의 사실을 다룬다는 역사학의 경우, 한국 역사학은 사실의 발굴과 정리라는 실증적 작업의 측면에서는 나름대로 체계가 잡혀 있습니다. 그런데 역사철학을 강의하다 보니까 어느 면에서 사회과학과 많이 겹치는 이런 실증적 측면, 즉 역사과학의 측면이 아니라 역사적 사실에서 인간적 상관성을 이끌어내 인간 실존의 의미를 풍부하게 만드는 인문학으로서의 역사학은 여전히 답보 상태에 있는 것처럼 보입니다. 따라서 우리나라 역사학계에는 우수한 '역사학자'는 많아도 역사에 대한 실증적 사실을 앞에 놓고 자유로운 인문학적 사유를 펼치는 '역사가'는 거의 눈에 띄지 않는다는 점에서 '역사학계의 빈곤'을 이야기할 수 있습니다.

한국 문학은 목매달고 있는 숙원 사업이 하나 있지요. 잘 알다시피 '우리는 언제 노벨문학상 탑니까?' 하는 것인데 국문학과는 그만두더라도 문예창작과 수준에서 가르치는 그런 글쓰기로 세계적으로 인정받는 작품이 나올 수 있을까 생각해보면 분명히 아닌 것 같습니다. 물론 우리 나름대로 특색 있다고 여기는 문학 작품들이 계속 나오는 것은 분명합니다만 뭔가 2퍼센트 부족한 측면이 아직까지 우리를 옥죄고 있습니다.

이렇게 열심히 다른 분야를 비판했습니다만 철학 분야는 어떠하냐고 물으면 사실은 모골이 송연합니다. 조금 전에도 말씀드렸지만 저는 아직까지 포크송에 머물러 있는데 우리 젊은 후학들은 아주 빠르게 힙합과 랩으로 발전하는 형국으로서, 이런 사상의 시차가 계속 발생합니다.

여러 가지 두서없이 이야기됐습니다만, 2008년 10월에 중국의 조선족이 운영하는 연변대학에서 '동아시아 인문학 국제학술대회'가 열렸는데 거기서 한국의 현대철학에 대한 논의가 있었습니다. 여기서 또 하나 재미있는 현실을 목도할 수 있었습니다. 우리가 만약 민족철학이나 한국철학을 한다고 했을 때, 연변대학에서 세계 사방에 있는 한민족 출신 학자들을 모아놓은 것을 보니까 국적이 한국, 중국, 일본, 미국, 북한으로 5개나 되었습니다. 다시 말해 한국 안에서는 한 국가 안에 여러 민족이 모여드는 것, 즉 다문화사회화多文化社會化로 인해 국가의 단일인종성이 상대화되는 과정이 진행되고 있는데 바깥에서는 단일민족 안에 다국적화多國籍化 상황이 전개되고 있는 것이지요. 결국 지금 한국인의 정체성 의식 안에는 다민족 국가뿐만 아니라 다국적 민족도 문제되어야 하는 상황입니다.

이 경우 '지금 이 시대에 한국인으로 산다는 것은 무엇을 의미하는가?' 라는 한국인의 새로운 정체성에 관해 우리의 인문학이 어떤 응답을 내놓을 채비가 되어 있는가 하고 자문해보면 사유와 현실의 괴리, 현실에 끊임없이 추월당하는 사유의 피곤함이 만만치 않다는 것을 알 수 있습니다. 어느 면에서는 책을 못 쓰는 변명인 것 같기도 합니다만 사유와 현실이 경쟁하는 가운데 인문학이 굉장히 뒤쳐져가는 부분에 대한 솔직한 고백일 수 있습니다.

너무 누추한 이야기로 시간을 많이 잡아먹었습니다. 제가 말씀드리고 싶은 것은 오늘의 주제에서 인문학의 정체성을 찾을 경우 한 가지 분명한 점이 있다는 것입니다. 지금까지 현대 학문이 인간의 문제를 사유할 때 여러 분야로 분화, 즉 분과학문화시켰습니다. 그런데 저는 갈수록 이런 생각이 듭니다. 아무리 현실이 급속도로 변화해가더라도, 또 인간으로서 사유할 수 있는 보편적 지혜가 있든 없든, 그리고 정보가 엄청나게 늘어나든 말든 한 가지는 분명합니다. 즉, 모든 개인은 죽을 때까지는

"어떤 부분의 국가 발전이나 어떤 분야의
학문 발전보다도 각 개인이 자기 자신을 하나의
전인적 인간으로 놓고 인간으로서 삶을 설계하는 일이
꼭 필요합니다. 이런 측면에서 인문학은
인간 삶의 다양한 모습을 보여주는 기능을
수행할 수 있습니다."

어쨌든지 살아남아야 한다는 것이지요. 이런 면에서 옛날에는 생존에 굉장히 많은 신경을 썼습니다. 우리 부모 세대 같은 경우에는 굶어 죽는 문제 때문에 인간으로 살기 힘들었습니다. 그런데 우리 세대는 이것이 짧은 순간에 그칠 수도 있겠지만, 너무나 많이 공급되고 있는 인간 삶의 가능성 때문에 우리가 어떻게 살아야 할지 모르는 측면이 분명히 있다고 생각됩니다. 그렇다고 했을 때 어떤 부분의 국가 발전이나 어떤 분야의 학문 발전보다도 각 개인이 자기 자신을 하나의 전인적 인간으로 놓고 인간으로서 삶을 설계하는 일이 꼭 필요합니다. 이런 측면에서 인문학은 인간 삶의 다양한 모습을 보여주는 기능을 수행할 수 있습니다.

이런 작업이 어떤 양상으로 진행될지 모르지만 그것이 철학에서 이루어지든, 문학에서 이루어지든, 역사학에서 이루어지든 한 가지는 분명합니다. 우리가 이 땅에 사는 인간으로서 삶을 설계하는 데 있어 한 분과학문에 의존해 설득력 있는 담론을 들여와 한국에서 시작하기는 아주 힘들다는 사실입니다. 다만 이 경우 자기 주도적 학습 능력만 발휘하면 이런 불리한 처지를 오히려 창조의 밑거름으로 역전시킬 수 있는 긍정적 가능성은 확실히 있습니다. 지금까지 우리가 외국의 사조를 종속적이거나 피동적으로 습득하는 데 그쳐온 것은 분명합니다. 그런데 이렇게 지금까지 우리 사고를 식민주의적으로 규제하고 있는 사고상의 의존 상황을 거꾸로 돌려 우리의 생활 상황을 정직하게 반영시키면서 외국에서 오는 사상들의 내용을 적극적으로 개정해나가다 보면 이 수용의 과정은 외국의 경험과 우리의 체험을 통합하는 과정이 되기도 한다는 것입니다.

역사적으로 한국의 경우 옛날에는 거의 모든 문화가 굉장히 빨리 수용되었습니다. 통일 신라에서부터 시작해 고려라든가 조선이라든가,

나라가 작다 보니까 사태를 주도하지는 못해도 우리만 단단하게 내부를 잘 다지면 전개되는 사태를 보고 성찰할 수 있는 시간을 가질 수 있었습니다. 이때 우리 자신이 공연히 바빠질 것이 아니라 이제 이만큼 해서 먹고살 정도가 되었으면 이 나라 안팎의 여러 사람이 사는 모습들을 하나하나 빠른 시간 내에 모아다가 어떻게 살면 무엇이 좋았다고 살펴보는 데 힘을 쏟을 수 있어야 한다고 생각합니다. 말하자면 저는 지금 '인문학박물관'을 참 잘 만들었다는 이야기를 하고 있는 겁니다. 다시 말해서 인문학박물관은 '인간박물관'이 되어 인간들의 삶을 박제화하는 것이 아니라 우리가 사태를 주도하지 못한 대신 사태를 주도하는 사람들을 성찰하는 시간을 가지면서 인간 삶의 모습을 빠른 시간 내에 검토하고 우리 안에 있는 여러 물적 자원까지 성찰하는 데로 시선을 돌려야 합니다. 그렇게 찬찬히 성찰하다 보면 한국이 가질 수 있는 특색이 분명히 나타난다는 겁니다.

제가 불교종립재단에 있어서 이렇게 이야기만 되면 흔히 들고 나오는 것이 원효입니다. 진정한 의미에서 원효의 '화쟁사상和諍思想'이 어떻게 가능했느냐. 그것은 원효가 당시의 모든 불교 교설들을 그 나름대로 하나로 통일했기 때문이었다는 사실이 지금은 상식화되어 있습니다. 대한민국 공교육이 이런 역사적 사실을 암기 과목의 시험 문제 정도로 만드는 바람에 아무도 그 사상이 왜 중요한지까지는 생각하지 않습니다.

원효 당시에 중국과 인도의 불교는 극도로 미세하게 분파되어 있었고 분파마다 정치권력과 야합하고 있었습니다. 이 같은 상태에서는 불교를 제대로 통일할 수 있는 방안이 나올 수 없었습니다. 신라의 한 이름 없는 승려가 《대승기신론大乘起信論》을 가져다가 주석한 《대승기신론

소大乘起信論疏》가 중국에 건너갔을 때 당나라 불교계는 정말 경악하여 아예 해동에서 온 주석서, 즉 '해동소海東疏'라는 별칭까지 붙였습니다. 당나라 불교계가 불교 분파와 파당적 이해관계에 얽매여서 보지 못했던 불교의 핵심 가르침을 저 바다 동쪽 구석 땅(海東)에 살면서 그런 이해관계와 세력관계에 얽매이지 않았던 한 승려는 투명하게 보았던 것입니다.

이 이야기는 내용이 복잡해서 여기에서 소개할 것은 못 되지만 한 가지는 분명합니다. 남이 싸울 때 싸우지 않고 성찰의 시간을 가지는 사람이 싸우는 사람을 훨씬 앞질러 나간다는 겁니다. 어떨 때는 달리지 않고 멈추는 것이 달리는 사람보다 더 빨라질 수 있는 길이지요. 따라서 쓸모없는 일을 하느라 사람들을 동원해서 돈을 주기보다 가만히 앉아서 그냥 쉬고 있는 사람에게 돈을 주는 것이 돈 버는 지름길일지도 모른다는 겁니다. 가끔 저는 인문학이 발칙한 생각을 해서 조금은 도발해보는 것도 나름대로 필요하다고 생각합니다. 이런 것을 할 수 있는 인문학이 실질적으로 인간 삶의 여러 모습을 볼 수 있게 했을 때 인문학박물관도 '인간 삶의 박물관'으로 나아갈 수 있다고 봅니다. 그러면 굳이 원치 않으시더라도 박물관 건물이 앞에 있는 현대사옥을 인수할 정도로 확장되고 발전할 것이라는 생각이 듭니다. 감사합니다.

강성원 —— 앞으로 인문학박물관이 선생님께서 말씀하신 그런 일들을 할 수 있었으면 좋겠습니다. 고맙습니다. 선생님께서 우리 인문학의 정체성에 관한 여러 문제의 핵심을 아주 통찰력 있게, 명료하게 짚어주셨습니다. 그런데도 저 개인적으로는 마음이 더 답답해진 느낌이 듭니다. 동시에 우리들 모두의 것인 듯한 이 답답함은 우리 인문학의 정체성을 확립해가는 데 일종의 압력으로, 인문학의 올바른 대중화라든가 가치 정립을 위한 일정한 바람으로 작용하게 될 수도 있다는 생각도 듭니다. 그럼 이어 진중권 선생님의 이야기를 들어보도록 하겠습니다.

진중권 —— 홍윤기 선생님이 처음에 '교수임은 분명하지만 저자가 아니다'라고 하시면서 이야기를 시작하셨는데, 이 말의 꼬리를 잡고 제 이야기를 시작해보자면 저는 저자임이 분명하지만 교수는 확실히 아닙니다. 책을 쓴다는 의미로 저자라는 말을 하는데……. 사실 너무 무식해도 못 쓰고 너무 유식해도 못 쓰는 게 책이라고 하는데, 홍윤기 선생님은 후자이신 것 같아요. 적당히 무식할 때 쓰는 게 책입니다.

인문학의 위기에 대해서는 크게 세 가지를 말씀드리고 싶은데요. 첫 번째는 한국 인문학이 가지는 전통적인 위기가 있습니다. 예를 들면 지금 사형제 부활하자는 이야기가 나오잖아요. 유엔에서 폐지하자 이야기하는데 우리나라에서는 열심히 이야기가 되죠. 이렇게 되면 철학적 논쟁이 아니라 싸우는 문제가 됩니다. 그래서 인문학자가 해야 할 일은 토론이나 논의가 아니고 결국 혼자만의 독설법을 가지는 것입니다. 이러면 인문학이 발전할 수 없습니다. 이 문제는 사실상 보편적으로 일어나는 현상이라고 할 수 있습니다. 또 다른 한편으로 우리나라 인문학이 수입대체산업 정도의 수준이기 때문에 어쩔 수 없는 측면이 있다고 보고요.

그래서 제가 이에 대응해 취하고 있는 방식을 예로 들어보자면, 제가 세계적으로 유명해지는 것 아니면 세계적으로 유명해질 담론을 만드는 것 등이 제 인문학의 목표는 아닌 것 같다는 생각을 했어요. 제 글들은 세계를 바라보는 제 견해를 말한 겁니다. 개인적으로 저는 사회적인 사상에선 마르크스Karl H. Marx의 영향을, 언어철학적 토대를 다지는 데는 비트겐슈타인Ludwig J. Wittgenstein의 영향을, 평론이나 비평 같은 부분에서는 벤야민Walter B. Benjamin의 영향을 많이 받았고 이 세 사람을 축으로 제 견해를 형성해나가고 있는 듯해요. 그러니까 많은 재료가 있는데 그중에서 누굴 취해서 어떻게 자기의 견해를 주장할까 하는 부분에서는 일단 나 스스로 세계화·사회화하고, 인간에 대한 나의 견해를 세우는 것이 중요하다고 봅니다.

그다음으로는 내 현실의 문제를 담론화하는 거죠. 우리나라 현실의 문제를 담론화해야 한다는 것입니다. 이것을 실천하려다 보니까 생기는 또 다른 문제는 주로 칼럼식의 글쓰기를 많이 하게 되고요. 제가 책으로 낸 것도 사실은 칼럼들을 모아놓은 겁니다. 칼럼들을 몽타주해놓은 거죠. 칼럼이라는 것은 내가 쓰고 싶은 것을 쓰는 게 아니라 주제가 정해져요. 잡지사에서 전화가 옵니다. 내가 원하든 원하지 않든 이걸 써야 하기 때문에, 주관적으로 모든 걸 재단할 수 있는 게 아니라 훨씬 더 많은 현실에 객관적으로 들어가야 하는 상황이기 때문에 쪽글, 몽타주, 특히 인터넷, 인터넷에 올린 글들이 중요한 수단이 된 듯합니다. 저도 책을 쓰고 싶습니다. 본격적으로 딱 한 권의 책이라도 그것을 쓰면 죽어도 된다라는 가령 누구한테 이야기할 수 있는…….

제가 오늘 준비한 이야기는 방금 언급한 이런 등등의 우리 인문학의 문제라는 문맥에서 볼 때 매체환경의 변화가 어떻게 보면 기회일 수 있다는 겁니다. 지난 1월 독일 잡지 슈피겔의 기자가 와서 인터뷰를 한 번 했고 일주일 전엔 알자지라 잉글리시, NHK에서 외신기자 셋이 찾아와서 인터뷰를 했어요. 그 사람들이 궁금해하는 게 한국의 인터넷 문화거든요. 왜냐하면 한국은 인터넷 문화가 엄청나게 발달해서 외국에서 아

직 보지 못하는 현상들이 나타나요. 한국에서 벌어지는 일들이 몇 년 뒤 외국에서도 일어난다는 거죠. 그런데 저는 바로 이게 굉장히 중요하다, 우리나라가 인문학이 제대로 발달했으면 이 현상을 분석한 철학적 인문학서들이 벌써 몇 개가 나왔을 것이다, 이런 생각을 합니다.

이것과 관련해서 몇 가지 생각해봅니다. 처음에 신학자와 몇몇 철학자들이 문자에 연계해 수의 체계를 다룰 줄 알게 되면서 우주를 파악하고 설명하는 권력을 가지게 되었죠. 칸트Immanuel Kant만 해도 태양계 행성의 기원에 관한 가설을 세울 수 있었습니다. 제가 앉아서 태양계 가설을 세우면 미쳤다는 이야기를 듣겠죠. 그런데 17세기 이후부터는 이러한 권리가 자연과학자에게 돌아가버립니다. 양자역학 이런 것 말이죠. 철학자들도 그들에게 의존할 수밖에 없는 상황이 되어버렸고요.

그리고 인문학에도 이런 자연과학 의식이 반영되는데, 예를 들면 1950년대 구조주의운동이 그런 것 같습니다. 그전까지 인문학은 역사주의였거든요. 역사주의는 앞에서부터 끝까지 넘어가야 하는 선형적인 것인데 구조주의는 이런 역사주의를 대신해서 체계와 형식을 강조하죠. 그건 바로 공학적 사유방식입니다. 인문학적 사유방식이 아니라 공학적 사유방식입니다. 예를 들어서 알튀세르Louis Althusser가 한 과학적 마르크시즘 이야기의 바탕에는 공학적인 사유방식이 깔려 있다고 생각합니다.

제가 겸임교수를 3개씩 했었는데 하나는 중앙대 독어독문과, 그리고 공학 쪽으로 카이스트, 또 한국예술종합학교입니다. 인문학과 공학, 과학기술, 예술을 다 포함하고 있습니다. 하다 보니까 그렇게 되었는데 미래의 생산이란 게 정말 엔지니어, 아티스트, 인문학자의 삼각 컨소시엄으로 변해가고 있습니다. 이제는 산업화 시대가 아니라 생산 모델 자체가 산업혁명 모델에서 정보혁명 혹은 과학혁명 모델로 바뀌게 되면서 생산 단위가 엔지니어들, 아티스트들, 인문학자들의 삼각 컨소시엄으로 이루어지고 있는 거죠. 예를 들면 요즘 디지털 스토리텔링digital storytelling이란 이야기를 하지요. 요즘 대학에서는 인문학을 내세우면 잘 안되니까 기존 인문학과 별 차이 없는 것을 가르치면서 이름만 '콘텐츠학과'로 바꾸어 가르칩니다. 이렇게 콘텐츠학과라고만 이름 붙였지 아마 그곳에서 배우고 나올 게 없을 겁니다. 콘텐츠학과에서 4년 동안 콘텐츠가 중요하다는 것만 배울 뿐 역사, 철학, 문학을 빼고 무슨 콘텐츠가 따로 있습니까?

옛날에는 '이론'이란 말이 그리스어로 '테오리아theōria'였거든요. 이는 플라톤의 '이데아idea'처럼 영원불변한 세계를 순수한 정신으로 보는 것, 육체적인 노동에 관계없는 순수한 정신을 이야기를 하는 것을 가리킵니다. 그런데 이것이 오늘날에는 씨어리theory가 되었습니다. 씨어리로 변했을 때 이것은 산업혁명 이후의 생산과 제작에 대한 노하우를 내포하는 개념이 되어버렸습니다. 훨씬 세속화된 거죠. 이런 세속화 경향이 점점 더 심해지는 것 같습니다.

하지만 저는 그래서 어떻게 보면 인문학의 위기는 위기라기보다 기회라고 생각하거든요. 왜냐하면 이제 기술만 가지고는 안 됩니다. 기술은 사회 속에서 사용하는 사람들, 즉 유저들에 의해서, 소비자들에 의해서, 소비자들과 맞물리는 지점에서 어떤 담론화가 되어야 하거든요. 여러분이 핸드폰을 살 때 핸드폰의 기능만 보고 사진 않는다는 거예요. 처음에 디자인을 보죠. 그다음 디자인만 보는 게 아니라 그걸 가지고 의미를 부여합니다. 그러니까 '악마는 프라다를 입는다'라든지 해서 내러티브를 짜주어야 해요, 기술 자체에. 이런 문제가 있기 때문에 순수한 공학만 가지고는 이제 이른바 공돌이가 되어버린 거죠. 그래서 오늘날 인문학과 결합되지 않은 기술은 순수한 기능으로 전락해버렸습니다. 예를 들어서 실리콘밸리 같은 경우에는 지금 프로그램 만드는 일은 하청 주거든요. 중국이나 한국, 인도 보면 수학자들이나 컴퓨터 잘하는 사람들 많잖아요. 사실 프로그램을 직접 제작하는 일은 노가다거든요. 결국 디자인 같은 것들은 인문학적인, 예술적인 상상력 있어야 한다는 겁니다.

그리고 산업화 시대 때는 인간을 기계에 막 뜯어 맞추려고 했잖아요? 이제는 거꾸로입니다. 인터페이스가, 이제는 인간에 기계를 뜯어 맞추어야 합니다. 산업화 시대에는 인간을 기계에 군대식으로 맞추었다면 정보화 시대에는 기계를 인간에 맡기는 거죠. 에고노믹스Egonomics라든지 이런 거 있잖아요. 그러니까 기계 자체의 인간화를 고려해야 된다는 거죠. 로봇을 하나 만들더라도 로봇의 행동이 인간 행동과 비슷하게 보이도록 만들어야 하거든요. 이런 몇 가지 예를 들어 정리하려면 한도 끝도 없이 나올 겁니다.

한편으로 인문학의 고유한 역할들이 있잖습니까? 기술에 편승해서 넘어가는 이런 차원의 문제가 아닌 문제들이 있습니다. 우리나라와 일본을 비교해보았을 때 우리 영상산업과 일본 영상산업 간에 차이가 있다면 그 차이는 간단합니다. 일본에 문학이 있는데 대한민국에는 문학이 없습니다. 그 차이입니다. 일본의 애니메이션이나 만화를 보면, 만화가 말이 엄청납니다. 그런데 이게 어느 날 갑자기 나오느냐. 우리처럼 '콘텐츠 만들어 놔라' 해서 돈 몇 푼 주고 납품받는 이런 식의 단시간적인 것이 아니라 훨씬 오랜 기간을 거쳐서, 사회적 인문학의 성숙도를 통해서, 동시에 산업화되어가면서 나오는 거죠.

우리 같은 경우는 해외에서 뭘 좀 한다면 한류라고 떠받들고, 한류를 홍보한다고 하면 문화마을 짓는 걸 생각해요. 그냥 삽질입니다. 문화마을 지어서 직원은 낮에 불 켜고 저녁에 불 끄고, 이런 상태란 말이죠. 이런 게 아니라 뭔가 깊은 것이 필요하다는 생각이 듭니다. 인문학과 기술의 결합은 우리가 지금 이야기하는 것처럼 스토리를 찾는다, 콘텐츠를 만든다 하는 식으로 뭘 찾아서 단시일에 하는 차원의 결합이어서는 절대 안 된다고 봅니다.

그리고 또 하나는, 도대체 어디부터 가상이고 어디까지 현실인가라는 질문에 따른 문제들이 정말 많이 등장할 겁니다. 가상과 현실의 구별은 지금도 흐려지고 있고요. 그리고 사람들이 더 이상 진리의 문제를 잘 제기하지 않아요. 옛날 같으면 역사드라마를 보면서 고증이 잘되었네 잘 안되었네 어쩌고저쩌고 말들이 많았지요. 요즘 세대 같은 경우는 옛날 것과 사료가 일치하면 어떻고 일치하지 않으면 어떠냐 재밌으면 그만이지, 이런 식의 사고방식을 가지고 있어요. 앞으로 존재론적인 또는 인식론적인, 윤리학적인 문제제기가 굉장히 힘들어진다는 겁니다.

우리나라에서 황우석 사건이 일어났던 때를 한번 생각해보세요. 90퍼센트가 그 발견에 열광했는데 나머지 10퍼센트는 반대했습니다. 이 10퍼센트는 아마 교황의 명령을 받들고 따르는 가톨릭 쪽 사람들 같은 경우였을 겁니다. 우리나라 사람들이 가지고 있는 기술에는 기본적으로 퓨처리즘Futurism적인 태도가 있어요. 미래주의적인 태도. 왜냐하면 미래주의라는 게 대개 뒤처지는 나라에서 많이 나왔거든요. 러시아라든지 아니면 이탈리아라든지 산업화에 뒤처진 나라일수록 놀랄 만큼 테크놀로지에 열광합니다. 그러다 보니 테크놀로지의 이면에 깔려 있는 다른 문제점들이 제기가 안 되는 겁니다. 그래서 전통적인, 뭐라고 할까요, 비판적 성찰이라고 할까요? 사회가 돌아가는 것에 대한, 사회

우리 인문학의 어제와 오늘

가 진행되는 과정에 대한 비판적 성찰과 전통적인 방식의 인문학적인 과제는 아직도 남아 있고요.

문제는 이를 수행할 때 가장 현대적인 방식으로 수행해야 한다는 것입니다. 인문학자들이 말하는 걸 들어보면 훈장님이 훈수 두는 거 같거든요. 옛것이 좋았지, 이런 식이잖아요. '우리 것이 좋은 것이오' 같은 수준으로는 안 된다는 거죠. 인문학자들 자신이 기술적인 변화, 매체환경의 변화, 산업적 환경의 변화에 대한 이해를 가져야 합니다.

예를 들면 지난 촛불집회 때 우리는 특정 안건을 두고 시민들이 적극적으로 찬성하고 반대하는, 굉장히 새로운 현상을 보았습니다. 거기서 일부 지식인들이 와, 하고 열광했어요. 또 다른 일부의 시각은 아주 삐딱했습니다. 열광한 사람들도 좀 문제지만, 삐딱한 사람들을 보면 자기들이 이해하지 못하는 현상에 대한 삐딱함을 가지고 있는 것 같다는 생각이 듭니다. 일단 이해를 해야 하거든요. 뭔가 새로움이 있다, 그렇게 이야기해야 하는데 자기 눈앞에서 벌어지는 사건이 뭔지를 몰라요. 자기 눈앞에 전혀 새로운 일이 벌어지고 있다는 걸 모르는 겁니다. 저 개인적으로는 이런 걸 어떻게 이론화할 수 있느냐 하는 생각을 많이 합니다.

벤야민이 1930년대에 이런 이야기를 했습니다. "옛날에는 필자와 독자가 신분적이었다면 이제는 개인적으로 변하고 있다." 일간신문의 독자투고란을 보고 한 이야기에요. 그걸 보고 감을 딱 잡아서 엄청난 이론을 했잖아요. 오늘날 인터넷 시대에 들어와서 완전히 그대로 전개되었다는 걸 알 수가 있잖습니까. 오늘날 쓰는 사람은 필자, 독자 따로 없잖아요?

그리고 글쓰기 자체의 문제를 말씀드리고 싶은데요. 구텐베르크 문화라고 하던 인문학의 문자문화 시대가 끝났습니다, 이미 1950년대부터. 옛날에는 정보를 습득하려면 읽어야 했잖아요. 그런데 라디오와 텔레비전이 들어오면서 사운드와 이미지에 정보가 들어 있기 때문에 굳이 읽을 필요가 없어졌습니다. 저도 2년 전인가 절필했잖아요. 정치적 글쓰기 절필하고 신문도 정말 안 읽었어요. 한국 정치, 한국 사회 다 버리고. 지금 텍스트와 이미지와 사운드는 다른 관계를 맺는 겁니다. 구순문화 시대 때, 문자문화 이전에는 사람들이 말로 소통하고 그림으로 소통했잖아요. 문자문화 때는 텍스트로, 알파벳 문자와 숫자로 소통했습니다. 이제는 이미지에 사운드가 등장합니다. 이때 텍스트의 질이 무엇이냐를 보게 된다는 거죠.

대중들이 책 읽는 걸 힘들어해요. 그때 인문학이 어떻게 해야 하느냐, 이런 문제를 생각합니다. 최초의 컴퓨터가 우리나라에 들어왔을 때만 해도 이게 문자문화의 도구였어요. 공학하는 사람에게는 계산기였고 인문학하는 사람에게는 타자기였습니다. 컴퓨터 통신 초기만 해도 굉장히 문자문화적이었습니다. 아주 공들여서 글을 쓰고 공들인 답글이 올라오고 했는데 인터넷 시대로 넘어가면 완전히 달라집니다. 글이 짧아지기 시작하죠. 요즘에 긴 글을 쓰면 '긴 글 스크롤 압박'이라고 하죠. '누가 긴 글 올려', '윽! 스크롤 압박', '두 번째 누가 세 줄로 요약해주세요', '참 좋아 보입니다. 물론 읽지는 않았습니다' 하는 거죠.

이것이 무엇을 의미할까요? 지금은 이미지 문화이고, 사운드 문화이고, 디지털 문화잖아요. 디지털 기계의 기본은 0과 1입니다. 프로그램이거든요. 프로그램 알파와 메모리의 코드를 짜는 거예요. 그래서 우리가 듣는 소리와 보는 그림은 악기로 내는 소리, 붓으로 그리는 그림이 아니라 문자로 그림을 그리고 문자로 그리는 소리라는 겁니다. 다만 이 텍스트가 비가시적인 영역으로 가라앉아버리는 거죠. 무엇과 비슷하냐면 여러분, 영화 〈매트릭스〉를 떠올리면 됩니다. 〈매트릭스〉를 보면 세계가 있죠. 그 세계의 본질이 뭘 가진다는 겁니까. 문자열이죠, 즉 프로그램. 저는 상형문자라고 합니다만……. 또한 텍스트를 가지고 이미지를 그릴 줄 아는 사람들, 또 이미지 밑에 깔려 있는 텍스트를 읽어낼 줄 아는 사람들을 링귀스틱 컴피턴스Linguistic Competence(언어능력)라고 하는데, 저는 디지털 시대를 그렇게 봅니다. 이미 모흘리나기Laszlo Moholy-Nagy가 이야기했듯이 "미래에 웃는 자는 글자를 읽는 사람이 아니라 이미지를 읽는 사람이다. 미래에 우는 자는 글자를 못 쓰는 사람이 아니라 문자로 이미지를 못 그리는 사람이다", 이렇게 되는 겁니다. 그렇다면 인문학자들에게도 과거와는 완전히 다른 컴피턴스가 필요하겠지요. 왜냐하면 소통 방식이 다르니까요. 옛날에는 텍스트만으로 소통했다면 이제는 이미지와 사운드를 통해 소통합니다. 우리가 어떤 텍스트로 그린 이미지와 사운드로 이야기를 한다면 이에 대해 생각을 해야 하는 것이죠.

그래서 두 번째로 인문학이 유저 인터페이스user interface를 고민해야 한다고 생각합니다. 디지털 시대에는 인문학이 한마디로 스크립트script가 되어야 합니다. 스크립트라는 건 완성된 글쓰기가 아니에요. 저도 방송 진행을 한번 해보았지만 작가가 써준 스크립트로 진행하고 난 다음에 세레모니로 방송 끝나고 나서 "아, 수고하셨습니다" 하고는 이걸 쓰레기통에다 버려요. 또 텔레비전에도 영상으로 나갔겠죠. 그다음에 버려지는 겁니다. 그래서 연극이나 영화는 대본이 남지만 스크립트는 그 자체가 완성이 아니라는 거죠.

인문학적 글쓰기는 앞으로도 강하게 영상과 이미지로 환원하는 스크립트적 글쓰기에 가까워진다고 봅니다. 글쓰기도 구순문화화됩니다.

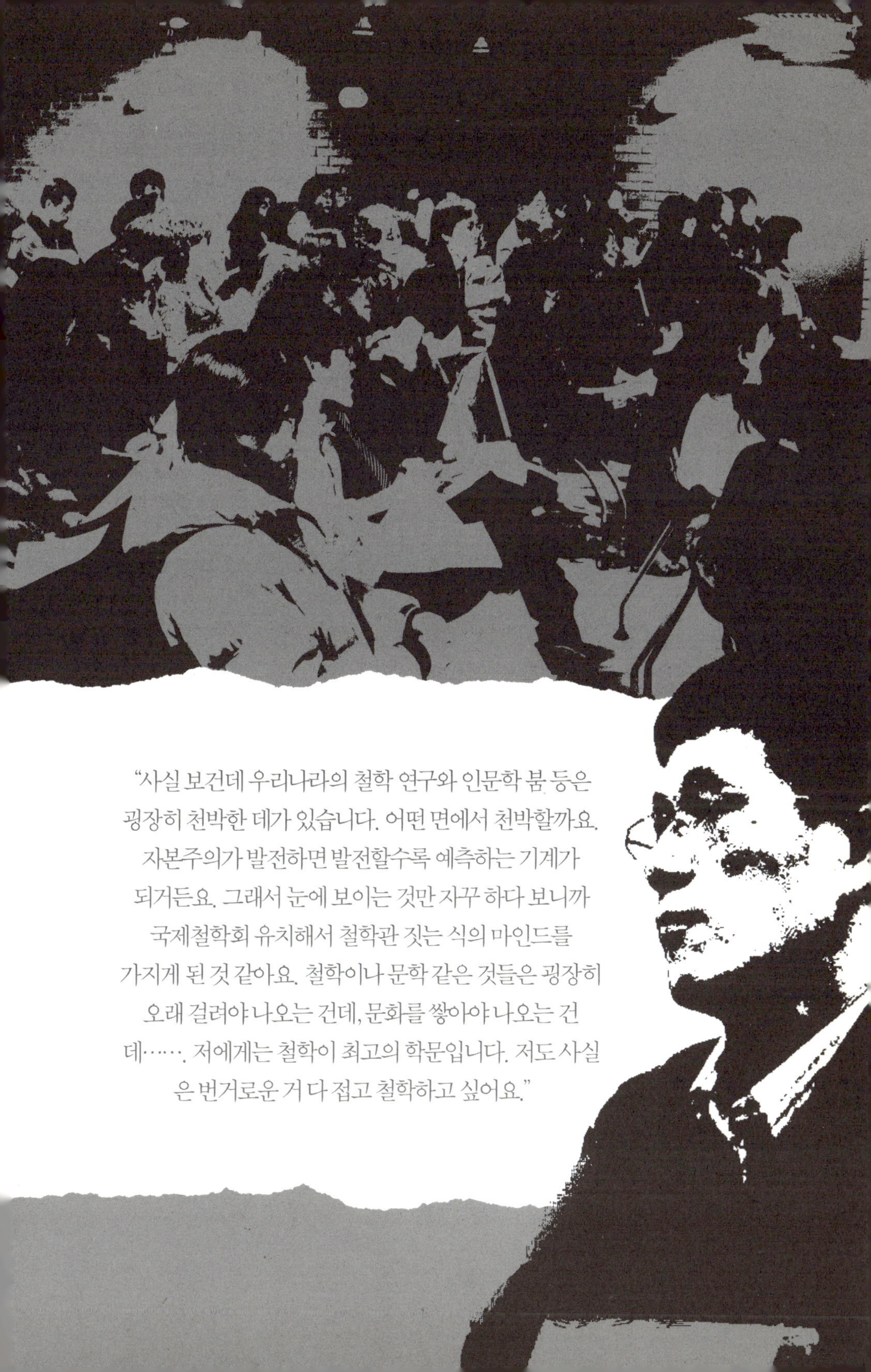

"사실 보건데 우리나라의 철학 연구와 인문학 붐 등은
굉장히 천박한 데가 있습니다. 어떤 면에서 천박할까요.
자본주의가 발전하면 발전할수록 예측하는 기계가
되거든요. 그래서 눈에 보이는 것만 자꾸 하다 보니까
국제철학회 유치해서 철학관 짓는 식의 마인드를
가지게 된 것 같아요. 철학이나 문학 같은 것들은 굉장히
오래 걸려야 나오는 건데, 문화를 쌓아야 나오는 건
데……. 저에게는 철학이 최고의 학문입니다. 저도 사실
은 번거로운 거 다 접고 철학하고 싶어요."

책 읽는 건 내가 보고 나만이 아는 것이기 때문에 독백적인 겁니다. 인터넷은 기본적으로 독백이 아니고 대화입니다. 저도 이제 책을 쓸 때 제가 쓴 글을 소리 내서 읽어봅니다. 소리 내서 읽다가 말이 막히면 끊어요. 그리고 무조건 담론화해봅니다. 뭐했다, 뭐했기 때문에, 뭐했던 것이다, 왜 뭐니까……. 이렇게 딱딱 끊어줍니다. 그래서 입에 맞게끔 해주고, 항상 대화가 좀 들어가게, 독자를 머릿속에 넣어서 계속 대화하고……. 굉장히 번거롭긴 하지만 이런 식으로 글을 씁니다.

그리고 또 저자 개념이 달라질 수 있습니다. 활자로서 글쓰기와 인터넷 글쓰기가 다르기 때문입니다. 활자로서 완성되는 형태는 저자가 있습니다. 그런데 이 저자의 이야기는 일방적이죠. 인터넷에 올라온 글에는 항상 반작용이 따릅니다. 그리고 이 글을 사람들이 다운로드만 받는 게 아니라 가공해서 업로딩uploading을 해요. 사운드의 경우는 리딩스readings라고 하고. 이미지 경우에는 '유튜브'에 올린다든지, 이렇게 '글쓴이'가 바뀌어간다는 겁니다.

하이퍼링크와 같은 글쓰기는 저자의 죽음이라는 문제를 가져옵니다. 인터넷을 몇 번 돌다보면 사라져버려요. 예를 들면 호메로스의 서사시가 호메로스가 쓴 것이냐, 과연 호메로스란 사람이 있었느냐 하는 문제죠. 호메로스라는 사람이 있었어도 호메로스의 서사시는 호메로스가 쓴 게 아니라는 겁니다. 호메로스가 쓴 서사시가 있었어도 후대 사람의 입에서 입으로 전달되는 가운데 첨삭이 이루어져서 완전히 다른 것이 되고 맙니다. 차라리 호메로스는 공동 저자의 이름이라고 보아야 한다는 것이죠. 인터넷에서도 마찬가지입니다. 제가 쓴 글을 인터넷에 올리면 심지어 똑같은 일을 똑같이 푸는데도 말을 바꾸어버립니다. 표현을 약간 유머러스하게 바꾸거나 해서요. 이렇게 몇 번 돌면 그 글이 누구 것인지 모르는 경우도 있거든요. 내가 써놓았지만 공동 저자가 있는 것도 있고요.

《놀이와 예술 그리고 상상력》 같은 책은 인터넷에서 쓴 겁니다. 학생들에게 제가 이렇게 말합니다. "영감靈感, 하면 뭐 예를 들어 낭만주의가 떠오른다 하지만 그런 거 없다. 솔직히 그런 시대는 지났다. 영감이 떠오르는 기계적 절차가 있다. 구글에 들어가서 검색어 넣고 엔터만 쳐봐라. 아, 떠오른다. 그게 다 기계적 영감이라는 것이다. 그걸 몽땅 hwp에 퍼, 다 푼 다음에 읽고 필요 없는 거 다 지워버려, 필요 있는 거 남으면 배치해, 몽타주." 딱 이렇게 글을 씁니다. 《놀이와 예술 그리고 상상력》 책의 60~70퍼센트 이상이 그렇게 쓴 거예요, 사실은. 100퍼센트 다 그렇게 썼으면 돈이 울 뻔했는데. 그러니까 옛날엔 독창성이라는 것이 엘리먼트element에서 나왔는데 지금 상황은 그렇지 않습니다. 여러분이 쓰시고 싶은 텍스트 있잖아요? 누군가 써놨어요, 이미. 여러분들이 그리고 싶은 이미지 있잖아요? 누가 그려놨어요, 이미. 여러분들이 내고 싶은 소리? 누군가 만들어놨습니다. 아마도 이런 문화가 바로 앤디 워홀 Andy Warhol 문화일 거예요. 앤디 워홀 이후 그런 느낌이 많이 있죠.

결국 중요한 게 꼭 요소의 새로움이 아니라는 것입니다. 그러면 무엇이 중요할까요? 같은 것을 가져다 쓰는데 어떻게 배치하느냐, 즉 새로운 요소가 아니라 '배치'가 중요합니다. 이것이 지금 인터넷 글쓰기의 일반적 특성입니다. 인문학자들의 글쓰기 형식에도 이제 이런 것이 많습니다. 하이퍼텍스트 같은 경우에도 이게 있죠, 비선형적 글쓰기. 요즘 젊은이들의 컷 앤 페이스트cut and paste 글쓰기. 과거에도 지금과 똑같이 베껴냈는데 우리는 베껴내더라도 기승전결 있게 베껴냈잖아요? 요즘엔 그것도 아니고 다 달라요. 문체나 글이 잘 안 맞고. 바로 몽타주죠.

저는 이것을 하지 말라는 게 아니라 '해라, 다만 제대로 해라' 라고 이야기하는 것입니다. 인터넷 서핑 1시간 한 것과 3시간 한 것은 차이가 납니다. 지금은 머릿속에 담아놓는 시대가 아닙니다. 기억은 어디에 있나요? 하드와 서버에 있죠. 널려 있는 게 정보입니다. 중요한 건 내비게이션 능력과 항해술, 즉 서핑하는 능력입니다. 그리고 이것을 어떻게 배치하느냐 하는 몽타주의 능력이 중요합니다.

더불어 카피라이트 능력도 굉장히 중요합니다. 자기가 하고 싶은 말을 그저 길게 쓰는 게 아니라 길게 쓴 걸 한 번에 보여주는, 요약해주는 이미지가 있지요. 저는 이것을 개인적으로 '모나드monade' 라고 부릅니다. 라이프니츠Gottfried von Leibniz의 이 모나드는 쉽게 말해 개별자지만 그 안에 보편자가 들어 있어서 그것만 봐도 보편자인지 단번에 알 수 있는 것입니다. 제가 부르는 모나드는 요약된 이미지로서 하나의 아주 작은 개별적 예지만 우리 사회의 보편적인 문제 같은 것들을 담고 있습니다. 무엇에 대해 줄줄이 이야기할 필요 없이 이런 것만 딱 제시하면 단번에 이해가 되거든요. 마치 광고 카피 뽑는 능력 같은 거죠. 광고 카피라이터들이야말로 자본주의 시대의 음유시인이라고 보들레르가 말했던가요? 이런 능력들은 텍스트가 이미지와 결합할 때 중요하다고 생각합니다.

한편, 글쓰기가 사라진다는 이야기도 있지만 저는 글쓰기는 사라지지 않을 것이라 봅니다. 다만 인위적인 변화가 없게 되고 보이지 않게 사라져가겠지요. 오히려 이럴수록 인문학이 중요합니다. 문자를 쓸 줄 아는 사람들은 이러한 상황에서 결국 어떤 존재가 되겠습니까? 문자, 숫자코드 다룰 줄 아는 사람들이 이미지의 능력까지 갖추었을 때 이들이야말로 미래사회의 아키텍트architect, 즉 건축가가 됩니다. 문자와 숫자를 읽지 못하는 사람들은 이미지 말고 자기 세계만을 사랑하게 될 것입니다. 한마디로 매트릭스의 주인이 되는 거죠. 플루서_{Vilém Flusser}가 이런 말을 했습니다. "미래가 프로그램을 하는 사람들과 프로그래밍을 당하는 사람들로 나누어질 것이다." 권력이 그 시대의 가치와 커뮤니케이션의 수단을 장악하는 능력이라고 했을 때, 인문학이라는 것은 이러한 의미에서 굉장히 중요하다고 생각합니다. 여기까지 하겠습니다. 감사합니다.

강성원 —— 오늘 두 분의 말씀 정말 잘 들었습니다. 홍윤기 선생님은 우리 인문학의 역사적인 콤플렉스라고 할 만한 부분들에 대해서 말씀해주셨습니다. 진중권 선생님은 홍윤기 선생님이 말씀하신 우리 인문학의 콤플렉스에서 벗어날 수 있도록 인문학이 동시대와 앞으로의 사회에서 창조적으로 적응해 살아남는 전술과 전략을 아주 구체적으로 말씀해주신 것 같습니다. '어찌 되었든 인문학은 앞으로도 중요할 텐데, 이는 인문학이 사회를 구성하는 아키텍트로서 기능하기 때문이다'라는 정도로 정리할 수 있겠네요. 그럼 지금부터 두 분 선생님께 궁금한 것이 있으면 질문해보는 시간을 가지도록 하겠습니다.

청중 —— 작년에 어떤 칼럼을 보니까 미국에서는 철학 강의를 듣기 위해 몰려드는 수백 명의 사람들 때문에 강의실에 입추의 여지도 없다고 하던데요, 두 분은 이런 이야기를 들으면 어떤 생각이 드는지 듣고 싶습니다.

진중권 —— 최근 들어 CEO들의 인문학 붐이 일어났습니다. 이렇게 인

문학 자체의 중요성이 다시 부상하고 있는 것은 '인문학 자체가 중요하다' 라는 인식에서라기보다 '돈만 벌다 보니까 삶이 허전하다' 이 정도 수준에서 나오는 것이라고 보는데요. 사실 보건데 우리나라의 철학 연구와 인문학 붐 등은 굉장히 천박한 데가 있습니다. 어떤 면에서 천박할까요. 자본주의가 발전하면 발전할수록 예측하는 기계가 되거든요. 그래서 눈에 보이는 것만 자꾸 하다 보니까 국제철학회 유치해서 철학관 짓는 식의 마인드를 가지게 된 것 같아요. 철학이나 문학 같은 것들은 굉장히 오래 걸려야 나오는 건데, 문화를 쌓아야 나오는 건데……. 저에게는 철학이 최고의 학문입니다. 저도 사실은 번거로운 거 다 접고 철학하고 싶어요.

홍윤기 —— 제 생각도 진중권 선생의 생각과 전적으로 일치하고요, 한 가지 더 이런 게 필요한 것 같습니다. 얼마 전 대통령께서 이런 말씀을 하셨죠. 일본의 닌텐도 게임 같은 것을 우리나라에서는 왜 못 만드느냐? 그래서 소프트웨어 하시는 분들이 전부 부글부글 속을 끓였다고 합니다. 끓일 만하죠, 당연히! 진 선생님이 이야기했던 대로 지금은 기술, 테크닉의 문제가 아니라 디자인의 문제라고 했을 때 중요한 것은 핵심을 꿰뚫는 그 어떤 통찰입니다. 닌텐도 게임은 아주 기발한 스토리텔링을 기반으로 만든 것이 아니라 일상생활에 맞추어 게임 방식을 단순하게 만든 것인데, 바로 이 단순성을 뚫어내기까지 상당한 정도의 통찰이 필요하다는 겁니다. 통찰은 계획 단계대로 나오는 것이 아닙니다.

따라서 현재 우리가 발전된 어떤 추세를 따라잡으려고 한다면 인문학을 하되 제조하는 차원에서가 아니라 어떤 캐릭터를 살려보고 또 그 캐릭터로 살아보는 시간을 주어야 합니다. 그걸 주지 않고 철학과, 문학과, 역사학과 등 학과를 만들어 놓고 그 안에 코스를 깐 후 학점 때리는 식으로 가르쳐서는 학생들이 안 오게 되어 있습니다. 그리고 교수들이 상당 부분 여기에 안주하는 측면이 있습니다. 저는 그것을 만날 깨자고 하다가 어떻게 재수 나쁘게 학부제 측면에 맞물려가지고 이상하게 몰렸던 적이 있습니다만, 궁극적으로 대학이 인간을 인간답게 하는 지식을 가르치고 그렇게 살게끔 만들어준다면 학생들은 얼마든지 오리라 생각합니다. 저 개인적으로도 그 나름대로 살아가는 것에 관해 직접적으로 이야기하면 아무리 어려운 이야기라도 사람들이 굉장히 강하게, 집중적으로 흡수한다는 것을 느낀 적이 있습니다. 따라서 당장의 가시적인 성과 위주가 아니라 삶을 위주로 인문학을 돌려 시간과 정신적 여유를 주면서 이야기하면 지금 한국에서도 닌텐도 같은 게임이 분명히 나옵니다. 이런 것도 주지 않고 전국에 삽질하는 소리만 울려 퍼지게 만들고……. 그렇게 이 조국이 발전할 것이라는 식으로는 고급 아이디어가 절대 나올 수 없습니다.

제가 방금 연구를 끝냈기 때문에 자신 있게 할 수 있는 이야기가 하나 있습니다. 대학에서는 정말 엄청나게 공부해야 합니다. 그런데 대학 가서 공부가 안 됩니다. 왜? 강의 시간이 너무 많아요. 6개 강의를 놓고 가만히 생각해보십시오. 6개 강의를 들으면서 학점 4.3 받았다고 하는 사람, 미치는 거 봤거든요. 왜 그런가 하면 전부 기능적입니다. 거기에서 4.3 받으려면 강의 다 챙겨 들어야죠, 각 수업 강사들이 주는 리포트 써야죠, 그러고도 할 게 산더미입니다. 베를린에 갔던 1988년 겨울 학기였는데, 저는 6개 강좌 들어갔다가 죽는 줄 알았습니다. 그런데 1988년 베를린 겨울 강좌가 한 학기만 하고 학생들이 스트라이크를 하는 바람에 학기 전체가 모조리 다 넘어가버렸습니다. 전 살아났습니다. 그러

우리 인문학의 어제와 오늘

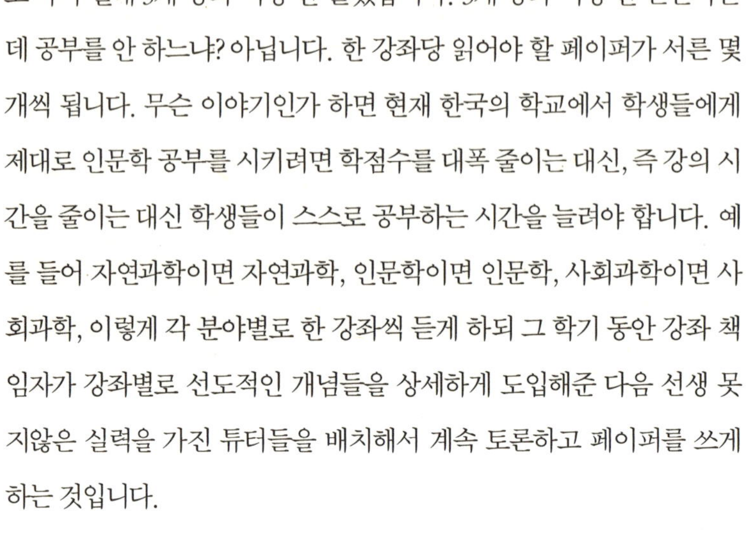

고 나서 절대 3개 강좌 이상 안 들었습니다. 3개 강좌 이상 안 듣는다는데 공부를 안 하느냐? 아닙니다. 한 강좌당 읽어야 할 페이퍼가 서른 몇 개씩 됩니다. 무슨 이야기인가 하면 현재 한국의 학교에서 학생들에게 제대로 인문학 공부를 시키려면 학점수를 대폭 줄이는 대신, 즉 강의 시간을 줄이는 대신 학생들이 스스로 공부하는 시간을 늘려야 합니다. 예를 들어 자연과학이면 자연과학, 인문학이면 인문학, 사회과학이면 사회과학, 이렇게 각 분야별로 한 강좌씩 듣게 하되 그 학기 동안 강좌 책임자가 강좌별로 선도적인 개념들을 상세하게 도입해준 다음 선생 못지않은 실력을 가진 튜터들을 배치해서 계속 토론하고 페이퍼를 쓰게 하는 것입니다.

미국 대학의 수강 과목 수와 한국 대학의 평균 수강 강좌 수를 보면 전체 공부 시간은 미국과 한국 학생 사이에 별 차이가 없습니다. 그런데 개인별 자율 공부 시간은 미국 학생들이 훨씬 많습니다. 몇 배가 많거든요. 듣는 강좌가 적은 대신 단위 강좌에서 학생들이 해야 하는 과제물이 많기 때문인데, 이 과제물이 쓸데없는 과제물이 아닙니다. 학생들에게 한 학기에 리포트를 6개 이상씩을 쓰도록 하고 나면 처음 시작할 때의 학생 실력과 끝났을 때의 학생 실력이 달라지지 않으려야 않을 수 없습니다.

한국의 교수들도 학생들에게 비교적 리포트도 많이 쓰게 하고 발제 역시 많이 시킨다고 합니다. 그런데 리포트는 대부분 두 번 이상 절대 못 쓰게 합니다. 왜? 학생들 리포트 피드백하다 보면 교수가 죽습니다. 무슨 이야기인지 아시겠습니까? 글쓰기를 하더라도 검증이 안 된다는 이야기입니다. 미국 같은 경우에는 검증할 수 있는 평가 및 교정 시스템이 되어 있고, 리포트를 여섯 번 이상 쓰고 토론하게 하는 튜터 시스템이 붙습니다. 따라서 한 강좌를 이수하려면 자기 공부 시간을 여러 시간 들여야 합니다. 단위 수업에 대한 집중도가 높아지는 것도 당연합니다. 수강 강좌 수가 6개 이상 되면 이런 집중도가 나오는 것이 원천적으로 불가능합니다. 그런데 한국 학생들 수강 신청 수를 보면 7개 과목, 21학점이 다반사입니다. 학점이 너무 많아요. 그리고 대학 공부에 대한 동기 부여도 제대로 되어 있지 않습니다. 아마 진 선생이나 저나 공통점이 있을 거예요. 하지 말란 공부는 열심히 했죠. 아마 밤새서 했을 겁니다. 대학 가서 저도 그런 적이 있습니다.

강성원 —— 하지만 이런 대학교육의 상황이라는 게 한두 번 지적되어 온 것도 아니지 않습니까? 그런데도 기본적인 면에서는 거의 개선이 되지 않고 있는데 그 이유가 무엇이라고 생각하십니까?

홍윤기 —— 기본적으로 한국의 학벌 시스템이 문제지만 또 달리 학생들을 교육시킬 가능성에 대한 전망이 없다는 것도 중요한 이유 가운데 하나라고 생각합니다. 외국에 가서 비싼 돈 주고 공부할 생각만 했지, 외국의 학생들이 어떻게 공부하는가는 심층적으로 보지 않고 돌아와서 자기가 공부한 것을 학생들이 공부해주지 않을까봐 벌벌 떠는 것이지요. 그리고 결정적으로 한국의 대학교 운영자들은 뚜렷한 교육철학이나 교육관이 없고요. 그러니까 학교가 개성 없이 이런저런 시스템을 짜깁기해서 그것을 학벌 시스템으로 고정해놓은 셈입니다. 학생들은 학교를 살리기 위해 학점이 걸린 강좌를 들으라는 대로 듣는 수밖에 없습니다.

지금 중·고등학교 교과 같은 경우에도 마찬가지입니다. 과목군은 5개 군인데 실제 교과목은 24개입니다. 한마디로 학생들이 배워야 하는 게 너무 많아요. 그런데 우리나라와 국제학업성취도평가PISA(Program for International Student Assessment) 시험 성적이 얼마 차이가 안 나는 핀란드 같은 경우는 학생들이 한 학기에 역사를 한다고 하면 선생이 '이번 학기에는 로마사만 하자'고 합니다. 우리나라는 어떻습니까. 단군 할아버지부터 합니다. 현대사는 빼놓고 하죠, 거기까지 진도가 안 나가니까. 이러면 학습의 집중도가 엄청나게 떨어집니다. 이런 방식의 우리나라 교육은 인근 지식을 가져다가 그 나름대로 빨리 따라잡는 데는 효과적이어도 학생들이 지닌 잠재력을 끌어올리는 데는 엄두도 내지 못합니다. 결국 모든 것을 시험 중심의 경쟁 시스템을 통해 성적순으로 세우니 학생들이 견디다 못해 외국으로 나가죠.

지금은 더 나갑니다. 있는 사람들이 있는 사람들 찾기 위해서 외고 만들어야 한다, 특목고 만들어야 한다, 하는데요. 이런 식의 경쟁 시스템으로는 교육의 효과가 절대 안 나타납니다. 특히나 인문학 같은 경우는 실수를 많이 해보아야 합니다. 실수 많이 해보고 이렇게 저렇게 해결 방안을 모색할 때 중요한 것은 집중도와 심화도입니다. 끝까지 파보고 인간이 어디까지 살 수 있느냐, 어디까지 이 사람이 한번 해봤느냐, 이렇게 갈 때까지 가봐야지 인간에 대한 안목이 트여나가게 된다는 겁니다. 괴테는 몇 년도에 《파우스트》를 썼느냐고 묻는 객관식 시험 문제와 《파우스트》 맨 끝에 나오는 "아름다운 것은 영원히 여성적이다"라는 문장이 무슨 뜻인지 해석해보라는 문제 중 어느 것을 푸는 정신이 인문학적으로 또는 국가적으로 더 심층적이고 유능한 정신이 되는지 보지 않아도 뻔한 일입니다.

한 학기 동안 집중도와 심화도를 높이는 교육만 하더라도 실질적으로 인문학적 사회정신이 올라갑니다. 제 말은, 미치고 싶은 데까지 끝까지 미치게 해서 '내가 이런 인간이었구나' 하고 스스로 깨우치게 하는 교육 시스템이 되어야 한다는 것이죠. 인문학 교육이, 특히 인문학 교육이 그래야 합니다. 그러지 않으면 인간에 대한, 자신의 삶이 어떤 것인가에 대한 깊이 있는 통찰을 절대 할 수 없습니다. 저는 이 점을 확신합니다.

강성원 —— 진중권 선생님, 아까 질문에 대한 선생님의 답변도 듣고 싶어 하실 것 같은데 혹시 하실 말씀 있으신지요?

진중권 —— 요즘 '통섭'이니 '융합'이니 이런 이야기들 많이 나오는데 그게 쉽지 않습니다. 대학에서 해보려고 하는데 대개 옛날 마인드 가진 교수 분들이 반대를 합니다. 여태까지 잘 먹고 잘 살았는데 저놈들이 들어와서 새로운 반응이 일어나면 우리가 피곤해진다는 생각이 들겠지요. 특히 장르 같은 경우 장르의 융합 같은 게 일어나는데 한국예술종합학교에서도 별로 안 좋아하는 듯하고요. 그리고 이해가 없습니다. 특히 기술과 예술이 결합하는 부분들 있잖습니까. 그래서 저는 공대에서 주최하는 세미나 같은 게 있으면 뭔가 배우려고 학생들을 끌고 들어갑니다. 그런데 들을 게 하나도 없고 한심한 수준의 이야기만 오가는 걸 30분 정도 보다가 나와버렸어요.

강성원 —— 얼핏 들으면 지금 인문학의 위기가 결국은 인문학의 위기를 말하는 인문학 교수들 자신으로부터 비롯된 것 같다는 느낌이 드네요.

진중권 —— 그렇죠, 상당 부분 문제 인식 자체가 없어요. 사람이 아무리 진보적인 사람이라고 하더라도 자기에 관해서는 대체로 보수적이거든요. 고치려고 하지 않는 부분이 있어서 그런지……. 일단은 패러다임 자체도 문제가 있고요. 우리가 아까 닌텐도 이야기 했잖아요. 저도 한국예술종합학교에서 미래교육 준비라든가 그런 걸 좀 해보려고 했습니다. 초기부터 아예 기술을 가지고 예술의 표현 수단으로 삼는 학생들을 기르는 관점으로 프로젝트를 했는데, 학생들이 프로그램해본 적도 없고 센서 만져본 적도 없어서 진행하기가 힘들었습니다. 이래서는 안 된다는 거예요.

또 다른 예를 들면 이런 것이 있습니다. 제가 게임을 많이 하는 사람이 아니거든요? 즐겨하는 사람도 아니고 잘 모르는 사람인데, 게임 포럼 같은 데서 강연 오라고 해서 갑니다. 그래서 게임이 앞으로 우리 사회를 어떻게 바꿀 것인가, 이런 정도의 상식적인 이야기를 했는데 굉장히 열광하면서 또 해달라고 요청을 해옵니다. 이런 반응은 게임개발자들이 인문학적으로 굉장히 부진했다는 이야기로 해석할 수 있지요. 바로 이것을 매치시켜주어야 하는데 이런 것들에 대한 인식 자체가 없으니까 문제가 좀 있어요. 우리나라가 다리 그림을 참 잘 그리거든요. 다리도 참 잘 재요. 그런데 교량 디자인을 못해요. 이런 문제들인 거죠.

청중 —— 저는 살아가면서 가장 중요한 부분을 고민할 수 있게 해주는 게 인문학이라고 생각합니다. 그런데 이 인문학을 초·중·고등학교 때 배우지 못하잖아요. 기껏 배운 게 문학 정도인데 그것도 수박 겉핥기식으로 배워서 인문학의 중요성을 모르고 대중화하려는 노력도 하지 않아 오늘날 철학을 공부하려는 학생들도 없는 게 아닌가 합니다. 결국 우리 모두 교육의 피해자라는 생각도 들고요. 이러한 현상이 문제라는 것을 인식하는 차세대 아이들은 이를 고치기 위해 앞으로 노력할 수 있는 여지가 있는데 이미 그 교육의 피해를 입은 우리 같은 사람들은 10대, 20대 때 해야 할 고민들을 하지 못하고 나이만 먹어버렸습니다. 이런 사람들이 지금이라도 인문학을 하려면 어떤 방법이 있을까요?

청중 —— 중요한 것은 이 가치를 너무 늦게 알았어요. 나이도 얼마 안 먹었지만 저는 경제교육이니 경영교육이니 해서 실무에만 몰두했는데, 이런 생활을 7~8년 하다 보니 제 소양의 깊이가 점점 줄어들고 있다는 느낌을 받았습니다. 인문학을 접해보려 노력은 했는데 잘 안 들어오네요. 들어왔다가도 알코올처럼 쓱 증발해버릴 때 어떤 노력을 해야 하는지……. 노력을 해보고 싶은데 고민만 깊어가요. 이런 점에 대한 해결책이 있을까요?

청중 —— 개인적인 노력밖에는 방법이 없을까요?

진중권 —— 어차피 혼자 공부해야 합니다. 책을 그냥 읽는 게 아니라 멘토mentor가 필요해요. 저도 학위는 못 받았지만 독일 가서 선생님을 참 잘 만나 공부를 제대로 한 편이기 때문에 책을 읽는다는 게 뭔지 알았거든요. 그런 멘토가 아마 있을 거예요. 영역별로 예컨대 미학이면 미학, 철학이면 철학, 그렇게 책을 보면 뒤에 항상 비브리오가 나오잖아요. 이것만 대충 보아도 그 저자의 수준을 알 수 있습니다. 반드시 읽어야 할 텍스트들이 있고 안 읽어도 되는 텍스트들이 있거든요. 아무래도 먼저 읽은 분들, 공부한 분들의 도움이 좀 필요할 것 같고요. 그런 분들이 이미 계십니다. 찾아보시고요.

저의 경우를 이야기해보면, 미학만 가지고는 제대로 된 글이 안 나와요. 왜냐하면 그 부분은 항상 똑같은 이야기를 하거든요. 그런데 어느 날 사회학자 엘리아스Norbert Elias의 책을 봅니다. 이 책에는 미학에 없는 미학의 문제라든지 미적 취향의 발생, '미학이란 사실 궁정화의 산물이었다' 하는 등의 이야기가 나오는데, 이런 걸 보고 글을 쓰면 이 나라에 없었던 완전히 새로운 사고방식을 가지게 됩니다.

영화 같은 경우에도 저는 사실 영화를 모르거든요. 영화 취향도 별로 안 좋아요. 할리우드 영화를 좋아해서 입을 헤 벌리고 보는 영화 있잖아요? 공룡이나 외계인 나오는 거 좋아하고……. 〈스타게이트〉 이런 영화 정말 좋아해요. 그런데 언젠가 〈씨네 21〉에 연재를 했죠. 이건 영화판도 마찬가지라는 뜻입니다. 거기에 글 쓰는 사람들 뻔해요. 어떤 사람들은 내러티브 분석하고 있고 아니면 내러티브 분석한 다음 페미니즘이니 뭐니 약간 덧붙이는 거. 또 다른 하나는 형식 분석하는 사람들. 전부 완전히 바깥에서 왔기 때문에 보는 데 한계가 있거든요. 이런 방식이 있기 때문에 흔히 T자형의 문제라고 하잖아요, 스페셜리스트specialist가 깊이 판다면 제너럴리스트generalist는 넓게 알고. 자기가 가지고 있는 특정한 한 영역을 확보해놓은 다음 이걸 다양한 주제와 결합을 시켜서 하이브리드를 만들어내는 그때, 새로운 정보가 산출됩니다. 이런 의미에서 넓게 안다는 게 굉장히 중요해요. 흔히 스페셜리스트랑 제너럴리스트를 합쳐서 '스페널리스트'라고 하죠.

홍윤기 —— 진 선생님 말씀에 전적으로 동의하고요. 조금만 이런 점을 보태지요. 개인적으로 하는 독서에 대해서는 지금 좋은 말씀을 해주셨습니다. 실질적으로 스스로 노력할 수밖에 없는 측면이 있지요. 그리고 저는 인문학하는 사람으로서 대학 밖에서 인문학을 주제로 강의나 토론을 요청해올 경우 되도록 응하는 것을 제 자신의 의무라고 생각합니다. 그런데 대학 외의 인문학 수요에 대해서는 이들을 감당할 수 있는 평생교육 시스템이 있으면 가장 좋은데요, 이 시스템이 구축되려면 인문학 수요자들의 정치적 움직임이 있어야 할 것 같습니다. 그래야 여러 가지 심화된 프로그램도 체계적으로 나올 수 있고 인문학 거점 기관들 사이에 네트워킹도 이야기될 수 있습니다.

그리고 아까 참 좋은 이야기를 하셨는데 고전에 접근할 때 멘토가 필요하다는 이야기는 분명 맞습니다. 제가 볼 때는 진 선생님의 《미학 오디세이》를 비롯해 여러 가지 좋은 책을 구해보는 등 개인적으로 노력하는 것도 한 방법입니다만 거기에 더해 이런 인문학 거점 기관, 특히 인문학박물관 같은 거점 기관들 사이의 네트워킹을 통해서 강사라든가 강좌 같은 것들이 교류되어야 합니다. 그런데 이 일이 이루어지지 않으니까 단일 기관에서 일회성으로 그쳐버리고 다른 곳에서 같은 일이 또 반복되고 하다 보니 진전이 이루어지지 않고 축적도 안 되지요.

다시 강조하지만 제가 볼 때 평생교육의 콘텐츠 확보라든가 네트워킹을 위해서는 유권자로서 정치적 방식을 통해 요구하는 차원에 서지 않으면 안 된다고 봅니다. 대학 내에서 인문학은 그 자체에도 원인이 있지만 대학의 압박에 맞서 거의 사투를 벌이고 있는 형편입니다. 학생들이 학과에 모집되지 않으면 폐과나 규모 축소를 단행한다는 것이 대학 경영자들의 학문을 보는 수준입니다. 이 같은 편견을 타파하자면 정치적 분위기가 조성되어야 하는데 인문학을 위해 이런 정치적 분위기를 조성해줄 수 있는 것은 유권자의 어떤 요구뿐이지요. 이럴 때 저는 인문학박물관같이 거점 기관을 표명하고 나서는 분들이 깊이 있게 논

의하여 자체적으로도 체계화하고 네트워킹해나가는 것이 굉장히 필요
하다는 생각이 듭니다.

청중 —— 홍 선생님께서 평생교육에 대한 이야기를 하셔서 말씀드립
니다. 사실 우리나라가 급성장한 나라 아닙니까? 어렸을 때는 초가삼간
에 살았습니다. 그러다가 아파트 시대가 되었어요. 달구지 시대에서 마
이크 시대가 되었어요. 된장찌개 시대에서 비프 시대가 되었어요. 그리
고 수명도 50세에서 지금 80세 가까이로 늘어났습니다. 저는 이렇게 우
리나라가 세계 경제 11위권에 들 정도로 어마어마한 발전을 이룩한 것
은 교육의 힘 덕분이라고 보고 있습니다. 그런데 어째서 흉악범은 더
많이 늘어났느냐? 옛날에는 매스미디어가 발달하지 않아서 잘 드러나
지 않았나 모르겠습니다마는, 교육의 힘으로 이처럼 잘살게 되었다면
사회가 더 건강해지고 문화적으로 진보해야 하는데 오늘날 시대가 좀
이상해지는 것 같단 말입니다. 이러한 상황에서 저는 인문학의 근간은
실질적으로 모든 학문의 근본이 되지 않을까 생각됩니다. 지금 우리에
게는 멋지게 살 방법을 궁리하는 것보다 마음의 통일이 이루어지지 않
고 있다는 사실을 인식하는 것이 중요합니다. 그래서 선생님들께서 우
리의 마음이 풍부해질 수 있도록 연구를 집중적으로 하셔서 우리나라
를 정말 평화로운 국가로 만드는 데 도움을 주셨으면 합니다.

청중 —— 저도 듣고 싶은 이야기가 있습니다. 저는 철학을 전공하는 철
학 과정생으로서 제가 학자가 되었을 때의 정체성과 그 위치에 대해 생
각해보게 됩니다. 현재 철학이나 문학과 같은 학문 영역에서 우리 인문
학자들의 위치가 어디이고 또 활동 무대가 어디인가 하는 문제인데요,

이것이 중요한 이유는 이들이 전문적으로 인문학을 전공하지 않은 사람들을 이끌어줄 수 있고 또 일상생활에서 쉽게 발견할 수 없는 길을 제시해줄 수 있기 때문입니다. 앞으로 인문학자들의 위치와 활동 무대가 변해야 한다면 어떻게 변해야 하는지에 대한 생각도 듣고 싶습니다.

홍윤기 —— 실질적으로 철학은 물론 모든 인문학은 일상의 삶에 내재되어 있다고 생각합니다. 따라서 굳이 철학을 하지 않는다 하더라도 사람들은 부지불식간에 철학을 하고 있기도 합니다. 그런데 이런 것이 학문적 차원으로 올라가면 아무래도 전문화의 길을 걷지 않을 수 없으며 거기에서 통용되는 여러 고전을 마스터하지 않으면 안 되는 측면이 있습니다.

그리고 제가 말씀드릴 수 있는 것이 한 가지 더 있습니다. 교수라는 사람들이 분명히 여러 가지 비난을 받고 있음에도 불구하고 우리나라 교수들의 학문 수용력은 결코 녹록한 수준이 아닙니다. 저는 독일에서 사회철학과 언어철학 계통을 전공하고 돌아왔는데요, 굉장히 놀랐습니다. 외국에서 형성되는 최신 학문 조류들을 우리나라 사람들이 외국에 나가 배워 들이고 하여 우리나라 학자들 사이에서 모두 유통이 되는 거예요. 무슨 이야기인지 아시겠습니까? 그래서 독일철학에 관심이 있다면 독일철학과 관련된 학회의 일람을 한번 찾아보고 그런 학회에서 주최하는 것으로 공지된 모임에 나가볼 것을 권하고 싶습니다. 반드시 아주 유익한 도움을 받을 수 있을 것입니다.

이런 게 있습니다. 저도 독일 가서 철학 공부를 했고 철학 공부의 시작을 독일철학으로 했습니다마는 1960년대 우리 문화 풍토에서 지금 질문하신 분의 관심에 맞게 독일 쪽을 선택하게 되는 동기를 보여주는 아주 중요한 사례가 있습니다. 바로 전혜린이라고 하는 여성입니다. 이 분이 쓴 에세이를 보면 당시로서는 독일에 관해 상당히 공부하셨음을 알 수 있는데, 불행하게도 좋은 글을 더 이상 남기지 못하고 요절하셨어요. 또 전혜린 선생의 글을 보면 이분이 독일 가서 공부하기로 결심한 데는 두 가지 요인이 작용했음을 알 수 있습니다.

하나는 다방면에서 느껴지는 그 나라의 힘의 문제입니다. 그 나라가 우리보다 세고 많은 점에서 더 잘하고 있기 때문에 따라가게 되지요. 그런데 당시 독일은 경제력을 제외하고는 우리나라한테 별로 센 것을 보일 기회가 없었는데도 전혜린 선생의 글에는 상당 부분 독일이라는 나라가 끄는 힘에 이끌렸다고 생각할 수 있는 이야기가 여기저기 나옵니다. 두 번째, 문학과 같은 그 나라의 영향입니다. 독일문학이 한때 청소년문학을 지배했던 때가 있었어요. 예를 들어 《데미안》 같은 성장소설은 1970년대 중·고등학교를 다녔던 분들에게 상당한 영향을 미쳤습니다. 이 《데미안》의 작가인 헤르만 헤세Herman Hesse 외에도 당시 유명했던 여류작가 루이제 린저Luise Rinser라든가 매혹적이고 경건한 시인인 라이너 마리아 릴케Rainer M. Rilke가 있었습니다. 저는 청소년 시절에 릴케를 굉장히 좋아했는데, 이런 독일 문학은 내가 가지고 있는 삶의 의문에 보다 풍부하게 답할 수 있는 이미지나 메시지를 담고 있는 것으로 비쳐졌습니다. 그러면서 독일의 문학이나 인문학에 들어가게 된 것이지요.

저는 개인적으로 니체보다는 헤겔을 통해 독일철학에 입문했습니다. 이 독일철학은 현대철학 전반에 있어서 아주 중요한 위치를 차지하고 있습니다. 현대철학을 요약하고 종합하고 완전히 체계화시켜놓은 측면이 있기 때문에 독일의 관념철학을 공부하면서 니체까지 꿰뚫어본다는 것은 이론적으로 보면 현대적인 사고방식의 발전을 마스터하는

데 분명 도움이 됩니다. 독일철학에 대한 관심과 공부는 아직까지도 외국 철학의 담론이 우세한 한국에서 학문 활동을 한다거나 여러 가지 답을 구성하는 데 상당히 유리한 위치를 점하게 합니다.

하지만 갈수록 느끼는 것은 '이제 우리가 뭔가 다른 이야기를 해야 하지 않는가' 하는 것입니다. 이 때문에 저는 10년 넘게 고민하고 있습니다만 아직까지 답을 찾지 못했습니다. 이런 점에서는 '독일철학을 계속할 것인가'와 '한국인으로서 여기서 철학하는 다른 어떤 위치를 찾아야 하는가'를 놓고 갈등을 겪어야 하는 일은 온전하게 저의 몫입니다. 이에 대한 답은 누구에게도 없습니다. 저는 그렇게 봅니다.

청중 —— 드라마에 대해서 이야기해도 될까요? 얼마 전 TV에 방영되어 위화감을 조성한다는 비판을 받았던 〈꽃보다 남자〉라든가 〈악녀의 일기〉, 불륜을 조장한다고 비판받았던 〈아내의 유혹〉 등은 우리나라에 뿌리 깊게 내린 유교적 사고방식과는 매우 다른 소재를 다룬 것들이었습니다. 이런 식으로 우리나라에 외국문화가 많이 유입되고 있는데 이 과정이 심화되면 우리나라의 전통적인 윤리문화에 혼선이 빚어지리라는 걱정도 됩니다. 두 분 선생님은 이러한 현상이 과연 옳다고 생각하시는지, 또 한국에서 올바로 정립되어야 하는 윤리란 어떤 것이라고 생각하시는지 의견을 듣고 싶습니다.

진중권 —— 글쎄요. 그런 걱정은 안 하셔도 될 것 같습니다. 여러분 자기 자신을 한번 보세요, 외국 것 아닌 게 있나. 외래문화라고 해서 배척하기 시작하면 한도 끝도 없잖아요? 한국어도 외국어와의 관계 속에서 이렇게 풍성해진 것입니다. 한자를 받아들였기 때문에 한국어가 이 정도의 고급어가 될 수 있었던 것처럼 지금의 영어, 일어도 마찬가지라고 생각해요.

그리고 윤리는 옛날 조선시대에 통하던 것들을 되살리는 차원의 문제가 아니라 우리가 삶 속에서 벌어지는 문제들을 어떻게 합리적으로 정의롭게 조율하느냐 하는 문제입니다. 이에 대해서 외국에서 배울 것들은 당연히 배워야지요. 실제로 유럽은 우리보다 앞선 경험을 했기 때문에 더 나은 솔루션들을 가지고 있거든요. 그것을 참조해서 우리에게 적합하게 만드는 과정이 필요하겠죠. 무엇이 우리 것이고 또 무엇이 우리 것이 아니냐, 이렇게 볼 필요는 없을 것 같아요.

홍윤기 —— 그 부분에 조금 더 말을 보태면 이런 점이 있습니다. 마지막에 진 선생님이 더 나은 솔루션이라는 이야기를 했는데, 반드시 더 나은 솔루션을 내놓지는 않지만 외국 인문학의 경우 우리가 지금에야 고민하는 부분에 대해서 한발 앞서 생각하는 부분이 확실히 있습니다. 다시 말해 현재 한국 인문학자들이 하는 고민을 시간을 두고 해본 경험이 있어서 어떤 솔루션이 먼저 나온다는 것이지요. 받아들이고 안 받아들이고는 우리가 더 생각해보아야 하겠지만요.

우리가 만약 이 부분에 대해서 폐쇄적으로 처신한다면 상당한 문제가 생깁니다. 과학기술뿐만 아니라 인간 삶의 문제에 대해서도 그들은 우리보다 먼저 살아보았던 경험을 가지고 이야기하는 부분이 있거든요. 그래서 제가 일종의 '인간 삶의 박물관'을 만들자고 하는 것입니다.

그다음 문제는 고전에서 뭔가 끄집어내는 것입니다. 그 고전은 별 다른 노력 없이 우리가 읽어낼 수 있으니까 우리 것이라고 주장하기에는 힘든 측면이 있습니다. 그래서 현재 가장 중요한 일은 삶의 모습을 들여다보는 것입니다. 제가 볼 때는 먹고사는 문제를 해결하는 경우에도 이렇게 성찰된 삶의 모습을 한 솔루션이 우리로부터 나온다면 문화적으로 엄청난 진전을 이룰 것이라 생각합니다. 경제 위기부터 해결해야 하니까 이런 것 모두 때려치우고, 문화도 치워버리고, 이것저것 다 정리하고 그냥 삽질시켜서 사람들에게 돈 주자는 해결책이 나올까 저는 지금 굉장히 두렵습니다. 오늘 모이신 여러분이 먹고사는 문제에 돈을 뿌리더라도 한 차원 높은 무언가를 생각하면서 뿌려야 한다는 식으로 콘셉트를 잡아 여론을 형성한다면 우리가 이 위기를 통해서 정신적으로 좀 더 나아가지 않을까 생각해봅니다.

진중권 —— 한때 신문기자들이 드라마가 불륜을 조장한다고 만날 써댔는데, 불륜 좀 조장하면 어떻습니까? 이게 불륜인지 사랑인지는 각 개인이 판단해야 할 문제인데 자기가 딱 불륜으로 규정해버리고 조장하면 안 된다고 하는 자체가 참 폭력적으로 느껴지거든요. 그러면 영화 〈추격자〉는 연쇄살인을 조장한 겁니까? 이런 식의 논리는 논리 자체가 검증되지도 않은 것입니다. 이런 식의 나열된 사고방식으로 검증되지 않은 논리를 이야기할 때 그냥 무의식적으로 들어오는 관습의 폭력이라고 할까요? 그런 것들에 관심을 가져야 할 듯합니다.

홍윤기 —— 그런 드라마의 극단적인 예가 이른바 '막드(막장드라마)'죠. 막드의 내용과 구성은 참 어이가 없기는 하지만 이를 통해 알 수 있는 분명한 것은 이 시대에 삶의 가능성에 대한 상상력이 엄청나게 진화하고 있다는 사실입니다. 그렇다고 했을 때 이런 모습을 실제로 생산하는 담론 생산자들의 담론이 굉장히 퇴행적이기 때문에 기껏 해서 나올

수 있는 것이 불륜드라마인데, 이런 불륜판 사이사이에 이 시대의 풍속을 짐작할 수 있는 메시지가 날이 서지 않은 칼처럼 담겨 있는 경우가 많습니다.

저는 정말 TV 드라마를 안 보는 편인데 우연히 〈꽃보다 남자〉를 보다가 시선이 고정되었습니다. 무엇에 시선에 꽂혔느냐면, 가령 특정 종교와 관련된 성직자들을 주인공으로 하는 연예 또는 예술 작품에서 주인공이 그 종교의 계율이 용납하지 않는 죄악을 범할 경우 항의가 빗발치는 것이 몇 년 전까지의 한국 현실이었죠. 그래서 저는 〈꽃보다 남자〉를 보면서 전경련(전국경제인연합)을 주목했습니다. 왜냐하면 이 드라마의 주인공인 재벌가, 명문가 자제들이 극중에서 다니는 초일류 특권학교 신화고등학교에서 벌이는 행태가 거의 범죄 수준이거든요. 어느 면에서 이 드라마는 재벌의 도덕성 내지 법 감각을 완전히 모독했다고 볼 수도 있습니다. 그렇다면 당연히 전경련 정도는 나서서 재벌에 대한 부정적 통념을 유포시키는 이 막장드라마에 대해 강력하게 항의하고 광고를 중단하는 정도의 행동을 취해야겠지요? 그런데 꿈쩍 않더라고요. 결국 가장 모욕을 당하고 있는 집단도 입을 다물고 있는 마당에 언론이 나서서 불륜이다, 막장이다 하는 등으로 비판하고 나서는 것은 아무래도 좀 어줍다는 생각이 들게 하지요.

청중 —— 저는 두 분 선생님의 말씀을 듣고 한국의 발전 방향에 대해 생각해보았습니다. 우선 홍윤기 선생님이 우리나라가 외국문화나 외국의 것을 흡수하고 수용하는 능력이 뛰어나다는 말씀을 하셨고 진중권 교수님이 지금은 쓰기보다 배치가 중요하다는 말씀을 하셨는데, 이 이야기를 듣고 우리나라가 앞으로 허브 국가로 성장하면 좋겠다는 생각이 들었어요. 홍 선생님의 말처럼 우리나라가 뛰어난 수용력을 바탕으로 세계 각국의 것을 많이 받아들인 다음, 진 선생님의 말대로 이것들을 다시 배치해서 자기만의 것을 만들어내면 좋겠지요. 여기에 인문학의 기반이 뒷받침된다면 우리나라가 깊은 성찰의 시간을 가지면서 자아를 찾고 발전시키는 데 더 큰 도움이 되지 않을까 하는 생각도 들고요. 그래서 이와 관련해 두 분이 바라는 한국의 발전 방향은 어떤 것인지 듣고 싶습니다.

진중권 —— 저는 우리나라가 강박관념에서 해방되었으면 좋겠어요. 우리보다 잘사는 나라도 있고 못사는 나라도 있고 적당히 비슷한 나라도 있지요. 잘사는 나라는 잘사는 나라대로 여유가 있고 또 못사는 나라는 그 나라 나름대로 인간적이고 여유가 있어요. 그런데 우리는 중간에 껴서 굉장히 여유가 없다는 느낌입니다. 우리가 해온 것에 대해서 '이 정도면 굉장히 잘살지 않느냐'는 견해도 있지만 또 백남준 선생의 말대로 '그 정도 시간이 흘렀으면 이 정도는 살아야지' 하는 측면도 있는 거고요. 이런 강박관념에서 조금 벗어날 필요가 있는 것 같아요.

다만 제가 요즘 주목하는 건 뭐냐면 앞서 이야기했듯이 지금 우리 현실에서 외국에서는 보지 못하는 일들이 벌어지고 있다는 사실입니다. 이것을 제대로 무기화·이론화한다면 우리 담론을 저들이 가져갈 수밖에 없지 않느냐 하는 생각이 들어요. 한국은 문자문화보다 구순문화가 강하잖아요? 그래서 2차 구순문화, 즉 인터넷이 쫙 깔린 것입니다. 말하자면 한국의 후진성이 역설적으로 천재성을 낳은 것이죠. 그러다 보니 세계 최초로 대통령을 인터넷으로 뽑고, 인터넷으로 뽑은 최초의 대통령이 한국에서 등장하고, 촛불집회와 같이 여태까지 존재하지 않았던

새로운 집회 형태, 시위 형태가 등장하는 등 굉장히 많은 현상이 여기 한국에서 벌이지고 있거든요. 저는 이제 세계 모든 나라가 지금 우리나라에서 벌이지고 있는 현상들을 받아들이게 될 거라고 생각해요.

그래서 저는 첫째, 항상 내 견해를 세우자. 둘째, 일단 내 눈앞에 보이는 현상들을 설명하자. 이것 두 개만 잘하면 된다고 봅니다. 미네르바 사건 같은 경우에도 리얼real과 버추얼virtual이 충돌하는 지점에서 발생하는 문제점들이거든요. 이런 것도 법철학적으로라든지 굉장히 중요한 논거가 될 수 있습니다. 이런 것에 의존하고 또 이런 것을 이용하면 된다는 겁니다. 이것만 잘한다면 인프라가 받쳐주고 있기 때문에 모든 영역의 특정한 면에서 우리가 담론을 만들어 주도할 수 있다고 생각합니다. 저는 현실적인 가능성만 봅니다. 애국심에 부풀어 그냥 말하는 게 아니라요.

홍윤기 ── 방금 진 선생님이 말한 것이 아주 중요합니다. 우선은 우리 목전에서 벌어지는 사건과 현상들 앞에서 자기 견해를 가지고 그 근거나 인과관계를 설명해보려고 나름대로 노력해야 합니다. 그러면서 아주 귀중한 우리만의 자산을 상기할 필요가 있습니다. 즉, 무엇보다도 한국의 현대사 경험이란 게 아주 독특하다는 것입니다.

독일에서 보니까 한국학은 학자들의 무덤이었습니다. 1970년대에 우리나라가 매우 공격적으로 개발을 추진하는 것을 본 독일의 한국 관련 학자들은 한국 경제가 곧 파산에 직면하리라 생각했답니다. 그런데 1980년대 오면서 한국 경제의 발목을 잡았던 외채 문제가 아주 상대화될 정도로 무역 흑자가 나더랍니다. 사실 박정희 대통령의 경제개발 18년 동안 대외 무역에서 흑자를 본 해는 단 한 해도 없었습니다. 빚은 쌓이고 매년 적자만 보니 한국 경제는 영락없이 망한다는 결론이 나오지 않을 수 없지요. 그런데 그렇기는커녕 쿠데타가 일어난 뒤 3저 호황 국면이 전개되면서 매년 흑자 가도를 달리더라는 것이지요. 그리고 서구식 합리주의 감각으로는 경부고속도로를 건설한 것도 납득되지 않는 일이었습니다. 이 공사의 착수 당시 예산은 제대로 된 도로 건설을 하기에는 턱없이 부족한 상태였습니다. 결국 상당히 허약한 공사가 되었고 공사 중 사망자가 70명 선이었는데 또 보수비는 단숨에 건설비의 6배로 뛰었습니다. 하지만 이 고속도로의 건설로 인해 벌어들인 돈은 보수비의 100배가 넘었습니다. 서구적 합리성이나 일본식 신중함으로는 도저히 납득할 수 없는 일들이 한국에서는 통한 것입니다.

이렇게 한국이 국가적 차원에서 무리와 억척을 떨고도 경제적으로 계속 발전하고 정치적으로도 민주화에 어느 정도 진입하는 것을 본 미국 경제학계가 이번에는 1990년대 초에 '한국형 발전모델' 이라는 개념을 정립했던 모양입니다. 그런데 이것은 한국이 1997년 외환위기에 처해 IMF 구제 금융을 받으면서 사실상 경제신탁국이 되어버리자 결국 없던 일로 되었고 여기에 관련된 학자들은 학자적 수명이 아주 짧아졌습니다.

결론은 이렇습니다. 한국인으로서 우리가 우리 사회에 아무리 열광하거나 그와 정반대로 염증을 느낀다고 하더라도 한국이라는 국가와 사회 그 자체가 인류 역사상 초유의 학문적 미스터리로 등장하고 있다는 것입니다. 행복하게 살아야 할 자연인으로서 우리는 마치 롤러코스터를 타고 사는 듯한 위험 부담을 감수하고 있습니다만 학자로서 우리는 초유의 연구 대상과 더불어 매일을 살고 있는 셈입니다.

이런 상황을 앞에 놓고 다시 인문학을 생각해봅시다. 저는 일종의 정신적 현실대응체계로서 인문학이 두 층위를 가지고 움직인다고 생각합니다. 한 층위는 일상적 삶의 최전선에서 일상인의 삶 그 자체의 가능성을 직접 넓혀가는 것과 관련됩니다. 이 층위에서 바로 옆에 앉아 있는 진중권 선생이 현재 한국 인문학의 최첨단에 서 있다고 저는 생각합니다. 이렇게 말하면 아주 죄송하지만 인문학을 공부하는 저에게 우리 진 선생은 아주 흥미진진한 학문적 관찰 대상입니다. 일종의 실험용 쥐라고나 할까요? '진중권, 어디까지 갈까?' 뭐, 이러면서 말이지요. 예, 정말 미안합니다. 선생님 책 두 권 사겠습니다. 하지만 그냥 거저 보는 것이 아닙니다. 이런 '도전으로서의 진중권'의 책을 저는 혼자 읽는 것이 아니라 학생들에게도 반드시 읽어보라고 권합니다.

인문학의 또 다른 층위는 어느 면에서 대단히 거시적인 것입니다. 그것은 문화와 문명의 전반적 관리자로서 한 국가와 사회의 정신적 개성을 표출하고 발전시키는 활동들과 관련되어 있습니다. 인문학이 이런 활동을 하자면 곪은 데를 확 찢어버리는 비판 투쟁뿐만 아니라 정신없이 변화하는 현실 앞에서 삶의 대안적 양식을 제시하는 담대한 상상력도 발동해야 합니다. 이것은 우리 인문학에서 아직 제대로 해내지 못하는 부분이기도 합니다. 인문학이 이 정도 되려면 그 어떤 변화에도 겁없이 달려들어서 많은 자료와 사투하다가 결정적인 순간에 제대로 된 발상을 긁어내는 것이 필요합니다.

그리고 이렇게 이 사회에서 먹고사는 데 몰입된 사람들로서는 도저히 할 수 없는 변방적이면서도 개척자적 마인드를 가진 작업을 위해 대학이 존립하는 것입니다. 그런데 우리 대학은 그렇게 할 생각 없이, 아니 그쪽으로 생각을 돌릴 겨를도 없이 학과 존립이나 학생 머릿수 세는 데만 신경 쓰게 하는 판이니 답답할 수밖에 없지요. 아까 강 선생님께서도 저희 이야기를 들으니 '더 답답해진다'고 말씀하셨는데, 그래도 인문학에 몸담았다는 두 교수가 와서 하는 이야기가 대학이 받쳐주지 않는다는 소리니 답답하실 수밖에 없지요. 맞는 말씀입니다.

이 점에서 미국 대학을 살펴보면 시사하는 바가 많습니다. 이번에 오바마를 대통령으로 만들어내는 과정을 보아도 그렇고, 거기에서 나오는 인문학적 교양 체계를 보아도 그렇습니다. 미국이 망한다면 미국 대학의 풍부한 인적 자원 덕분에 망하는 데 시간이 꽤 들겠다는 감탄이 절로 나오는 판입니다. 물론 비판적 사고 교육이 매우 훌륭하게 체계화되어 있고 또 하버드 같은 데서 나름대로 도덕적 추론 교육을 아주 탁월하게 실시하는데도 이번 미국을 강타한 금융 위기가 금융 자본의 도덕적 해이에서 시작된 것을 근원적으로 막아내지는 못했습니다. 최첨단의 수월성 교육을 실시하면서 가장 근본적인 위기를 막아내지 못했다는 것이 21세기에 풀어야 할 미국 교육의 미스터리로 부상하고 있습니다만 그럼에도 불구하고 다른 쪽에서는 오바마 같은 사람을 만들어내고 또 엄청난 인문학적 서적들이 튀어나오거든요. 텍스트가 나온다는 거죠. 이런 점에서 미국은 여전히 주목해야 할 인문학 실험의 사례라고 생각합니다.

강성원 —— 지금부터 한두 분 정도의 질문만 더 받아볼까 합니다.

청중 —— 군사통치 시대에 이런 말이 있었습니다. '철학이 밥 먹여주느냐.' 그런데 정말로 철학이 경제 발전에 저해가 되는 것인지요?

홍윤기 —— 짧게 두 가지만 지적하겠습니다. 대한민국 안에서 나오는

우리 인문학의 어제와 오늘

모든 생산물을 가져다 놓고 그 양을 보면 현재 대한민국 인구의 2배 반 되는 사람들을 모두 먹여 살릴 수 있습니다. 이 점부터 생각해야 하지 않을까요? 저는 경제철학을 그렇게 생각합니다. 첫째는 이렇게 살아가는 사람들을 어떻게 먹여 살리느냐 하는 문제를 다루는 것입니다. 둘째는 이렇습니다. 저는 철학과에 오는 학생들에게 굉장히 미안하다고 아까도 말씀드렸습니다. 왜 그런가 하면 철학이 밥 먹여준다는 확신을 가지게 하는 데까지 걸리는 시간이 학생들이 철학을 공부하는 시간보다 조금 깁니다. 그러다 보니 인내를 가지라고 권할 수 있는 시간이 태부족합니다.

저는 이런 가슴 아픈 일도 당했거든요. 학부제가 실시되었던 시절 어떤 1학년 학생이 철학과에 오고 싶어 했는데 부모가 협박해서 끝내 영문과로 가는 것을 본 적이 있습니다. 저 때문에 철학과 오려고 했다가 영문과 갔는데 그때 정말 분했거든요. 진짜 부모를 데려다가 한마디 하고 싶었습니다. 그런데도 이해는 했습니다. 저는 철학을 하면 밥을 더 잘 먹을 수 있다고 확신합니다. 그리고 한마디 덧붙이면 철학을 하면 밥을 '더 맛있게' 먹을 수 있습니다.

청중 —— 저는 한국 교육 시스템의 문제와 신자유주의에서의 무한 경쟁 문제의 연장선에 사교육이 있다고 생각을 하는데 이 부분에 대해서 어떻게 생각하시는지요?

진중권 —— 공교육도 있고 사교육도 있어야죠. 둘 다 있어야 하는데 우리는 사교육이 공교육을 눌러버렸다는 게 문제지, 사교육의 존재 자체가 문제는 아니거든요.

홍윤기 —— 한 가지 조금 보완하면 이렇습니다. 독일 같은 경우엔 취학 능력이 부족하다고 판단될 경우 선생님이 학생에게 개인지도를 받으라고 권하면서 보조수업 필요 증명서를 써줍니다. 그러면 학생은 이 증명서를 관할 구청에 제출하지요. 이것을 받은 구청 담당자는 학생에게 아르바이트를 신청한 대학생을 소개해서 개인지도를 받게 합니다. 물론 이때의 개인적인 보충수업비는 구청에서 지불합니다. 이것은 1990년대 전반의 이야기고 요사이는 어떻게 변했는지 모르겠습니다. 어쨌든 공교육의 보완으로서 사교육이 아니고, 사교육으로 축적한 재력과 인맥을 이용해 공교육의 교육감이 될 수 있는 기반을 마련하는 일이 가능한 것은 진짜 인류 역사상 초유의 경천동지할 일이 아닐 수 없습니다.

청중 —— 저는 전공이 사학입니다. 강의 초반 홍 선생님께서 '역사학자'는 많은데 '역사가'가 별로 없는 게 문제라고 하셨는데 그럼 역사가가 되려면 어떻게 해야 하는지 듣고 싶습니다. 그리고 진 선생님께는 공존이든 병존이든 아날로그와 디지털을 함께 포함시킬 수 있는 방법은 없는지 묻고 싶습니다.

홍윤기 —— 인문학적 정체성이 실종된 우리나라 인문학 교육의 병폐인데요, 한국 역사학 쪽을 보면 좀 코미디 같다고 생각되는 부분이 하나 있습니다. 중·고등학교 역사학은 어느 교과에 포함되는지 혹시 알고 계십니까?

청중 —— 사회교과요.

우리 인문학의 어제와 오늘

홍윤기 —— 네, 사회교과지 인문교과가 아니거든요. 이게 지금 한국 역사학의 현재를 반영하고 있다고 생각합니다. 그럼 질문하신 분께서는 역사학이 인문학이라고 생각하십니까, 사회과학이라고 생각하십니까?

청중 —— 인문학이라고 생각합니다.

홍윤기 —— 인문학이라고 생각하십니까? 그럼 현재 이런 인문학자 수준에 도달한 한국의 역사학자로 누가 있다고 생각하십니까?

청중 —— …….

홍윤기 —— 좋습니다. 예를 들어서 슈펭글러Oswald Spengler라든가 토인비Arnold Toynbee라든가 이런 사람들은 보통 히스토리컬 사이언티스트historical scientist라고 생각하십니까, 히스토리언historian이라고 생각하십니까?

청중 —— 후자에 가깝다고 생각합니다.

홍윤기 —— 됐습니다. 저는 질문하신 분의 바로 지금 대답으로 저의 대답을 갈음하도록 하겠습니다.

진중권 —— 저에게 질문하신 것은 디지털과 아날로그의 문제인 것 같습니다. 이어령 씨가 '디질로그(디지털+아날로그=디질로그)' 뭐 이런 이야기를 했는데 당연한 거거든요. 디지털 자체가 올드 미디어와 뉴 미디어가 서로 배척하는 관계는 아닙니다. 올드 미디어는 뉴 미디어를 촬영하고 뉴 미디어는 올드 미디어를 촬영하고, 그다음에 또 디지털 자체는 가상이기 때문에 비주얼로 만나는 경우도 많거든요. 아날로그도 같이 결합되고……. 우리가 컴퓨터에 대해서 흔히 그런 이야기를 하잖아요. 컴퓨터가 나중에 사라질 것이다, 작고 작아져서 아무데서도 보이지 않게 될 것이다. 하지만 요즘 '애플' 같은 거 보면 사라질 수가 없잖아요. '맥북'이라든지 '아이팟' 같은 거 사람들이 오히려 보여주고 싶어 하거든요. 이렇게 양자가 결합되는 것들, 소위 재물질화라고 말하는 재매개, 그건 아주 일반적인 전략이 될 거라고 생각해요.

강성원 —— 그럼 이것으로 첫 번째 마당을 마치겠습니다. 오늘 이 모임을 통해 우리 인문학 문제에 대한 해답이 나오리라고는 전혀 생각하지 않았습니다만 머릿속에 두고두고 남을 만한 이야기는 어느 정도 나왔다고 보입니다. 홍윤기 선생님이 말씀하신 이야기 중에서 우리 인문학의 올바른 정체성 확보를 위해 수요자들의 정치적 움직임이 필요하다는 것과 진중권 선생님이 스쳐지나가듯이 말씀하신 몇몇 부분이 중요하다고 생각하는데요, 이것을 오늘의 결론으로 삼아도 되지 않을까 싶습니다. 이런 정도의 결론이 나온 것만으로도 굉장히 기쁘고요. 특히 진중권 선생님이 일상 속에서 벌어지는 일들을 얼마나 합리적이고 정의롭게 조율하느냐의 문제 정도로 인문학에 혹은 우리 삶에 접근하면 되겠다고 말씀하셨는데, 저는 이것이 오늘 모임의 결론 같은 중요한 발언이라 여겨집니다. 너무 거창하게 인문학의 정체성을 어떻게 정립할 것인가 생각하기보다 각자가 삶을 바라보면서 이것을 어떻게 합리적이고 정의롭게 조율할까 고민함으로써 인문학에 한발 더 다가설 수 있길 바랍니다. 오늘의 이야기는 여기까지입니다.

우리 인문학의 어제와 오늘

근대적 학제의 도입과 우리 학문의 변화

-유니버시티University의 도입과 현대 한국 학문의 연관성

김정인

서울대학교에서 국사를 연구했고 현재 춘천교육대학교 교수로 재직하며 한국사의 재조명, 한국근현대사 관련 수업으로 학생들을 만나고 있다. 《우리 학문 속의 미국》(공저)을 쓰고 크리스토프 샤를의 《대학의 역사》를 번역했다.

김한종

서울대학교에서 역사교육을 연구했고 현재 한국교원대학교 역사교육과 교수로 재직 중이다. 《역사왜곡과 우리의 역사교육》, 《한국근현대사 교육론》, 《역사교육과 역사인식》, 《역사수업의 원리》 등의 저서를 통해 바른 역사교육과 한국근현대 교육의 현실에 관한 글쓰기의 중요성을 피력하고 있다.

김한종 —— 안녕하십니까, 김한종입니다. 우리나라 대학이 어떻게 생겨났는지, 대학이 생기는 과정에서 일어난 현상들이 현재 우리나라 인문학에 어떤 영향을 미쳤는지 하는 문제에 대해 가지고 있는 생각을 가볍게 이야기해보도록 하겠습니다. 함께 나온 김정인 선생님과 의논을 해서 해방 이전 교육의 변화가 현재 한국 학문에 미친 영향은 제가 말씀드리고 해방 이후 대학이 세워지면서 나타난 현상이 현재 학문에 미친 영향 등은 김정인 선생님께서 말씀하시는 것으로 정리했습니다.

잘 아시다시피 우리 역사에서 봉건제도가 막을 내리고 근대제도가 탄생한 것은 갑오개혁 때입니다. 교육 부분도 마찬가지입니다. 갑오개혁으로 '학무아문學務衙門'이 만들어졌습니다. 이는 지금의 교육과학기술부에 해당하는 것인데 현대식 교육을 담당하는 부서를 만든 것입니다. 그 이듬해 학무아문이 학부學部로 바뀌어서 교육 업무를 담당했고 고종이 교육조서(교육입국조서)를 발표해 교육의 중요성과 필요성을 강조했습니다.

우리나라 근대교육이 언제 시작되었는지에 대해서는 보는 관점에 따라 여러 가지 견해가 있는데 이 가운데 1895년의 교육조서 반포를 근대교육의 시작으로 보는 관점이 있습니다. 그래서 1995년에는 근대교육 100주년 기념 전시회가 열리기도 했습니다. 근대교육의 관점에서 교육조서의 몇 가지 의미들을 찾기도 합니다. 하나는 '교육 자체가 국가를 보존하는 길이다'라고 해서 교육의 중요성을 강조한 측면이고, 두 번째로는 실용교육과 흔히 이야기하는 지덕체智德體 전인교육을 언급하고 있습니다. 이런 교육 방향을 강조한 것은 이전과 상당한 차이가 있는 부분입니다. 이전의 교육은 경학교육이었고 목적 자체는 관리 양성에 두었습니다. 그런데 교육조서를 보면 실용성을 강조합니다. 그리고 교육조서에 나오는 순서는 덕육德育, 체육體育, 지육智育으로, 즉 덕체지 교육인데 나중에 지덕체라고 바뀌었습니다. 당시만 해도 지식교육보다 전인교육을 강조했던 것입니다.

그다음에 학교를 세워 인재를 양성하겠다, 학교를 더 많이 세우겠다는 것이 강조됩니다. 제가 볼 때는 이 부분이 큰 의미가 있다고 생각합니다. 후에 이 방침에 따라 일련의 학교들이 만들어지는 과정이 광무개혁기에 걸쳐서 한 10년 정도 진행되는데 이때 만들어진 학교, 중시된 교육 분야들이 우리나라 교육에서 상당한 중요성을 띠고 성장합니다.

다만 이 교육조서가 근대교육의 성격을 그대로 반영한다고 보는 데는 몇 가지 문제점이 있습니다. 가장 큰 문제점은 교육의 책임과 권한에 규제를 두고 있다는 것이죠. 그러니까 교육 자체를 국가가 국민에게 시행해야 할 의무가 아니라 국가가 국민에게 베푸는 시혜적인 차원에서 생각하고 있습니다. 표현도 전부 '신민교육' 이라고 하거든요. '신민교육이 되어야 왕실의 안전을 지킬 수 있고 국가도 보존할 수 있다. 그게 신민교육의 사명이고 신민들의 사명이다' 라는 식으로 이야기하고 있습니다.

그리고 교육조서의 내용 자체를 일본과 비교하는 견해들이 있는데요. 일본 메이지유신 때 있었던 교육칙어와 같다고 보는 견해도 있고 다르다고 보는 견해도 있습니다. 어쨌든 전체적으로 보면 '왕권 중심으로 교육을 강화해서 부국강병을 이루겠다. 그런 사회 체제를 만들겠다' 라는 것이 교육조서 정신에 포함되어 있습니다.

그런데 이 교육조서에는 고등교육이란 언급이 없습니다. 조금 전에 갑오개혁 때 우리나라 근대교육 제도가 시작되었다고 말씀드렸고 학무아문에서도 고등교육에 관한 언급이 있거든요. 고등교육에 대해 두 가지 언급이 있는데 하나는 '이전에 있었던 최고 교육기관인 성균관을 개편하겠다'는 이야기고, 또 하나는 요즘 식으로 하면 초등교육과 중등교육, 고등교육을 담당한다는 이야기입니다. 그리고 대학이라는 이름이 나오는데, 1895년부터는 대학이라는 언급이 없어집니다. 그래서 1894년에 있었던 '대학교육'이라는 말에서 대학이라는 것이 실제로 대학이라는 고등교육을 담당하는 학교, 그것을 양성하기 위해서 들어갔다기보다는 체계상 들어간 것이라 보는 견해들이 있습니다. 따라서 짐작할 수 있듯이 정부의 주요 관심은 대학이라는 고등교육기관 육성이 아니라 교육의 저변을 넓히고 확대하는 데 있었던 것으로 생각됩니다.

어쨌든 이런 근대교육의 도입 취지에 따라서 1895년부터 계속해서 각급 학교 관제들이 만들어지고 학교가 세워집니다. 초등교육에 가장 관심이 많았는데 이를 위해 제일 먼저 제도가 만들어지고 또 세워진 학교가 한성사범학교입니다. 한성사범학교는 지금의 사범대학은 아니고 초등 교사를 양성하는 곳이기 때문에 가장 먼저 세워졌습니다. 이어서 외국어학교, 소학교, 의학교, 중학교, 상공학교 같은 것들이 만들어집니다. 여기서 볼 수 있듯이 이른바 뒤에 전문학교로 성장하게 되는 분야가 외국어, 의학, 그리고 농상공입니다. 농상공은 먼저 상공학교가 만들어졌다가 뒤에 농업이 추가되어 농상공학교가 되거든요. 이런 분야가 바로 조선 정부(1897년에는 대한제국 정부가 됨)가 키우려 했던 분야라고 생각하시면 될 것 같습니다.

이후 10년 정도 흐른 뒤 1906년부터는 근대식 교육체제가 도입됩니다. 현재의 학교 교육들은 교육 과정에 의해서 진행되고 있는데, 지금과 같은 교육 과정에 대학과 관련된 고등교육을 합쳐서 규정하고 있는 것이 1910년 이전에는 학교령이고 그 뒤 일제 때는 조선교육령입니다.

이런 시스템이 만들어진 건 1906년 학교령입니다. 1906년과 1909년 두 차례에 걸쳐 학교령이 만들어졌는데 이때부터 일본인 학정 참여관과 교과서 조사관들에 의해 일본의 영향을 강하게 받는 교육제도들이 나오게 됩니다. 이렇게 만들어진 각종 제도나 틀, 그러니까 학제라든지 교과서 발행 제도라든지 교과목 구성, 학교 운영 방식 등이 해방 이후, 어쩌면 지금까지도 한국 교육에 큰 영향을 미치고 있다고 생각합니다.

뒤에 김정인 선생님이 말씀해주시겠지만 해방 이후 6-3-3-4 학제라는 틀은 물론 미국식 학제를 받아들인 것입니다. 일본도 그 이전에 미국식 학제를 받아들이고 있었거든요. 일본에서 메이지 시기부터 이런 학제를 만들었고 중국이 근대학제를 도입할 때도 일본 것을 본받아 도입하면서 자연스럽게 미국 학제가 퍼지게 되었습니다. 이렇게 본다면 미국의 학제를 우리가 해방 이후 받아들이는 데 부담감이 적었던 이유 중 하나도 어쩌면 이미 일제강점기부터 꽤 익숙해져 있었기 때문일지도 모르겠습니다.

두 번째로 고등교육과 근대학문의 관계인데요. 근현대 학문의 방향과 관련 있는 것은 물론 고등교육 제도, 그중에서도 특히 대학 부분입니다. 아까 말씀드린 대로 1895년부터 대학이라는 이름은 일단 자취를 감춥니다. 그런데 이미 갑오개혁 이전에 조선 지식인들이 대학의 존재는 잘 알고 있었고, 일본에서는 이전에 동경대학이 만들어지고 그게 제국대학으로 이름이 바뀐 상태였거든요. 뒤에 다시 동경제국대학으로 이름이 바뀝니다만……. 대학이 서양의 학문을 받아들여서 국가를 부강하게 하는 데 큰 역할을 한다는 인식을 가지고 있었기 때문에 갑오개혁 때 나왔던 대학이라는 이름 자체가 우리가 이야기하는 근대식의 대학을 생각한 것은 틀림없는 것 같습니다.

그렇지만 당시 정부는 적극적으로 대학을 육성하려 하지는 않았던 것으로 보입니다. 대학에 관한 규정들이 1895년에 사라진 대신 성균관에 대한 변화가 이루어집니다. 경학만을 담당하던 곳에서 근대학문을 담당하는 강좌들이 생기게 되거든요. 근대학문이라면 쉽게 짐작하시겠지만 외국어와 서양의 역사, 지리에 관한 강좌들이 들어갑니다. 그리고 이때 법에 대한 관심이 꽤 높아지고 있는 추세였기 때문에 법에 관한 내용도 포함됩니다. 이밖에 자연과학 쪽에서는 산술강좌(지금의 수학) 같은 것들이 포함됩니다. 비단 성균관뿐만 아니라 일반 학교들에서도 관심이 많았던 부분입니다.

그리고 성균관이 변할 때마다 경학 쪽 비중이 줄어들고 다른 과목들의 비중이 늘어나는 현상을 볼 수 있습니다. 단적으로 강제합병 되기 직전인 1908년 같은 경우를 보면 이전의 '사서'나 '삼경' 같은 것들은 '경학'이라는 한 과목으로 묶은 반면 외국어, 서양 역사와 지리, 법 등의 과목은 개별 강좌로 편성했거든요. 물론 시수의 경우 경학이 주당 5시간이었으니까 다른 것보다 월등히 많긴 하지만 점차 경학 쪽 과목보다 근대학문 쪽 과목들의 비중이 높아지는 현상을 볼 수 있습니다.

근대 교과목은 크게 세 가지 정도의 형태가 있습니다. 언어 분야에서는 국어와 외국어를 가르쳤는데 외국어로는 일본어를 가르쳤습니다. 사회 쪽 과목들로는 역사나 지리, 법, 경제학 같은 것이 들어가 있었고, 자연과학에서는 수학과 이과라고 되어 있는데 이과는 물리가 중심이고 거기에 화학이 합쳐진 것이었습니다. 다만 여전히 경학이 있었기 때문에 성균관은 이중적인 성격을 가질 수밖에 없었지요. 기존에 뿌리내렸던 전통교육기관에서 필요한 근대교육들을 담당하는 방식이었습니다. 이러한 이유로 '교과목이 많아졌다고 해서 성균관을 근대교육기관이라고 볼 수 있느냐' 하는 회의적인 시각이 많은 것 같습니다. 이 같은 방식은 중국도 마찬가지입니다. 중국에서도 이전의 학당 체제에 근대 학문을 추가하는 식으로 근대교육제도가 만들어지게 됩니다. 대학이 생기기 전까지 이런 성균관 같은 방식을 근대고등교육기관으로 볼 수 있는지는 의문입니다.

대학교육은 시행되지 않았지만 전문학교들이 만들어졌습니다. 앞서 세 분야, 즉 외국어, 의학, 농상공을 집중적으로 육성하는 학교가 각각 세워졌다고 했는데 이 학교들이 전문교육에 대한 일정한 수요를 소화 하는 부분이 있습니다. 이런 체제가 대체로 1910년대까지 계속되었다 고 보면 될 것 같습니다.

대학이라는 형태가 처음 만들어지게 된 것이 1920년대입니다. 설립 배경은 역시 3·1운동 이후 일어났던 집중적인 교육 붐의 결과로 보아 야 할 듯합니다. 물론 3·1운동 이전 1910년대에도 고등교육에 대한 수 요가 늘어나고 있었습니다. 이것을 단적으로 볼 수 있는 현상이 유학생 의 증가입니다. 일본에 유학하는 학생들이 꽤 늘어납니다.

하지만 유학생의 증가가 조선 내의 교육기관 증설을 요구할 수 있는 압력이 되지는 못했는데, 3·1운동 이후 상황이 매우 달라집니다. 크 게 보면 두 가지 요구가 있었습니다. 하나는 교육의 저변을 넓혀야 한 다는 주장입니다. 교육 수요는 굉장히 많은데 학교 수는 터무니없이 적다, 그래서 총독부에 학교를 늘리라고 요구하는 일들이 있었습니다. 이런 요구는 3·1운동 직후부터 1920년대 말까지 계속되었습니다. 1919년 말 정도부터 전국 곳곳에서 일어난 청년회운동에서도 이런 요 구를 찾아볼 수 있습니다. 또 조선인 민족주의자를 중심으로 '1면 1교' 의 요구가 나왔습니다. 한 면에 보통학교, 공립보통학교를 하나씩 세우

라는 요구를 총독부에 했는데 이때까지 총독부의 정책은 기본적으로 '3면 1교'였습니다. 그러니까 세 면에 보통학교를 하나씩 세우겠다는 것입니다. 이후 학교가 점점 늘어나게 되자 총독부가 3면 1교 정책을 마무리 짓고 한 면에 하나씩 학교를 세운다는 방침을 발표하는데 이것이 1926년경입니다.

또 다른 하나는 고등교육, 즉 대학을 세워서 교육 수요를 충당하자는 요구였습니다. 1910년대는 조선교육령 자체에 대학 규정이 없었습니다. 그때 '시세時勢'와 '민도民度'라는 표현을 썼는데(조선교육령 제3조―교육은 시세와 민도에 적합하게 함을 기한다), 민의 수준을 들어서 전문학교까지는 둘 수 있지만 대학을 둘 필요는 없다는 것이었습니다. 그러나 3·1운동 이후에 대학을 설립할 수 있다는 쪽으로 방향을 바꿉니다. 어떤 식으로 대학을 세울까에 대한 여러 가지 논의가 있었는데 그 가운데 민족주의자들이 펼쳤던 주장이 민립대학 설립입니다. 그래서 '조선인 주체의 교육을 위해서 민립대학을 세우자'는 운동을 일으킵니다.

결국 교육운동은 크게 1면 1교 정책에 의한 초등교육 확대와 민립대학 설립운동으로 볼 수 있습니다. 민립대학 설립운동에 대해서는 여러 가지 이야기가 많습니다. 가장 흔한 이야기로는 운동이 활발히 전개되어 사람들이 십시일반으로 성금을 모아 대학을 세우겠다고 나오자 일제가 방해했고 이 때문에 운동이 실패로 돌아갔다는 것입니다. 이것이 일반적으로 교과서 같은 데 실려 있는 내용인데 당시 교육 상황에 비추어 보면 이처럼 간단한 설명으로는 충분하지 않습니다.

왜냐하면 1면 1교 요청, 즉 보통교육 확대가 현실적으로 굉장히 필요했습니다. 1910년대에는 학교 수가 적었음에도 보통학교들이 학생 수를 채우지 못했습니다. 그래서 학교에 학생을 보내라고 권유하는 경우가 꽤 많았습니다. 민족주의 관점에서는 이런 현상을 일본인학교에 다니기 싫어서 거부했다고 설명하지만 꼭 그런 것만은 아니었습니다. 어쨌든 사회적으로 교육열이 높아진 분위기에서 보통학교 증설 요구는 굉장히 현실적인 문제였던 데 비해 민립대학 설립운동은 일종의 이념이나 구호라는 성격이 강했습니다. 대학을 세운다, 그래서 이를 위해 사람들이 돈을 십시일반으로 모은다, 이 정도까지 이야기가 있었지 대학을 어떤 규모로 세우느냐, 어떤 학과를 만드느냐, 교수진은 어떻게 하고 학생 모집은 어떻게 하느냐 하는 이야기는 일체 없었거든요.

하지만 일본대학들은 여기에 대해 상당히 민감하게 반응했습니다. 왜냐하면 이때 일본은 외부적으로는 제국주의적인 정책들을 계속 진행하고 있었지만 내부적으로는 다이쇼 데모크라시(대정大正 민본주의) 시기였기 때문에 어느 정도 문화나 사회 분야에서 자율적인 측면이 있었습니다. 지금 식으로 이야기하면 대학들도 규모를 불리려는 정책을 취했습니다. 조선 안에 대학을 세울 수 있는 기회를 이용해서 요즘 말하는 '분교'를 세우기 위한 움직임도 구체적으로 있었습니다. 이처럼 여러 갈래로 대학 설립 방식에 대한 논의가 진행되었는데 이 결과로 만들어진 것이 1924년 개교한 경성제국대학입니다. 1924년에 예과가 만들어지고 1926년에 본과가 만들어졌습니다. 어쨌든 공식적으로 최초의 근대대학입니다. 1926년 본과로 처음 설치되었던 학부가 법문학부와 의학부입니다. 한참 뒤인 1941년에 이공학부가 추가되었습니다. 1926년에 법문학부, 의학부가 생겼으니까 이것이 당시의 관심 대상이었던 전공 분야라고 보면 될 것 같습니다.

그런데 의학부는 당연히 두는 걸로 인식되고 있었습니다만 법문학부의 경우는 이공학부를 먼저 설치해야 되느냐, 법문학부를 먼저 설치해

근대적 학제의 도입과 우리 학문의 변화

야 되느냐 하는 상당한 논의 끝에 만들어진 것입니다. 결국 법문학부를 먼저 만든 이유에 대해 총독부는 이렇게 설명합니다. '조선인들이 주로 관심을 가지는 것은 법률이나 경제 분야다. 그래서 법률이나 경제를 배우기 위해 유학하는 학생들이 굉장히 늘어나고 있는데 만약 법문학부를 설치하지 않는다면 본래 대학을 세우려 했던 취지와 맞지 않는다.' 그러니까 대학을 만들고자 했던 이유가 고등교육 수요를 충당하기 위한 것이었는데 법문학부가 없다면 법률이나 경제에 관심이 많은 조선인들이 계속 유학을 가 국외로 빠져나가게 되니 대학 설립에 의미가 없어진다는 것입니다.

조선총독부의 이런 주장이 사실인지는 글에 따라서 상당한 이견이 있습니다. 상당수 교육사 책들은 이는 총독부의 핑계일 뿐이고 일제가 조선인들의 과학기술 수준이 높아지는 것을 지연시키기 위해 일부러 이공학부를 먼저 두지 않은 것이라고 서술하고 있습니다. 그런데 근래는 다른 견해들도 좀 보입니다. 일단 현실적으로 일본에 유학했던 많은 사람이 법학이나 경제학을 전공했거든요. 이런 현실적인 수요가 있었던 건 사실입니다.

왜 법문학부를 먼저 설치했느냐 하는 것에 대해서는 또 다른 견해도 있습니다. 대학 설립을 생각했을 때 이공학부가 훨씬 돈이 많이 들거든요. 지금 우리 현실도 마찬가지죠. 제 전공이 역사인데, 대학에서 가장 많은 학과가 사학 관련학과이고 사범대에도 역사교육과가 가장 많은 학과 중 하나입니다. 돈이 가장 안 들기 때문입니다. 강의실과 교수만 있으면 됩니다. 다른 특정 과목과 비교가 될지 모르겠습니다만 일부러 어디가 좋고 나쁘고 비교하는 것은 아닙니다. 사범대 인문사회계에서 가장 적은 과는 지리교육과거든요? 학과 설치와 운영에 돈이 많이 드는

"결국 가장 중요한 것은 글이나 연구 내용인데 연구
결과를 외국 학술지에 싣건 국내 학술지에 싣건
어디에 싣건 간에 이렇게 기계적으로 평가하는
것이 과연 타당한가, 분야가 어떤 영역인지를
떠나서 이것이 정말 괜찮은가 하는 점입니다.
……이처럼 틀이 잡힌 평가의 기준을 계속해서
도입하느냐, 하지 않느냐 하는 문제는 좀 거창
하게 이야기하면 사회철학의 문제입니다. 국가가
아니면 사회 구성원들이 어떤 쪽으로 방향을 잡아
갈 것이냐 하는 문제라는 말입니다."

것과 관련이 있다고 생각됩니다. 사학과가 많아진 이유는 크게 두 가지입니다. 1970년대 같은 경우 이른바 민족주의, 민족주체성을 강조하면서 집중적으로 국사 쪽에 학과를 많이 만든 측면이 있고요. 또 하나는 지금은 많이 바뀌었습니다만, 특히 여자대학 혹은 사립 사범대로 출발했던 곳에서 역사교육학과나 사학과를 많이 둔 것은 비용이 적게 들었기 때문이라는 견해도 있습니다. 그래서 경성제국대학이 만들어졌을 때 법문학부를 먼저 만들고 이공학부를 설치하지 않은 이유를 이런 측면에서 찾기도 합니다. 경성제국대학이 오랜 준비를 거쳐 만들어진 것이 아니므로 이공학부를 만들기에는 현실 여건이 적합하지 않았다는 의미죠.

또 하나 경성제국대학에는 일본 학생이 많았습니다. 이를 놓고 경성제국대학은 결국 조선인을 위한 것이 아니라고 이야기합니다. 그런데 법문학부와 이공학부, 두 학부 사이에 약간 차이가 있습니다. 법문학부 쪽에 조선인 비율이 상대적으로 높습니다. 전체적으로 보면 1940년 전까지는 일본인 학생이 많긴 한데 3 대 2 정도였거든요. 숫자가 들쑥날쑥하니까 일반적으로 말씀드리기 어렵지만 단순화시켜서 이야기하면 법문학부 경우 한 150명 정도가 일본 학생이라고 하면 100명 정도는 조선인 학생이었고 1940년 이후에는 숫자가 거의 비슷해집니다. 여기에 비하면 의학부의 경우 1930년대 말까지는 일본인 학생 수가 조선인 학생 수의 3배 이상 됩니다. 역시 1940년 이후에는 일본인 학생의 비율이 줄어들고 조선인과 일본인 학생 수가 비슷하게 됩니다. 이공학부 경우는 1941년 개설되어 몇 년 운영되지 않았기 때문에 일본인 학생이 월등하게 많습니다.

경성제국대학 내 일본인 학생의 비율이 높았던 이유는 조선에 학교를 만들긴 했지만 조선인만을 대상으로 학생 모집을 한 것이 아니었기 때문입니다. 일본인까지 전부 합쳐서 뽑은 거죠. 아마 당시 일본의 명분으로 볼 때는 그럴 수밖에 없었을 것입니다. 그때 조선이나 일본은 다 같은 일본, 그러니까 그들의 표현으로 하면 '같은 일본 안의 내지와 반도' 에 해당하는 땅이었기 때문에 서로 어느 쪽을 막고 어느 쪽을 튼다는 식의 교육을 하기는 힘들었을 것으로 생각됩니다. 다만 지금도 비슷하지만 현실적인 문제도 작용을 했겠지요. 이과, 자연계에서 가장 인기가 높은 과는 의학 계통이고 문과, 인문계, 인문사회 중에서 가장 인기가 높은 과는 법학입니다. 오래전부터 이런 현상이 있었는데 이는 경성제국대학 때도 그랬고, 더 거슬러 올라가면 대한제국 시기에 전문학교들이 만들어졌을 때도 이런 구조였다는 겁니다.

법문학부도 마찬가지인데 법문학부가 예과에서는 법학과와 문학과의 구분이 없지만 실제적으로는 구분이 됩니다. 지금도 학부제를 하고 있는 대학들이 1학년 때 예비전공 같은 것을 마련하는 경우가 있는데, 경성제국대학 법문학부에서도 당연히 인기가 높은 것은 법학 쪽이어서 예과에서 문학과와 법학과를 명시하지는 않지만 형식적으로 예비반 편성을 하거든요. A반, B반 이렇게 편성을 하고 예를 들어 B반 쪽이 문학계라고 하면 본과에 진학할 때 과를 바꾼다든지 문학과를 졸업하고 요새 개념으로 학사 편입을 해서 법학 쪽으로 다시 간다든지 하는 사람들을 볼 수 있습니다. 반대 경우도 있느냐? 있기는 있지만 아주 드뭅니다. 전체적으로 법문학부라고 이야기를 하지만 법학 쪽이 훨씬 인기가 높았습니다.

이건 일본도 마찬가지입니다. 조선에서는 법문학부로 되어 있었지만 일본의 동경제국대학은 법학과 문학이 분리되어 있었고 문학보다는

법학이 상당한 인기를 끌었습니다. 이는 어쩌면 전통일 수도 있고 기본적으로 사회에 영향력을 행사할 수 있는 분야에 사람들의 관심이 높은 것이 일반적인 추세이므로 꼭 우리나라에만 있었던 현상이 아니긴 합니다. 학문이 처음 대학이라는 근대적 교육기관을 통해서 학습될 때 이런 현상들이 나타났습니다. 그러나 이것이 우리나라에서 지금까지도 두드러지게 나타나는 이유는 처음 대학을 세웠을 때부터 이런 현상이 이어져왔기 때문인 듯합니다.

경성제국대학을 왜 만들었느냐에 대해 말할 때 주로 언급하는 것이 이런 이야기들인데 그 외의 이야기는 오늘 주제와 직접 상관이 없으므로 생략하기로 하겠습니다. 다만 이렇게만 말하면 경성제국대학이 한국의 근대학문이나 근대사회 성립에 긍정적인 역할을 했다고 보는 것이냐는 이야기를 들을 수 있을 것 같은데, 그것은 아니라는 말씀을 덧붙이고 싶습니다.

끝으로 대학이 세워진 것이 어떤 영향을 미쳤는지에 대해 간단히 말해보도록 하겠습니다. 일단 여러 면에서 커다란 영향을 미쳤습니다. 그중 첫 번째는 대학의 운영 방식입니다. 경성제국대학은 '제국대학'입니다. 처음에 만들 때 어떤 방식으로 세울 것인가에 대한 여러 가지 논의가 있었습니다만 결과적으로 만들어진 것은 제국대학입니다. 즉, 운영의 주체가 국가라는 것이죠. 그리고 경성제국대학은 종합대학입니다. 학부가 2개만 있었는데 무슨 종합대학이냐고 반문할 수 있지만 이후에 이공학부가 만들어지고 법문학부가 법학과 문학, 이공학부가 이학과 공학으로 나누어져서 총 5개 분야와 체제가 되었습니다. 이것이 바로 종학대학의 형태거든요. 일본의 동경제국대학에서 학과 체제가 없어지고 이른바 종합대학 체제, 학부제의 종합대학 체제가 만들어진

게 1918년입니다. 대학의 운영 주체가 국가였고 종합대학이라는 형태를 취했습니다. 그러니까 식민지 조선에 대학을 세울 때도 기본적으로 종합대학의 형태를 취해야 했고 국가가 운영하는 대학이라는 형태가 조금 더 자연스러울 수 있었다는 겁니다.

김정인 선생님께서 다시 말씀하시겠지만 해방 이후 국대안(국립 서울 종합대학안), 즉 서울대학과 9개 전문대학을 합쳐서 이른바 국립 종합대학인 현재 서울대학교를 만드는 안이 나왔습니다. 이때 굉장한 반발이 있었음에도 불구하고 이런 안을 추진할 수 있었던 근원이 여기에 있다고 생각합니다. 미군정하에서 만들어지긴 했지만 국립대학이라는 형태는 순수한 미국식 체제가 아니거든요. 물론 미국에도 주립대가 있죠. 주립대가 우리의 국립대 개념과 비슷하긴 하지만 교육은 국가 차원이 아니라 주$_{state}$가 담당하는 자치적인 성격을 가지고 있습니다. 국립대학이 한국 사회에 적용될 수 있었던 것은 일제 때 대학 구조에 이미 그런 측면이 있었기 때문이라고 볼 수 있습니다. 지금은 줄여가고 있는 추세입니다만 그 뒤에 국립대학의 숫자가 대폭 늘어날 수 있었던 배경도 여기서 기인했다고 봅니다.

두 번째로는 사회 엘리트나 관료를 육성하는 것이 대학의 주요 기능이라는 인식이 생긴 것입니다. 근대대학의 기능은 크게 두 가지인데 하나는 지금 말씀드린 사회 엘리트나 관료 육성이고 또 하나는 전문적인 기술 측면입니다. 이 기술은 자연공학, 공학적 기술만 가리키는 것은 아니고 인문사회 분야까지도 포함하는 말입니다. 그런데 대학 진학을 선호하게 된 가장 큰 이유는 주로 사회 엘리트나 관료 육성에 있고 이러한 현상은 처음 대학 설립의 출발 때부터 있었다는 생각이 듭니다. 의학은 전문적인 기술 측면에 속하지만 사람들이 의학을 선호했던 것

은 전문기술이라기보다는 사회 엘리트로서의 하나의 추세이자 기능과 같은 것으로 인식했기 때문인 듯합니다.

세 번째, 문학이나 법학, 경제학, 역사, 인류, 의학 등 여러 학문의 기초가 만들어졌습니다. 특히 상대적으로 뒤늦게 만들어진 이공학부보다는 인문사회 쪽 학문의 틀이 먼저 갖추어졌습니다. 우리가 해방 이후 오래도록 사용했던 개념이라든지 연구방법론 등이 이때 만들어졌습니다. 물론 이것들이 경성제국대학을 통해서만 만들어지지는 않았고요. 경성제국대학이 만들어진 후에도 일본으로 진학한 조선 유학생들은 여전히 많았습니다. 역사나 철학 분야를 보면 한쪽에는 일본에서 유학했던 사람들, 또 한쪽에는 경성제국대학 출신의 사람들이 있었는데 학문 개념이나 연구방법론에서 큰 차이가 없었습니다. 그런데 이때 만들어진 개별 학문 틀들이 해방 후 굉장히 오래도록, 어쩌면 지금까지도 그대로 유지되고 있다고 해도 무방할 것 같습니다. 즉, 일본의 학제가 그대로 식민지 시기에 도입되어서 현재까지 사용되고 있다는 것이지요.

예를 들면 역사 부분에서 '국사'라는 개념이 생긴 것도 이 시기이고 지금 우리가 자연스럽게 받아들이고 있는 한국사, 동양사, 서양사의 3분법이 정립된 것도 이 시기입니다. 이 3분법 체제는 본래 일본의 동경 제국대학 사학과에서 만들었는데 이것이 경성제국대학에 그대로 도입되었습니다. 일본에서 국사학이라는 것은 일본사였습니다. 조선사는 동양사의 한 부분이었고 여기에 또 서양사가 있었는데, 이 3분법 체제가 한국에도 그대로 적용되었습니다. 해방 이후 국사학은 한국사로 바뀌었지만 여전히 이 같은 구조가 지속되고 있습니다.

물론 변화는 있습니다. 현재 국사라는 말 자체가 타당한가에 대한 상당한 비판의 목소리가 있습니다. 그리고 또 다른 한쪽에서는 일제 통치

이전 우리나라 전통에서도 '국수國粹'와 같은 표현이 있었기 때문에 국사라는 말이 꼭 일제 통치의 유산이라고 단정할 수 없다, 우리나라의 전통 개념이기도 하기 때문에 부정적으로만 볼 필요는 없다라고 이야기하기도 합니다. 이 개념이 부정적인지 아닌지의 논란을 떠나서 일단 어떤 학과의 학문 체제나 학과명 같은 경우 역시 처음 경성제국대학이 만들어질 때의 영향을 많이 받은 것으로 이해해야 할 것 같습니다.

해방 이후에 미국식 교육과 학문이 도입되었지만 바로 이런 부분들이 여전히 우리 학문에 일제의 잔재가 많이 남아 있지 않느냐는 논란을 불러일으키는 것으로 보입니다. 그러다 보니 어떤 현상이 나타나면 해방 이후의 학문이라는 것은 일제 때까지의 영향과 미국의 영향이 조화를 이루어서 만들어지는 게 아니라 두 개가 병립하는 구조가 되었고, 많이 약화되긴 했지만 지금도 어느 정도 비슷한 형태로 남아 있다고 봅니다. 일단 이렇게 마무리하겠습니다.

강성원 —— 김한종 선생님께서 일제강점기 근대교육과 대학 설립 과정의 실상, 이에 따른 인문학의 생산과 수용 문제를 잠깐 언급해주셨습니다. 이어 김정인 선생님의 말씀을 들어보고 서로 의견 나누어보는 시간 가지도록 하겠습니다.

김정인 —— 근대 학제, 즉 경성제국대학부터 출발하는 고등교육의 학제 그리고 해방 이후 학문 등을 이야기하면서 우리는 지금 일본의 영향으로부터 얼마나 자유롭냐는 이야기를 합니다. 또 한편 해방 이후로 넘어가게 되면 미국의 영향에 대해 생각해보게 됩니다.

우리가 서구의 문화를 많이 받아들여서 여러 가지가 바뀌었다고 하는데 일상과 관련된 부분에서는 제일 많이 바뀐 게 옷이죠. 가장 안 바뀐 것은 먹거리고요. 그런데 이처럼 문화적인 면에서 우리가 아무리 미국화되고 서양화되었다 해도 미국과 우리는 여러 면에서 많이 다르다고 생각합니다. 그래서 대학과 학문의 세계에서도 문화적으로 우리가 뭔가 우리만의 주체성을 가지고 있지 않을까 하는 기대를 하게 되는데 실제 대학사를 해보겠다는 생각으로 해방 이후 자료들을 모아서 읽어보면 저 자신도 깜짝 놀라요. 지금 우리 사회에서 만약 '우리가 미국의 식민지다' 이러면 다 웃잖아요? '종속이 되었다' 이런 이야기를 들어도 참 뭐 그런 이야기를 다 하느냐, 그런 말은 운동권이나 하는 거지 싶은데 실제 학문의 세계를 놓고 보면 여기가 우리나라인가 외국인가 하는 생각이 들 때가 굉장히 많습니다.

그래서 이런 부분들에 한해서 보면 대학과 학문이 선진화의 구호 아래서 매우 오랫동안 친미화의 첨병 역할을 한 게 아닌가 하는 의문이 심각하게 듭니다. 대학 설립에 있어서도, 지식인 사회의 형성에 있어서도 미국을 빼고는 우리의 해방 이후를 절대 설명할 수 없다는 점이 대학사를 공부하겠다고 결심한 후 저에게 가장 먼저 닥친 당혹감입니다. 어떻게 이렇게까지 획일화될 수 있는가 하는 생각이 들 정도입니다. 이런 현상이 학문의 세계에서 어떻게 나오게 되었는지 생각해보면―이건 사회 전반, 정치, 경제, 문화적인 문제 혹은 오늘날의 경제 위기 해법에 대한 이야기를 할 때도 마찬가지인데요―우리는 무슨 문제가 발생하면 먼저 '그 문제가 왜 발생했지?' 라고 질문하지 않는다는 겁니다.

예를 들어 용산에서 참사가 일어났는데 '그게 왜 일어났지?' 라고 묻지 않습니다. 과거 용산에 어떤 사람들이 살았을까부터 시작해서 추리해보고 원인을 따져서 '아, 이게 문제였구나' 생각하고, 또 '그럼 그 문제를 어떻게 해결할까' 시간을 두고 천천히 돌아보면서 문제 해결 방식을 찾아야 하는데 그게 아니라 바로 '다른 사람들은 어떻게 해결했데?' 하고 이야기가 나옵니다. 그러니까 원인을 분석하지 않고 해결 방안부터 따져요. 또 교육에 무슨 문제가 있다, 수능 실시에 문제가 있다고 하면 수능이라는 것이 예로부터 예비고사에서 시작해 전개되어왔지만 이러이러해서 문제가 있는 것 같다라고 생각하지 않고 '그래, 그러면 미국 SAT 한번 볼까?', '프랑스 BAC 한번 볼까?' 합니다. 그러니까 원인 규명은 안 하고 대체요법들을 다른 나라에서 가져오는, 이런 방식으로 문화가 굉장히 일반화되어 있다는 점입니다.

역사라는 학문이 중요한 이유는 문제의 원인을 분석하고 고민하면서 핵심을 발견하고 그 해결 방안을 마련하는 토대가 되기 때문입니다. 하지만 이런 원인 분석보다는 대중적對症的인 처방을 다른 나라 사례에서 가져오는 방식으로 문제를 해결하는 경우가 많습니다. 용산참사 TV토론에도 다른 나라의 예가 나오고 미디어 법안 문제에 대한 논의를 할 때도 다른 나라의 예를 쭉 듭니다. 경제 위기의 해법도 마찬가지죠. 프랑스는 이렇게 하고, 독일은 어떻게 하고……. 경제가 어려울 때 미국은 어떻게 하는데 우리는 왜 이렇게 하느냐, 이런 이야기를 하더라고요. 본인들은 참 연구 많이 했다는 생각이 들긴 하겠지만 제가 볼 때는 굉장히 안타깝다는 생각이 듭니다. 문제 해결 능력이 개인적으로, 심리적으로, 인문학적으로, 인간으로서 굉장히 중요해서 아이들에게도 신경 써서 교육시켜야 할 부분이라고 본다면 우리 스스로 사회의 자생적인 문제 해결 능력을 키워나가는 데 이런 문화는 오히려 장애가 되는 거죠.

이런 문화는 어떻게 만들어진 것인가? 그것은 우리 사회 내의 대학과

근대적 학제의 도입과 우리 학문의 변화

학문 사회가 지닌 편향성 때문입니다. 그리고 다른 문화에서 모범과 해법을 찾는 습관의 폭도 점차 좁아져서 이제는 '미국이라는 나라에서 어떻게 했느냐?' 라는 안목으로 우리 문제를 해결하고 있습니다. 1990년대 이후 우리나라 대학 개혁이 대부분 이렇게 이루어졌습니다. 지금 소개되는 해외 뉴스나 토픽도 거의 미국 뉴스 위주잖아요. 이라크 소식도 만약 이라크 전쟁에 미국이 개입하지 않았다면 잘 모를 수도 있었겠죠. 그런데 일제강점기에 나온 〈동아일보〉, 〈조선일보〉 등의 신문을 보면 유럽에 있는 여러 나라의 소식, 아프리카에 있는 나라들의 소식, 동남아시아와 서남아시아 나라들의 소식들도 담겨 있어요. 저는 어렸을 때부터 주로 미국을 중심으로 한 뉴스만 보고 자랐기 때문에 굉장히 편향되어 있는데 말이죠. 미국을 세계의 전부로 아는 우리의 이 같은 사고방식이 어디서 나오게 되었는지 따져보았을 때 이것은 분명 학문 사회가 가지고 있는 미국화의 성향, 친미적 성향과 밀접한 관련이 있다는 생각이 듭니다.

그러면 과연 대학과 학문이 얼마나 미국화되어 있느냐 하는 문제를 대학 개혁 문제와 함께 학문의 변화, 그중에서도 특히 학자 구성을 중점으로 살펴보겠습니다. 첫 번째로 미국 주립대학의 문제에 대해 이야기해보겠습니다. 김한종 선생님께서 좀 전에 국립 서울대학교 설립안에 대해 말씀하셨습니다. 이 설립안은 나라가 세워지기 전인 1946년도에 발표가 되었는데요. 이때 '국대안 파동' 이라고 해서 상당한 혼란을 겪으며 서울대학(당시 경성제국대학)과 서울에 있는 관공립 전문대학들을 합쳐서 종합대학으로 나가게 됩니다.

미군정은 통폐합의 이유로 일제 잔재 청산을 들었는데 이는 제도의 청산을 의미하는 것일 뿐 인적 청산에 대해서는 전혀 이야기하지 않은 것이 문제였습니다. 지금 연구 성과로는 이것이 미군 쪽의 의지냐, 아니면 오천석의 의지냐 하는 논란이 좀 있습니다. 오천석은 당시 문교부 차장(지금의 차관)으로 '민주주의 독립국가에 권위 있는 종합대학 하나 없어서야 말이 안 된다' 라고 이야기했지만 아직 독립국가 자체가 성립되지 않은 미군정하에서 국대안에 강한 집착을 보인 이유는 무능하거나 좌경적인 교수를 추출하는 데 유용하다고 보았기 때문입니다. 이는 국립 서울대학이 만들어진 과정에 이념적인 요소가 개입했다는 것을 입증하는 것인데요. 이런 논란 끝에 탄생한 서울대학은 미국의 주립 종합대학을 모델로 했습니다.

대학을 크게 미국형과 유럽형으로 구분하면 전문직 대학과 학술 대학을 종합해서 하나의 조직으로 운영하는 게 미국형입니다. 반면 유럽형은 직업계와 학술계 대학을 독립적으로 운영합니다. 서울대학은 확실히 학술계와 직업계, 흔히 말하는 인문사회 계열과 이공 계열을 한 대학에 존속시키는 미국식 대학 모델에 따라 설립되었습니다. 이사회가 학교를 운영하고 문리과대학을 중심으로 복수의 전문대학과 대학원을 구성하며 교수, 부교수, 조교수, 전임강사 등의 직급을 두는 것도 모두 미국의 주립대학으로부터 들여온 제도들입니다. 그런데 우리는 이 미국 주립대학에서 들여온 제도가 전 세계 대학의 직제를 대표하는 것으로 착각하는 듯합니다. 2003년 송두율 선생이 귀국했을 때 유럽의 대학 운영 방식을 잘 모르면서 송 선생이 교수냐 강사냐를 놓고 언론이 인신공격을 일삼아 굉장히 민망했던 기억이 납니다.

미국은 국립대학이 없습니다. 이런 이유로 '국대안' 이 미국의 주립대학, 종합대학을 모방했다고 하는데 실제로 운영이나 철학, 행정 체계 같은 것을 보면 경성제국대학의 운영과 인적 조직, 철학 등이 거의 그대

로 반영되었다고 볼 수 있습니다. 그래서 특히 인적 청산이 안 된 부분이 당시에도 논란이 되어 친일파가 배제되지 않았다는 문제를 제기하며 국대안에 반대한 사람들도 있었다는 거죠. 결국 우리 대학의 전형이 되어버린 유니버시티University는 교육과 학문의 자생적인 모색에서 나온 안이 아니고 미 점령당국과 지배 권력의 정치 논리에 의해서 출발되었다고 볼 수 있습니다. 더불어 일제강점기 경성제국대학 설립이 어떤 교육적 요구의 반영이라기보다는 조선인들의 민립대학 설립운동을 무마하기 위한 것이라는 우리가 잘 알고 있는 전통적인 해석 방법에 근거하면 해방 후 종합대학을 급조해서 만든 과정에도 정치 논리가 강하게 작동했다는 점을 분명히 알 수 있습니다. 이때뿐만 아니라 지금도 우리나라는 지배권력의 정치적 필요성에 따라 교육 논리가 정치 논리에 종속되고 마는 구조가 온존하고 있습니다.

그런데 흥미로운 것은 국대안에 의거해 미국식 주립대학이 만들어지는 과정에서 미국인 고문관들은 아예 미국 대학 설립을 추진하기도 합니다. 지금은 만들어도 괜찮을 것 같은데, 미국인 교수들이 미국 건물에서 미국 주립대학의 교육 과정에 따라 미국 교재를 사용해 영어로 강의하는 대학에 대한 계획안이 있었습니다. 그래서 학부와 교수 요원을 양성하기 위해 대학원까지 만들려고 하다가 재정 부족을 이유로 철회했다고 합니다. 그러니까 미군정의 고등교육에 대한 의지가 적지 않았다는 것도 엿볼 수가 있겠습니다.

그런데 미국식 제도는 법령으로, 권력으로 가능하지만 일단 교수가 없지 않습니까? 이 난감한 문제를 우선 해결해야 하므로 미군정은 먼저 교수 재교육을 위해 1947년 전문가를 초빙해 특강을 진행했습니다. 서울대학 강당에서 열린 특강의 내용을 보면 재미있습니다. '미국 대학

의 교수와 학생 기구'(염광섭), '미국 대학에서의 교재 사용과 도서관
연구소 설비'(로버트 스트리트), '미국 대학 과정의 학생 창의성과 개인
연구개발'(얀트), '미국 고등교육에서의 연구 방법 및 강의와의 관계'
(밀러), '미국 대학 교수들의 교육과 훈련'(백낙준), '교육과 애국—국가
건설에서의 그 역할'(피셔), '주한 미군정의 고등교육 정책'(오천석) 등
이 특강 주제였죠. 대단히 미국식 학제 일색인 고등교육의 틀을 한국에
심으려 했던 의도를 엿볼 수 있는데요, 미비한 준비와 참석자 부족으로
특강은 중도에 끝나고 말았답니다.

그리고 앞에서도 말씀드렸듯이 사립대학, 즉 연세대학과 고려대학
등이 인가를 받아서 설립되었습니다. 우리는 흔히 대학은 당연히 인가
받는 거라고 생각하는데 대학 인가도 하나의 제도입니다. 지금 우리나
라도 비인가 대안학교가 있지 않습니까? 비인가 대학도 있을 수 있는데
우리나라에서는 해방 후 미군정기부터 사립대학을 세우고 모두 인가를
받은 거죠. 제가 왜 이런 말씀을 드리느냐면 '우리나라 교육만큼 국가
의 역할이 절대적인 곳이 있을까' 하는 생각을 했기 때문입니다. 국가
역할이 굉장히 강력하다는 거죠. 지금도 국가가 상당한 힘을 발휘하고
지원의 측면에서 사립대학을, 재정의 차원에서 교사 월급을 지불하면
서 사립학교를 장악하고 있습니다. 사립대학에 대한 인가도 미군정기
에 생겨나 지금까지 유지되고 있습니다만 실제로는 반드시 인가받지
않아도 된다는 점을 분명히 하고 싶습니다.

미군정기 교수 요원 확보 방식의 대세는 유학 혹은 파견 교육을 권장
하는 것이었습니다. 우선 교수 양성을 위해 1946년도에 처음으로 인문
과학 30명, 사회과학 30명, 자연과학 40명 등을 선발하여 미국으로 파견
할 계획을 세웁니다. 이 계획은 일부 축소된 채 시행되었습니다. 그러

근대적 학제의 도입과 우리 학문의 변화

니까 문리과대학을 구성하는 요원들을 먼저 보낸 거죠. 이렇게 교수 요원을 외국 유학으로 해결할 수밖에 없었을까요? 당시 유진오 박사는 국내에서 교수를 양성하는 데 너무나 무관심한 풍조를 개탄합니다.

1950년대로 넘어가면 이제 원조가 대학과 학문에 영향을 미치게 됩니다. 교육 원조는 전체 원조의 1~2퍼센트밖에 되지 않습니다. 그러나 교육 운영의 재원이 부족한 나라에서는 정말 절대적인 것인데요. 미국 측은 교육사절단을 파견해서 조사 활동을 벌인 뒤 그 보고에 입각해서 원조를 하게 됩니다. 이 원조는 당시 문교부 예산의 약 10퍼센트 정도를 차지했고 그중 약 1/3 정도가 고등교육에 배당되었는데 이때 불균등 발전전략을 택하면서 고등교육 원조의 60퍼센트 이상이 서울대학에 집중됩니다. 그리고 1957년 서울대학 예산의 50퍼센트 정도가 이 원조로 충당됩니다. 지금 우리는 당연히 서울대학이 경성제국대학을 기반으로 출발했으니 해방 후에도 늘 최고의 명문이고 똑똑한 사람들만 갔을 것이라 생각하는데 이건 사실이 아닌 것 같아요. 지금 우리가 가지고 있는 서열화된 대학 구조 자체가 그때도 그랬겠느냐 이야기하시면서 어떤 분은 서울대학이 최고의 명문대가 된 것은 바로 1950년대의 전폭적인 지원과 관련 있다고 주장하기도 합니다.

서울대학의 모델은 농대가 유명한 미국의 미네소타 주립대학입니다. 당시 원조 기구의 책임자가 미네소타 주지사 출신이었다죠. 식민이나 종속의 상황에서 가장 위험한 것 중 하나가 정책 결정의 우연성이 초래하는 결과죠. 서울대학이 미네소타 주지사의 영향하에서 미네소타대학과 원조 계약을 체결하게 된 것도 이와 같은 맥락에서 볼 수 있습니다. 그래서 이때부터는 농학, 공학, 의학, 행정 등에 지원이 편중되면서 인문사회과학이나 기초과학에 대한 지원이 거의 이루어지지 않습니다.

이 원조 계획은 미국이 아시아 대학을 지원한 사례 중 가장 방대한 규모였다고 합니다. 돈은 건물 짓는 것 외에는 주로 미국에 연수나 유학을 주선하고 미국인 전문가들을 서울대학에 파견해서 교육시키는 데 썼다고 합니다. 1950년대 후반에 집중된 고등교육 원조는 90퍼센트가 국립대학에, 10퍼센트가 사립대학에 갔습니다. 국립대학에 제공된 원조액의 80퍼센트가 서울대학에 갔고, 사립대학에 배당된 원조액의 90퍼센트가 연세대학과 고려대학으로 갔습니다. 미국 원조가 1950년대 대학의 운명에, 소위 SKY 대학이라고 하는 세 대학이 대학 서열화의 정점에 오를 수 있는 기반을 닦는 데 미친 영향이 적지 않다는 것을 알 수 있습니다.

한편 정부는 이때도 우리나라에서 대학 교원을 확보할 생각을 하는 것이 아니라 미국 원조를 통해 미국에 가서 교수를 양성하는 데 훨씬 더 관심이 많았습니다. 재밌는 것은 이승만 대통령 자신은 유학을 별로 좋아하지 않았어요. 왜냐하면 세계적으로 반공주의와 유혈사상전流血思想戰이 치열하기 때문에 공산분자나 그의 주구를 해외에 보내면 안 된다는 거예요. 그래서 해외 유학을 억제하는 정책을 내놓기도 하는데 그와 관련 없이 사람들은 부단히 유학을 갑니다. 이렇게 점차 자비 유학이 많아지면서 1950년대 후반에는 외환 보유고의 15퍼센트 정도가 유학비로 소비될 정도였습니다. 당시 원조 덕에 미국 유학을 간 사람 중 신태환이라는 분이 있는데 이분은 당시를 이렇게 회고합니다.

"해방이 되고 미군정이 시작되니 미국 대학에서 공부한 사람들이 미군정에 대거 등용되었다. 일본 대학 졸업생들은 갈 바를 몰랐다. 그들은 완전히 로스트제너레이션lost generation이 되었다. 그런 때 나와 내 아

내는 아직 나이가 있으니 미국 대학에 가서 다시 공부를 하고자 결심했다. 다행히도 미 국무성 주관의 '스미드먼트 프로그램'에 참여할 수 있게 되어 교환교수 자격으로 1953년 도미, 노스웨스턴대학과 시카고대학에서 공부를 했다. 아내는 1955년 콜롬비아대학에서 공부하고 돌아왔다. 비록 짧은 기간이었으나 미국의 대학이 어떤 것이고 미국인의 생활이 어떤 것인가를 대개 알고 돌아와 자신을 가지고 학계는 물론 관계에까지 등용되어 활동했다. 장관도 두 차례나 지냈다."

이 회고를 보면 교육 원조가 가지고 있는 효율성을 감지할 수 있습니다. 원조를 통해 미국 유학을 가는 과정 등을 거치면서 1960년대 이후에는 미국 유학이 우리 사회의 주류가 되는 거의 유일 노선이 되어버리고 아메리카 드림America dream이라는 말을 실감하게 됩니다.

그런데 지금과 달리 1960년대 말까지는 인문계가 자비 유학을 더 많이 떠났습니다. 그리고 정규 유학생 중에서 미국 유학생이 차지하는 비율은 1950년대 89.9퍼센트, 1960년대 85.5퍼센트로 극단적인 편향을 보입니다. 우마코시馬越徹라는 일본 학자가 합동통신사에서 발간한 인명사전을 분석했는데 1969년 사전에 등재된 3,336명의 엘리트 중 유학 경험자는 약 1,708명(51.2퍼센트)이라고 합니다. 해방 후 유학을 다녀온 443명 중 348명(78.6퍼센트)이 미국 유학 경험자고 그들이 가장 많이 진출한 분야는 학계였다고 합니다. 미국 유학 출신자의 50퍼센트 가까이가 대학 교수, 연구자, 교육자 등으로 활동하고 있었답니다. 1967년 서울대학 전임강사 중 62퍼센트가 유학 경험자였는데 교수 2명 중에 1명이 미국 유학 경험자였다고 합니다. 일본의 인문사회 계열 같은 경우 거의 유학을 가지 않는 것으로 유명한 데 비해 우리는 너무나 손쉽게 이미 1960년대부터 미국 유학자들에 의해 인문사회 계열이 장악되었던 것입니다.

해방 이후에 미국 유학은 확실한 출세 방편이 되었고 이 때문에 미국 유학파가 학계를 장악했습니다. 그런데 다 아시겠지만 이 유학생들이 대부분 유학 가서 우리나라와 관련된 논문을 쓰고 옵니다. 정치학의 경우 이승만 대통령이 프린스턴대학에서 1910년 박사학위를 받은 이래 1974년까지 총 174명이 미국에서 정치학 박사학위를 받았는데 이 박사학위 논문의 85퍼센트가 한국의 정치와 외교, 중국과 일본을 포함하는 비교정부론과 국제관계 분야에 몰려 있습니다. 그리고 이 현상은 지금도 계속되고 있습니다.

한편 1950년대부터 학계에 터를 잡기 시작한 미국 유학파들이 본격적으로 미국 학문을 소개하기 시작했습니다. 당시에는 민족이나 민족주의도 금기시되는 개념어였습니다. 학계에서 학문의 토착화나 창조적 연구가 그나마 모색되기 시작한 것은 1960년대 후반의 일입니다. 독자적인 한국사 연구 관련 단체조차 1967년에 가서야 한국사연구회라는 이름으로 출범했지요. 정치학의 경우도 주체적 학문을 의식한 것이 1960년대 후반부터라고 하더군요. 서울대학 신문사에서 1984년에 발간한 《대학 · 자유 · 지성》이라는 책자를 보면 당시까지도 '서울대학의 학문 방법은 거의가 구미 이론의 소개 · 모방이었다고 할 수 있다'고 고백합니다. 이러한 풍토는 곧 미국 학문이 보편적인 유일 학문으로 독보적인 지위를 가지게 되면서 자문화를 경시하는 풍조로 이어지지요. 이에 대해 1976년 이돈희 선생은 '외래문화, 특히 미국문화와 미국식 교육의 지배적 영향으로 이루어진 한국 교육의 산물로 자문화 경시 풍조가 일어났다'고 지적합니다.

정리하자면 초기 대학 설립 과정과 이후 교육 원조 등에서 미국의 영

"지금 우리 사회는 국가가 어떻게 움직이느냐에 따라 움직입니다. 교육철학도 그냥 교육철학이 아니라 국가교육철학이 되어야만 사람들이 받아들이죠. 저는 이런 현상이 우리 사회에서 교육을 가장 획일화된 영역으로 만드는 역할을 하고 있다고 생각합니다. 국가나 제도나 사회가 인간을 압도하고 있어요. 교육이란 결국 인간 교육인데 이처럼 획일화된 국가 주도의 교육이 만연하는 데는 지식인 사회의 책임도 크다고 생각합니다."

향력을 감지할 수 있었고 이 과정에서 미국 유학이 강력한 출세의 통로로 자리 잡게 되었습니다. 1970년대 이후에도 이 구조화된 과정은 그대로 갑니다. 게다가 1980년대 이후 대학이 그야말로 대중화되고 1990년대 이후 모든 대학이 개혁을 부르짖을 때 그 대안으로 일관되게 미국 대학의 것을 가져옵니다. 주로 교수가 자신이 유학한 대학을 모델로 개혁안을 내놓습니다. 프랑스나 일본에도 대학이 있고 모델로 작동할 수 있을 텐데 이러한 나라의 대학을 참조했다는 흔적은 거의 없습니다. 오로지, 정말 이건 '오로지'라고 이야기해도 크게 틀리지 않을 정도로 미국 대학의 모델들을 계속 가져다가 우리나라 대학들을 바꿉니다.

대학 개혁이 거듭되면서 대학은 점점 미국화되어왔는데 지금 남은 문제는 이제 우리나라에서 교수 요원을 양성해야 한다는 점입니다. 대학원도 굉장히 많이 늘어났어요. 그런데 대학원생을 지도하는 교수들 대부분이 미국 유학을 다녀온 사람들인데 주로 제자에게 미국 유학을 권유합니다. 지금도 미국 유학 다녀온 사람들은 자기가 대학원을 운영하면서도 미국 유학을 계속 강조하는, 즉 정신적으로 미국을 지주로 삼는 문화를 만들고 있습니다. 제가 아는 어떤 교수는 미국 유학을 권유한 다음 그 유학생에게 한국에서 축적한 자료와 연구 성과를 건네줍니다. 그래서 그걸로 논문을 쓰게 하고 돌아와서 대학에 자리 잡을 수 있도록 도와줍니다.

저는 요즘 외국 박사들이 귀국하면 그들의 논문을 번역해서 학계에서 검증받도록 해야 한다고 주장하는 중입니다. 예전에는 척박한 학문 수준에서 우리나라의 원자료만 수집해 외국에서 논문을 쓸 수 있었지만 지금은 우리 연구 성과가 풍성해졌기 때문에 그 연구 성과를 가지고 가서 언어만 바꾸어 카피하는 것이 가능해졌거든요.

근대적 학제의 도입과 우리 학문의 변화

이렇게 미국 유학생을 중심으로 형성된 학계 풍토를 다시 한 번 짚어 봅시다. 미국 유학생의 연구 주제는 한국 사회의 필요성보다는 미국학계나 지도 교수의 관심에 따라 결정되고, 유학생 중심의 학자 대부분은 한국 사회 연구를 대상으로 학위를 취득합니다. 왜냐하면 한국인 연구자가 미국학계에서 경쟁력을 확보할 수 있는 유일한 분야가 한국 사회 연구이기 때문입니다. 이들은 한국에 대한 더 많은 자료에 기반하여 잘할 수 있는 연구로 외국에서 학위 취득을 하고 그 대학 이름값에 기대어 한국 학계에 정착합니다. 그래서 현지 주류의 학자 집단은 대체로 이런 미국 유학을 통해 미국 주류 사회의 가치관과 연구방법론을 체득한 사람들로 이루어졌기 때문에 한국 사회의 문제점을 진단하고 해결책을 제시할 때 미국학계의 연구 성과나 미국 사회 경험을 핵심적인 준거로 삼습니다. 그런데 이런 미국 학위자가 학계만이 아니라 정계, 재계 등 핵심부에 포진해서 친미 인맥의 중추를 이루며 한국 사회의 발전 방향을 설정하는 역할을 담당합니다. 하버드파, 예일파, 시카고파, 코넬파 등이 대표적입니다. 정계, 재계 다 합쳐 동창회도 합니다.

저는 이처럼 우리나라 사회 발전과 관련해 미국적인 길 외에 학문적 · 정치적 상상력 자체가 극도로 제한되는 것이 가장 위험하다고 봅니다. 이런 풍토 속에서는 생산적인 학문 논쟁은 물론이고 학문적 입장의 동질성에 근거한 학맥 또는 학파가 형성되기 어렵습니다. 학파 형성이란 탁월한 선배학자가 있어서 학문이 후배학자들에게 계승되고, 이러한 성과를 놓고 학계가 논쟁하여 그 학문적 입장의 정체성이 분명해질 때 가능한 것입니다. 학자 양성이 주로 해외에서 이루어지면 국내 선학의 학문을 습득하기 어렵고 본인이 유학한 대학의 학문 조류를 흡수하기 때문에 우리 학계에서 학문의 흡수와 계승은 아까 제가 말씀드렸던 우연에 맞추어집니다. 대학 개혁조차도 우연에 맞추어집니다. 그래서 출신 학교에 따른 학맥은 넘쳐나지만 학문적 입장에 따른 학맥은 찾기 어려운 것이 우리의 현실입니다.

더욱 심각한 것은 윤리적 폐해입니다. 국내 대학 박사 출신 학자는 조교로서 교수의 교육 연구 활동 등을 지원하고 극도의 저임금을 받으며 시간강사로 일합니다. 그런데 교수 자리는 대개 이런 궂은일을 경험하지 못한 유학파가 차지하는 경우가 많습니다. 또한 외국 학위 취득자들은 자신이 근무하는 대학에 대한 주인의식이나 책임의식이 약하고 권리의식만 강한 양상을 보입니다. 자신의 학문적 · 정신적 고향을 외국에 두고 외국학계로부터 지적 자양분을 지속적으로 흡수하는 그런 교수에게 한국 대학은 부임지일 뿐 삶의 중심지가 아닙니다. 그들 중에는 기러기 아빠도 꽤 있죠. 그들의 판단 기준은 늘 자신이 학위를 마친 외국의 유수한 대학에 있고, 자신이 근무하는 대학을 발전시키려는 의지는 부족합니다. 그런데 무엇보다 가장 큰 문제는 학문후속세대 양성을 책임져야 하는 대학원의 발전을 도모하기보다는 유학을 조장하는 비윤리적 학문 풍토라고 볼 수 있습니다. 이 부분에 대해 제가 가장 안타까운 것은 왜 대학과 학문이 이렇게 친미와 미국화의 길을 철저히 걷고 있는지, 이러한 문제에 대해서 학계나 대학이 스스로 정화하려는, 극복하려는 노력들을 왜 하고 있지 않는지 하는 점입니다. 더욱 문제가 되는 것은 이것이 대학의 힘으로, 학문의 힘으로 해결되겠느냐 하는 부분입니다.

그나마 인문학 같은 경우에는 미국 편향성이 비교적 적죠. 유럽계로 유학 다녀오신 분들도 많고 또 한국사나 한국철학 하신 분들도 많고……. 인문학보다는 사회과학이 훨씬 더 친미화되어 있습니다. 물론

근대적 학제의 도입과 우리 학문의 변화

푸코라는 유럽의 학자도 미국에 와서 유명해졌다는 이야기가 있듯이, 심지어 우리가 유럽학자도 미국이라는 프리즘을 통해 보는 것이 아니냐는 문제제기도 종종 있습니다. 이런 미국 일변도의 학문의 종속성을 벗어나서 주체, 자존, 정체성 문제를 학계와 대학이 적극적으로 고민해야 합니다. 또 세계는 넓지 않습니까? 미국이 아니라 더 넓은 세계, 유럽도 있고 아프리카도 있고 많은데 이 더 넓은 세계 속에서 호흡할 수 있어야 합니다. 대학과 학문이 정말 그게 가능할 것인지, 대학과 학문의 세계를 살피다 보면 별 희망이 보이지 않아 고민할 때가 있습니다. 제가 이 공부를 하게 된 이유는 아까도 말씀드렸지만 원인 속에 해결책이 있다는 생각을 했기 때문입니다. 대학과 학문의 미국화의 길을 살펴보면 이를 해결할 수 있는 길도 발견할 수 있지 않을까 해서입니다. 아직까지는 못 찾았습니다. 공부를 하다 보면 굉장히 절망스러워요.

강성원 —— 처음 이 포럼을 여는 마당에서 제시되었던 '우리 인문학에 정체성이 있는가' 하는 질문에 진중권 선생님과 홍윤기 선생님은 '지난 100년 동안 정체성이 없었다' 라고 하신 것으로 저는 이해하고 있습니다. 그런데 오늘 두 분께서 논의한 것을 들으니 이 문제는 결국 교육을 통해 풀 수밖에 없구나 하는 생각이 분명하게 듭니다.

식민지 체제와 미군정, 유신체제 등 지배체제의 압력에 종속되어 있던 혹은 근대화, 산업화라는 국가적 생존 명분 앞에서 민족의 독립이나 생산성 향상이라는 구호 앞에서 자유로울 수 없었던 우리에게 생활에서 우러나온 가치관 정립은 어려울 수밖에 없기도 했겠지만 어찌 되었든 우리에게는 근대 우리 삶의 자연환경과 문화환경, 역사환경에서 나온 근대의 가치관이 없었던 것 같습니다. 그리고 이 가치관을 교육을 통해 확립해야 하는데 위정자들은 그간 정권의 이해에 따라 교육을 우선 이용하기에 바빴기에 좌든 우든 외국에서 온 것들이 그 자리를 대신하게 되었던 것 같습니다. 그렇다면 지금이라도 이것을 고민하고 연구해나가야 하는데 그러지도 못하고 있다는 생각이 듭니다. 또한 각종 문화 이념을 받아들였지만 그렇다고 이것이 우리 체험에 매개되고 검증·비판되면서 우리 것이 되지도 못했던 것입니다.

청중 —— 우리나라 교육의 전반적인 흐름에 대해 말씀하신 것 잘 들었습니다. 저는 이야기를 들으면서 '왜 교육을 해야 하는가' 라는 기본적인 생각을 하게 되었습니다. 왜 교육을 해야 하는지에 대한 문제가 확실히 정립되지 않았다는 말입니다. 우리가 왜 자녀를 교육시켜야 하는지, 학교 교육은 무엇에 기준해야 하는지, 지금 이 시대를 살아가는 사람으로서 어떤 목적을 가지고 교육을 받아야 하는지, 세계 속에 한국인으로서 어떻게 교육을 받아야 하는지 등의 대한 답이 분명하지 않기 때문에 오늘날 여러 가지 문제가 생기는 게 아닌지요. 이에 대한 선생님들의 의견을 듣고 싶습니다.

김한종 —— 김정인 선생님께서 좀 전에 우리 교육에 굉장히 희망이 없다는 뉘앙스로 말씀하셨는데 그건 제 생각과 약간 다를 수 있을 것 같습니다. 저는 우리 교육이 일률적으로 어느 한 방향으로만 진행되었다고 생각하지는 않거든요. 우리 교육이 미국에 종속되었다고 하지만 1970년대나 1980년대 사회를 거치면서 이중 종속 같은 현상들은 꽤 완화되었다는 생각이 듭니다. 그러다가 1990년대 접어들면서 이른바 신자유주의니 세계화니 하는 과정에서 학문의 종속 현상이 심해지는 부분이 있었지요.

그렇지만 해방 직후처럼 이중 종속 되는 정도로까지 후퇴했느냐고 묻는다면 꼭 그런 것 같지는 않습니다. 어차피 시간의 흐름에 따라 어느 정도 발전하다가 또 어느 순간 후퇴하고, 그러다 또 진전이 되고 하는 것들이거든요. 물론 학문의 종속이 1950년대보다 더욱 심해졌다고 말하는 사람들도 있지만 저는 꼭 그렇다고 생각하지 않습니다. 아까 김정인 선생님이 기러기 아빠를 예로 들면서 그런 현상을 말씀하셨지만 다른 한편에서는 기존 교육에서 벗어나려는 움직임도 보이고 있습니다. 대안 교육이라는 형태도 있고 공개적으로 홈스쿨링home schooling을 지지하는 사람들도 있습니다.

1950년대뿐만 아니라 1970~1980년대에 학문과 교육의 미국 종속 현상이 완화되었을 때도 이런 현상들은 찾아보기 힘들었습니다. 이처럼 아직까지 일부이기는 하지만 기존의 틀에서 벗어나려는 움직임이 존재하기 때문에 이런 부분들이 10년 후, 20년 후에 또 달라질 수도 있다고 봅니다. 신자유주의 세계 경제만 하더라도 재작년까지는 사회에서 불변의 진리라고 여겼는데 작년에 세계 경제 위기로 상황이 바뀌니까 그 문제점이 적나라하게 드러났고, 그 결과 무작정 긍정적으로만 바라보던 시선들이 요즘 들어 달라지고 있는 것과 같다고 할 수 있겠지요. 하지만 구체적 전망은 말씀드릴 수 있는 부분이 아니고요.

그리고 교육이란 무엇인가라는 의문과 교육의 종속에 대한 부분은 답변이라기보다 제 생각을 말씀드리겠습니다. 교육이 미국이나 일본에 종속되었다는 측면도 문제가 되지만 그 전에 기존의 사회 틀에 인간을 좋게 말하면 적응, 좀 불편하게 말하면 순응시키는 교육 구조는 문제가 있다고 생각합니다. 우리는 사회의 일원으로서 자식을 낳아서 초등학교, 중학교, 고등학교까지 쭉 키우죠? 그러면서 인간을 계속 사회화해야 한다는 방향으로 이야기를 합니다. 그러니까 어떤 식으로든지 자녀들을 지금 사회에 적합한, 바꾸어 말하면 이 사회에서 두각을 나타내는 사람으로 기르고 싶어 하는 거죠.

그런데 제가 아주 구체적으로 알지는 못하지만 전통적으로 교육을 보는, 특히 교육의 사회화를 보는 두 개의 관점이 대비되고 있었거든요. 교육과 사회가 밀접한 관련을 가지고 있는데 이 관계는 둘 중 하나입니다. 사회에서 효과적으로 활동할 수 있는 기존 사회에 적합한 사람을 길러내야 한다는 주장이 하나고, 기존 사회의 문제점들을 발견하고 이 사회를 어떻게 바꿀 것인가 고민하는 사람을 길러내야 한다는 주장이 다른 하나입니다. 그런데 문제는 사회화라는 개념을 너무나 당연하다고 생각하고 사회에 얼마나 잘 적응하는지에만 관심을 가진다는 것입니다. 이것은 다른 많은 집단에서도 쉽게 찾아볼 수 있는 현상입니다. 이런 방식의 교육이 사회 내부에서 또 다른 종속적인 인간을 길러낸다는 것이죠. 하지만 이에 반해 교육은 오히려 기존의 사회 틀이나 체계에 문제를 느끼며 비판적 생각을 하고 자기만의 관점을 가질 수 있는 인간을 길러야 한다는 주장이 있습니다. 저는 이러한 관점이 기존의 틀을 바꿀 수 있다고 생각합니다. 이 두 가지 관점에 대해서는 계속 논란이 있었고 미국을 포함한 외국의 여러 나라도 마찬가지였습니다. 이 같은 분위기에서 우리는 교육이 사회비판적 인간을 길러내면 큰일 난다는 식의 생각을 더 많이 한다는 거죠.

이런 문제들이 나타나는 이유로 교육의 내용이나 틀을 유지하는 방식의 차이를 들 수 있을 것 같습니다. 아까 김정인 선생님께서 1950년대까지는 '민족'이나 '민족주의'라는 말을 쓰는 것도 굉장히 주저되

근대적 학제의 도입과 우리 학문의 변화

던 시기라고 말씀하셨는데 이는 교육 내용에 관해서는 맞을 수 있는데 외형적 현상은 그렇지 않습니다. 이승만 정부 때만 하더라도 정부가 내세우는 교육의 구호는 '민족적 민주주의', 또 말을 바꾸어서 '민주적 민족주의', '일민주의' 이런 것이었습니다. 그러니까 제도나 틀을 외국식으로 따왔지만 통치자로서 이념이나 권위, 교육 같은 것에 대해서는 전통적이고 가부장적인 성질을 보입니다. 대통령이라는 공식 직함보다는 박사라는 직함을 더 좋아했고 한민족의 전통도 강조했는데 결국 그게 내용은 아니었다는 거죠. 교육의 내용이 아니라 권위를 앞세우려는 구호였습니다. 그래서 봉건적 관념으로 권위를 높이고 제도나 어떤 구체적 내용들은 외국에서 도입해오는 이중적 구조가 형성되었습니다.

지금도 비슷할 수 있는데 이런 것들을 내세우면 잘 통하는 것이 한국 사회인지 모르겠습니다만 통치층에서 이런 것들이 당연하고 옳다는 식의 생각을 계속 가지고 있지 않았는가 하는 생각이 듭니다.

김정인 —— 우리나라의 경우 지금까지 계속 시민교육을 강조했습니다. 그런데 시민교육의 내용을 살펴보면 그 내용은 국민교육입니다. 시민성이 아니고 국민성을 강조하는 교육이었죠. 저는 미국에서 수입한 시민성 교육이 여기서는 국민성 교육이 되었다고 생각합니다. 사실 제헌헌법을 만들 때 '국민'이라는 개념을 사용하는 데 헌법학자들이 반대했습니다. 국수주의, 국가주의적 요소가 깃든 용어이기 때문이죠. 그래서 초기에는 '인민'으로 나갔으나 결국 좌익과 북한을 의식해서 최종 단계에서는 '국민'을 채택했습니다. 실제 국민이라는 단어는 일본에서도 국가주의적 요소를 경계하여 쉽게 사용하지 못하는 단어라고 합니다. 제가 이런 말씀을 드리는 이유는 우리에게 국가는 너무나 강력한 존재라는 사실을 인식하자는 겁니다. 지금 우리 사회는 국가가 어떻게 움직이느냐에 따라 움직입니다. 교육철학도 그냥 교육철학이 아니라 국가교육철학이 되어야만 사람들이 받아들이죠. 저는 이런 현상이 우리 사회에서 교육을 가장 획일화된 영역으로 만드는 역할을 하고 있다고 생각합니다. 국가나 제도나 사회가 인간을 압도하고 있어요. 교육이란 결국 인간 교육인데 이처럼 획일화된 국가 주도의 교육이 만연하는 데는 지식인 사회의 책임도 크다고 생각합니다.

이 지식인 사회의 주요 구성원이 바로 대학 교수입니다. 이들은 해방 이후 학자를 양성하는 데 너무나 무심했습니다. 설사 미국화되어간다고 하더라도 우리 나름의 학자를 양성하려는 노력은 일찍부터 해왔어야 하는데 1950년대나 1960년대는 물론 1970년대, 1980년대 와서도 별로 노력하지 않고 정성 들여 고민하지도 않았습니다. 서울대학의 경우 1970년대부터 대학원을 중심으로 한 학문후속세대 양성을 제기하지만 자꾸 밀려났습니다. 정작 대학에 대한 교육 당국의 가장 큰 관심사는 학생운동을 막는 거였어요. 최근 이공계의 경우, 특히 공대는 유학을 가지 않는다는 이야기를 들었습니다. 변화가 좀 있긴 한 거죠. 이렇게 학자를 양성하는 길에 국가가 절대적 영향을 미쳤습니다. 문제는 전혀 신경 쓰지 않았다는 것입니다. 그리고 사회 내에서도 자생적으로 학자를 양성하는 시스템을 만들어야 하는데 무관심했죠.

이제는 유학을 가든 안 가든 우리 사회를 분석하고 문제점을 발견해 해결할 수 있는 지식인, 학자를 제대로 양성하는 데 훨씬 더 적극적인 관심을 가져야 합니다. 그래야만 우리 사회에 대해 더 비판적이면서도 우리의 시각에서, 우리의 말로, 우리 문제를 해결할 수 있는 사람이 많이 나오지 않을까 생각합니다. 우리가 주체적으로 학자를 양성할 대안을 가지고 있어야 합니다.

강성원 —— 다른 질문 있으신가요?

청중 —— 저는 학문의 주체성을 정확히 어떻게 정의하시는지 궁금합니다. 그리고 사람들이 외국 유학을 많이 가다 보니 실제로 국내 대학의 박사와 외국 대학의 박사 사이에 어떤 실력 차이가 있지 않을까 하는 생각도 드는데, 이런 점들에 대해 설명을 듣고 싶습니다.

김정인 —— 대학에서 국외 박사학위 취득자를 선호하는 이유 중 하나는 신자유주의 체제하에서 대학 경쟁이 치열해지고 있는 현시점에 이들은 외국 학술 잡지에 글을 실을 수 있는 경쟁력을 가지고 있기 때문입니다. 그런데 사회학의 경우, 우리나라 사회 현실의 문제를 분석하고 해결책을 제시하는 대다수의 교수들이 국내 박사학위 취득자입니다. 또 이들 대부분이 지방 대학 교수들이고요. 국외 박사든 국내 박사든 서로가 어울려서 이 사회의 문제를 해결할 수 있어야 하는데 문제는 미국 유학파가 가지고 있는 선민의식, 엘리트의식입니다. 그들은 현실 문제에 지속적인 관심을 가지고 문제를 해결하려 노력하기보다는 대학 사회에 안주하며 살아가는 경우가 많습니다. '지금 여기'의 현실 문제 해결을 고민하고 그 고민의 뿌리를 분석하는 방식보다는 그 대안을 바깥에서 가져오려는 지식 문화 풍토도 문제고요.

　학문의 주체성 문제는 국내 혹은 국외에서 공부했다, 안 했다의 문제는 아니라 봅니다. 아까 말씀드린 것처럼 우리의 문제를 해결하고자 할 때 끊임없이 외국의 방법론을 가져다가 적용하는 경우가 많습니다. 한국 교육이 미국식 교육 모델의 실험 대상이라고 자조적으로 이야기하는 분들도 있죠. 이 같은 방식으로 한국에서 문제를 해결하는 것 자체가 우리들이 고민해오고 우리들이 만들어온 이론에 토대하지 않고 계속 외국 것을 응용하는 것에 그치므로 여기서부터 주체성 문제가 제기되는 것이겠죠.

김한종 —— 전체 관점은 김정인 선생님과 비슷한데 조금 다른 측면도 있는 것 같습니다. 그러니까 조금 전 김정인 선생님이 외국 저널에 글을 실으면 실력을 높이 평가하는 평가 기준에 문제가 있다고 지적하셨지만, 예를 들어서 이런 걸 생각해보죠. 요즘 신문을 보면 외국 어느 유명 저널에 우리 학자의 글이 실렸다는 기사가 자주 납니다. 특히 이공계 쪽에서 그렇습니다. 그럼 이제 과연 이러한 관점이 적합한가 비판을 할 수 있는 거죠. 이를 두고 학문의 종속이다, 한국의 학술지를 고사시킬 수 있다고 비판할 수 있습니다. 그렇지만 이 주장에 대해 이 같은 반응을 제기할 수도 있습니다. 외국의 학술지가 SCI(Science Citation Index)급이라고 한다면 '한국에 있는 저널들도 거기에 등재되면 되는 거 아니냐' 하는 반응이요. 그럼 외국 학술지에 안 싣고 한국 저널에 실어도 인정받으니까 마찬가지일 수 있죠.

그런데 제가 볼 때는 더 근본적인 문제가 있는 것 같습니다. 결국 가장 중요한 것은 글이나 연구 내용인데 연구 결과를 외국 학술지에 싣건 국내 학술지에 싣건 어디에 싣건 간에 이렇게 기계적으로 평가하는 것이 과연 타당한가, 분야가 어떤 영역인지를 떠나서 이것이 정말 괜찮은가 하는 점입니다.

물론 이 같은 제도를 만든 이유는 이해가 됩니다. 아마 지금은 이런 식으로 대학 사회에서 직을 유지할 수 없겠지만 상당 기간 동안 떠돌던 이야기가 있었습니다. 사람들이 교수가 될 때까지 열심히 하고, 되고 난 다음에는 그냥 1~2년에 한 번씩 교내 논문집에 아무도 안 보는 적당한 글 한 번씩 쓰면서 정년퇴직 때까지 직을 유지한다는……. 평가 제도는 이와 유사한 문제들 때문에 객관적으로 심사해서 공정히 평가한다는 취지로 만들었을 겁니다. 그러다 보니까 연구 업적을 계량화하고 객관화하게 되었죠. 그래서 지금 대학 사회에서 최고의 권력 기관은 한국학술진흥재단(한국연구재단)입니다. 바로 이곳에서 객관적 기준을 마련한다는 이유로 기준을 세우고, 평가를 하고, 등급을 정했습니다. 등급을 정한 순간 지방에 있는 학회, 당시 한국 사회에서 굉장히 성장하고 있었던 지방 연구 단체나 학회들은 초토화되었습니다. 한국학술진흥재단의 등재지가 되지 못한 지방 학회지에 글을 쓰면 현실적으로 손해를 보았으니까요. 그러다가 점점 시간이 흐르면서 지방 학회지들도 등재지가 되자 공황에서 벗어났습니다. 그런데 이렇게 되니까 이제 너나나나 똑같으면 말이 되느냐 하면서 또다시 새로운 기준을 마련해야 한다는 주장이 나옵니다.

제가 왜 이런 말을 하느냐면 대학의 연구뿐만 아니라 지금 교육계에서 가장 큰 문제가 되고 있는 교원 평가도 같은 문제라고 생각하기 때문입니다. 이것이 굉장히 객관화된 기준이고 능력 있는 사람을 골라내는 기준인 것 같지만 어떤 형태든 간에 객관화할 수 있는 평가 항목이 있고 그렇지 않은 항목이 있거든요. 그런데도 모든 것을 원초적으로 객관화하는 식의 평가를 고집하면 평가가 사람을 개선하는 것이 아니라 사람이 자신을 평가에 맞추는 부조리한 일이 일어납니다.

아까 김정인 선생님이 서울대학에 대해 비판적으로 말씀하셔서 서울대학을 예로 들긴 좀 그렇습니다만 긍정적이든 부정적이든 자주 언급되는 게 서울대학이니까 이야기해보겠습니다. 기억이 정확한지 모르겠는데 어느 신문에서 서울대학 교수의 1년 평균 발표 논문이 3.7편이라는 기사를 본 적이 있습니다. 기사의 논지는 서울대학 교수가 어떻게 이렇게 공부를 안 할 수 있느냐는 것이었는데 저는 이 기사를 보고 좀 불안했습니다. 1년에 3.7편의 논문을 과연 쓸 수 있겠는가? 말씀드리기 부끄럽습니다만 제가 그렇게 노는 축의 교수는 아니라고 생각하는데 1년에 그 정도 숫자의 논문을 쓰기란 만만치 않은 일입니다. 시민운동가로 잘 알려진 어느 분이 서울대학 재직 기간 동안 논문 편수로 1위를 한 적이 있습니다. 그때 그분이 쓴 논문 편수가 30여 편이었던 것으로 기억합니다. 시민운동을 하면서 어떻게 그 많은 논문을 쓸 수 있었을까 하는 생각과 동시에 시민운동에 깊은 관심을 가진 분도 논문 편수에서 자유로울 수 없구나 하는 생각이 들었습니다. 물론 논문에 대한 질적인 평가도 이루어질 테고 꼭 부정적인 측면만 있다고 볼 수는 없지만 이것이 이른바 또 다른 학문의 줄 세우기라는 거죠. 학문뿐만 아니라 다른 분야도 마찬가지입니다.

이처럼 틀이 잡힌 평가의 기준을 계속해서 도입하느냐, 하지 않느냐 하는 문제는 좀 거창하게 이야기하면 사회철학의 문제입니다. 국가가 아니면 사회 구성원들이 어떤 쪽으로 방향을 잡아갈 것이냐 하는 문제라는 말입니다. 우리의 경우는 언론이 계속 '당연히 이 같은 방식으로 객관화시키고 공정하게 평가해야 사회가 바람직한 방향으로 갈 수 있다'고 보도를 내고 국가가 정책적으로 힘을 싣고 있습니다. 그렇지만 이것이 정말 바람직한지는 다시 논의해볼 문제입니다. 제가 볼 때는 국

근대적 학제의 도입과 우리 학문의 변화

내 학위와 외국 학위의 문제, 외국 의존도 문제도 심각하지만 그에 못지않게 이런 평가 방식, 객관화된 것들을 너무 당연하게 생각하고 이를 바탕으로 또 다른 줄 세우기를 하는 방식도 큰 문제입니다. 전부 다 줄 세워지겠죠, 대학의 교수들도 쭉. 물론 지금도 합니다. 대학 사회를 평가 결과로 줄 세우고 이제 초·중등학교 교사들의 차례일까요? 이미 사기업들은 성과급 제도를 도입했죠. 사회 자체가 이런 쪽으로 진행되는 것을 당연하게 받아들일 것이냐 아니면 이 고리를 어느 단계에서 끊어서 사회의 흐름을 바꿀 것이냐 하는 문제라고 생각합니다. 굉장히 거창하고 추상적인 문제인 것 같지만 지금이 이 논의가 필요한 매우 절박한 때가 아닌가 싶습니다.

청중 —— 저는 지금 대학원에서 공부하고 있는데 대학 졸업 후 한 20년 가까운 시간이 지난 후에야 다시 공부를 하게 되었습니다. 그래서 대학교 다닐 때는 느끼지 못했던 것을 대학원에서 많이 느끼고 있는 참이었는데 오늘 김정인 선생님 말씀에 아주 공감하고요, 한편으로 문제점을 알면서도 해결책을 제시하지 못하는 현실에 답답함을 느낍니다. 저는 심리학과에서 치료 쪽 공부를 하면서 차라리 유학 갈까 하는 생각을 몇 번이나 했어요. 미국에서 3~4년 공부하고 석사학위 따온 사람들이 교수를 하는데 마치 제가 어떤 복사본을 가지고 공부하고 있는 것 같아 굉장히 많은 회의가 들었거든요. 학생들도 우리나라에서 오랫동안 경험을 쌓아온 교수보다는 해외에서 3~4년 공부하고 온 교수를 더 선호하고, 학교도 마찬가지인 듯합니다. 정말 문제가 많아요. 김한종 선생님께서 방금 그런 말씀도 하셨지만……

강성원 —— 답답하죠?

청중 —— 네, 정말 답답합니다. 무엇을 교육하고 있는지 모르고 있기 때문이 아닌가 하는 생각도 듭니다. 무엇을 평가하고 있는지도 모르고 있다는 생각이 들어요. 계속 복사본만 만들어내는, 그래서 마치 저에게 노란 물이 계속 들고 있는 느낌이에요. 저는 한국인의 이 검은 머리에 찰랑찰랑 윤기가 나도록 하는 것이 교육이라고 생각합니다. 다시 말해 개성이 없어져간다는 말입니다.

청중 —— 우리나라는 지금까지 종합대학, 즉 유니버시티university를 지향해왔지만 서구에서는 '스쿨school'과 '칼리지college' 개념이 분명히 구분되어 있습니다. 우리나라도 최근 들어 로스쿨 제도나 경영대학원 등 일반 종합대학의 학과로서 존재했던 것들을 칼리지식으로 운영하는 추세인 것 같은데요. 이러한 정황상 우리나라 대학의 시스템이 어떤 방향으로 갈 것인지 의견을 듣고 싶습니다. 덧붙여 우리나라의 인구가 점점 감소되고 있는 실정인데 이러한 점을 고려했을 때는 대학이 또 어떠한 방향으로 움직여야 하는지 알고 싶습니다.

김정인 —— 어려운 질문이네요. 대학은 1970~1990년대를 거치면서 대중화되었습니다. 또 대학 대부분이 종합대학이잖아요. 제가 있는 교육대학은 총 인원이 2,000여 명가량 되는데 종합대학이에요. 그래서 종합대학의 면모를 갖추어야 하다 보니 '전 교수의 간부화' 현상이 일어나기도 하지요. 교수가 1,000여 명 되는 대학이나 저희처럼 70여 명 되는 대학이나 모두 똑같이 종합대학으로 불리고 있는 거지요.

이건 뭔가 문제가 있지요. 교수 사회가 학교 지위 격상이 곧 자신의 지위 격상이라고 여기면서 모두 종합대학이 되어버린 건 아닐까요? 그 대학 안에서는 또 학자보다 총장이라는 권력을 지향하는 문화가 있지요. 저는 대학 개혁과 학문 사회 개혁의 최대 걸림돌은 대학 교수라고 생각합니다. 제 경우 서울에 줄곧 있다가 지방 대학으로 갔는데 문화가 참 달라요. 연구는 물론 안 하고 연구년에는 미국 가서 골프 치고 애들 영어 가르치는 것이 당연하다고 생각하는 분위기에 당혹스러울 때가 많아요.

결국 대학 변화는 대학 사회 구성원의 의식 개혁과 맞물려 있습니다. 어떤 분들은 자조적으로 자신이 몸담고 있는 대학의 개혁도 못하는데 대학 밖에서 대학 개혁을 외치는 것이 무슨 의미가 있느냐고 한탄하기도 합니다. 아까 답답함을 느끼신다고 했는데 그 답답함이 이런 부분과 관련이 있어요. 최근 대안대학이나 시민대학, 대학원대학 등이 등장하고 있기는 하지요. 그런데 결국 모든 변화는 나로부터 시작하고 또 시민사회로부터 시작한다는 생각을 개인적으로 가지고 있습니다. 그래서 국가 주도의 대학교육과 해외파 중심의 학문 사회의 문제점을 인식하고 비판할 수도 있어야 하지만 여러 가지 새로운 대안 문화를 만들어 가려는 노력도 필요하다고 봅니다.

김한종 —— 말씀하시는 도중에 잠깐 생각해봤는데요. 물론 저희도 반성하고 이를 바꾸려 노력해야 하지만 이 문제는 사회 전체가 같이 고민해야 한다고 봅니다. 그러나 이는 저절로 얻어지는 게 아닙니다. 어차피 서로 생각이 다르고 기존의 틀이 다르기 때문에 그것들을 바꾸기 위해서는 생각을 가진 사람들이 힘들겠지만 함께 노력해야 합니다. 이 정도로밖에 말씀드릴 수 없어서 죄송합니다.

그다음 이론의 측면을 한번 생각해볼 필요가 있을 것 같습니다. 외국 이론을 받아들이면서 여러 가지 비판이 계속 있었기 때문에 이제는 한국 사회 현상에 잘 맞지 않는 외국 이론을 가져다 적용했을 때 발생하는 문제에 대한 지적은 적극적으로 하는 편입니다. 그런데 조금 더 거슬러 올라가 우리의 이론을 만들려는 노력과 시도가 필요합니다.

이론이란 실제 사회 현상에서 나온 것들을 가져다 어떤 틀로 설명하는 것입니다. 그렇다면 우리가 주로 보는 외국 이론은 우리나라가 아닌 그 나라의 현상을 가지고 설명한 것이겠지요. 따라서 이 이론으로 우리 사회의 현상을 설명하면 문제가 나타납니다. 이러한 일을 겪지 않으려면 결국 우리도 우리 사회에서 일어나는 현상을 설명하는 틀을 만들어내야 하죠. 그게 우리의 이론입니다. 외국 이론을 가져와서 이런 면에서는 안 맞으니까 이렇게 고치면 되겠다, 이 정도의 문제가 아니라 우리 사회에서 나타나는 현상들을 보고 그것을 설명하려는 시도가 필요합니다.

고등교육의 문제 역시 기존의 고등교육을 가져다가 대학으로 일원화시켰던 사고방식에서 벗어나야 한다는 생각이 듭니다. 제가 알기로는 종합대학 외에 칼리지 같은 것은 공교육 체제가 만들어지기 전 미국의 지역 단위나 사회에서 형성되었던 고등교육에서 나왔는데, 우리 식의 단과대학보다는 전문대학에 가깝다는 생각이 듭니다. 그런데 이런 형태의 공교육기관도 있거든요. 우리 사회에 칼리지가 좋으냐, 종합대학이 적합하냐 하는 문제는 많은 논의가 필요하지만 이런 지적이 나올 정도로 대학이 전부 종합화되는 건 문제가 있다고 봅니다. 사립대학뿐만 아니라 국립대학까지 전부 지역마다 똑같은 것을 가르치고요.

대학원대학은 대학원만 있는 대학으로, 외국에서는 이런 대학 중에서도 유명한 대학들이 있습니다. 미국의 존스홉킨스대학의 초기 형태 같은 것이 그렇다고 알고 있습니다. 우리도 이러한 형태의 학교를 만들려는 시도를 하긴 했습니다. 만든 의도는 좀 달라서 따져보아야겠지만 한국학 중앙연구원이나 카이스트(후에 학부를 만듦) 같은 경우도 원래 대학원대학에서 출발한 것들이니까 어쨌든 그런 형태라고 볼 수 있습니다. 그 외에 로스쿨도 일종의 대학원입니다. 로스쿨이 적합하냐 아니냐는 또 다른 문제이고, 어쨌든 이제 기존의 대학과는 다른 식의 고등교육기관도 필요하고 이런 것들을 다양화할 필요가 있다고 생각됩니다. 더불어 대학의 문제가 우리 사회에서는 주로 입시와 관련하여 논의되지만 근본적으로 바꾸어볼 필요도 있겠습니다.

한 가지만 더 말씀드리면 사립대학은 안 되겠지만 국립대학은 어느 정도 전공이나 기능들을 조정할 수 있지 않을까 싶습니다. 과감하게 대학들의 학과를 조정하고 나아가서는 일종의 평준화 정책을 시행하는 것입니다. 물론 당위론으로 국가가 대학에 손대지 말라고, 대학에 맡겨 놓으라고 할 수도 있습니다. 그런데 여기에는 대학 문화가 굉장히 오랜 시기에 걸쳐 형성되었기 때문에 대학이 안고 있는 문제가 갑자기 해결될 수는 없다는 생각이 깔려 있습니다. 교육의 문제 하나하나를 국가가 나서서 간섭하는 방법은 당연히 좋지 않습니다. 그렇지만 현재 교육 문제는 국가가 나서서 해소를 해야 하고 그 중심에 대학 개혁이 있습니다. 정책적 의지가 강력하게 뒷받침되어서 국립대학의 틀을 과감하게 바꾸어야 한다고 생각합니다. 당위론이나 비슷한 이야기들이 나오고 있지만 이런 노력 없이는 사회에 광범위하게 형성되어 있는 문제들에 대한 인식이 생각만큼 쉽게 바뀔 것 같지 않습니다.

강성원 —— 저는 두 분 선생님의 이야기를 들으면서 머릿속에서 뜬금없이 어떤 그림이 그려지는데요. 학문의 종속 문제는 결국 국제정치적 관계 속에서 한반도의 위상, 아니면 한반도 인구와 한반도에 들어와 있는 미군 수와의 비례만큼 정확하게 종속적인 그림이 아닐까 하는 겁니다. 말하자면 6자 회담 결과가 나와야 종속 문제의 비전을 어떻게든 생각해볼 수 있는 게 아닌가 하는 것입니다.

자아 혹은 개체를 형성하는 주위와의 관계, 구체적으로는 부모와 형제, 이웃과 친구, 주변국과 생활환경 등의 복잡한 중심과 주변관계, 주류와 비주류, 대상과 배경의 인정 투쟁과 자기 보존을 위한 거래와 줄다리기, 그것이 생활의 시작이자 기초가 아닐까 하는 잡다한 생각이 갑자기 들고 있습니다. 플라톤의 공화국도 결국 이 관계를 이상적으로 정립하고자 한 것이고 유교의 인륜성 개념, 삼강오륜도 그 본질은 다르지 않다는 생각이 듭니다. 그럼 다음 시간을 기대해보겠습니다.

근대적 학제의 도입과 우리 학문의 변화

근대적 이념의 도입이 우리 사유의 형성에 끼친 영향력

전재호
서강대학교에서 철학과 정치학을 연구했고 학위 과정 중에는 하버드-엔칭 연구소의 연구원으로 재직했다. 그의 민족주의에 대한 다양한 접근과 관심은 《반동적 근대주의자 박정희》와 《1991년 5월 투쟁과 한국의 민주주의》(공저), 《20세기 한국의 야만》(공저)에서도 드러나고 있다.

한홍구
서울대학교와 워싱턴대학교에서 역사를 연구했고 현재 성공회대학교 교수로 재직 중이다. 《한홍구의 현대사 다시 읽기》, 《한홍구의 역사이야기 대한민국사》, 《지금 이 순간의 역사》 등의 저술을 통해 대중과 만나며 한국 현대사에 관한 밀도 있는 대화를 진행하기 위해 노력하고 있다.

한홍구 —— 반갑습니다. 한홍구입니다. 근대적 이념의 도입이 우리 사유의 형성에 끼친 영향력이 무엇이냐 하는 것은 대단히 어려운 질문입니다. 저에게 주어진 제목도 근대적 이념이라고 되어 있는데 이 '근대'를 어떻게 이해해야 할까요. 근대의 특징을 여러 가지 들 수 있는데 이 제목이 의미하는 것은 아마 서양에서 정의된 근대가 아닐까 합니다. 서양의 근대적 이념이라 할 때 여러 가지 표징이 있겠지만 합리주의, 과학주의, 민주주의, 민족주의, 이성에 대한 신뢰 등을 들 수 있을 것입니다. 그런데 서양의 근대적인 것이 동아시아에서도 꼭 근대적인 것은 아닐 수 있다는 점에 우리는 유의해야 합니다. 서양에서 근대의 두드러진 특징으로 꼽을 수 있는 요소들, 근대에 들어와 비로소 꽃핀 요소들 중 어떤 것은 동아시아에서는 아주 오래전부터 흔하게 볼 수 있었던 것일 수도 있다는 이야기입니다.

예컨대 서양에서 합리주의는 근대에 들어와서야 확립되었습니다. 마녀사냥은 중세 말 근대 초기의 유럽을 휩쓸었지요. 당시의 유럽인들은 초자연적인 마녀의 존재를 믿었을 뿐만 아니라 지금 내 눈앞에 있는 구체적인 인간을 마녀로 규정하여 불태워 죽이는 일을 서슴지 않았습니다. 우리가 서구에서 근대의 문을 연 위대한 지성으로 꼽는 사람들 중에 무자비한 마녀 사냥꾼이 적지 않습니다. 종교개혁을 이끈 루터나 프로테스탄트 윤리를 확립했다는 칼뱅 모두 이름 날리던 마녀 사냥꾼들이었지요. 반면 동아시아에서는 일찍이 공자가 괴력난신怪力亂神을 이야기하지 말라고 가르친 탓인지 유럽의 마녀사냥에 필적할 만한 시대적 광기는 나타나지 않았습니다. 예컨대 송시열 같은 사람은 앞뒤가 꽉 막힌 보수주의자로, 정통과 다른 해석을 사문난적斯文亂賊으로 몰아 죽인 사람이지만 마녀와 같은 초자연적인 두려움에 사로잡힌 것은 아니었지요. 동양에 마녀사냥과 같은 비극이 없었던 것은 유교사상 내에 합리주의가 자리 잡고 있었기 때문이라고 생각합니다. 유교적 합리주의는 대단히 중요한 지적 전통인데, 합리주의 자체를 근대의 표상으로 삼는 것을 주저하게 만듭니다.

그다음 또 하나는 우리가 근대적인 것과 전통을 나누어서 생각하는 경향이 있습니다. 그런데 우리 사회에서 과연 무엇이 전통이고 무엇이 새로 들어온 것인지에 대해 생각해볼 필요가 있습니다. 우리가 전통이라고 알고 있는 것 중 상당 부분은 한국에 전래된 지 얼마 되지 않은 것들입니다. 많은 사람에게 가장 한국적인 것을 들어보라고 하면 김치, 깍두기와 고추장을 꼽습니다. 그런데 지금 우리가 먹는 것과 같은 김치, 깍두기와 고추장의 역사는 얼마나 되었을까요? 고추가 임진왜란이 끝난 후 들어왔으니까 기독교보다 한 100년쯤 먼저 들어온 것 아닐까요? 우리의 긴 역사에 비추어볼 때 오늘날과 같은 김치, 깍두기, 고추장이 생긴 시기와 기독교가 전래한 시기는 사실 큰 차이가 나지 않습니다. 그렇다면 기독교는 외래 종교이고 김치, 깍두기는 우리 고유의 것이라고 말할 수 있을까요?

우리가 흔히 전통이라고 알고 있는 것 중 상당히 많은 부분은 마찬가지로 전통과 상관없이 최근에 생긴 것들입니다. 예컨대 몇 년 전 호주제도의 존폐를 둘러싸고 첨예한 논쟁이 있었습니다. 호주제도가 존속되어야 한다고 주장하는 분들은 이 제도가 우리의 전통이고 미풍양속이기 때문이라고 하셨죠. 여러분은 어떻게 생각하십니까? 호주라는 용어는 분명 전통사회에서도 쓰였지만 현행 호주제도는 일본인들이 우리에게 덮어씌운 것이지요. 일제가 주민을 효율적으로 통제하기 위해 도입한 '이식된 근대'의 요소인데 이를 전통으로 포장을 해놓은 것이죠.

그래서 무엇이 근대적인 것이고 무엇이 본래 우리 것인지 생각만큼 딱 매끄럽게 나뉘는 것만은 아니라고 말씀드릴 수 있습니다.

다음으로 서구의 삶의 방식이나 이념이 들어올 때 이를 전면적으로 받아들이는 것과 부분적으로 받아들이는 것에는 큰 차이가 있습니다. 외래 문물 중에서 좋은 것만 받아들이고 자기 전통의 근간을 지키겠다는 태도는 한국, 중국, 일본에서 공통적으로 나타납니다. 한국에서는 동도서기東道西器라고 하고 중국에서는 중체서용中體西用이라고 하고 일본에서는 화혼양재和魂洋才라고 합니다. 비록 말은 다르지만 자기 것을 바탕으로 새로운 요소 가운데 좋은 것만 받아들인다는 태도가 하나의 큰 흐름을 형성했다고 할 수 있습니다. 그런데 우리는 과연 이게 가능한 노력이었을까, 어느 정도 실현가능성이 있었는가 하는 것을 묻지 않을 수 없다는 생각이 들어요. 동도서기적 입장에서는 과학기술은 좋은 거니까 과학기술의 선진적인 부분만을 받아들여서 기계도 만들고 대포도 만들고 하면 좋지 않느냐 생각하는 분들이 많았을 겁니다. 좀 짜게 이야기하면 좋은 게 좋은 거라는 절충적 태도를 넘어서지 못한 것이죠. 당시에도 그랬고 지금도 그렇고요.

그런데 우리가 '민주주의를 받아들인다, 남녀평등을 받아들인다, 평화를 받아들인다' 라고 했을 때는 굉장히 근원적인 변화의 요구가 그 바닥에 깔린 거예요. 과학기술의 경우, 사람들이 이것의 중요성을 인식하고 발전된 기술을 골라 이 땅에서 수월하게 써먹었을까요? 과학기술을 받아들이려면 과학기술을 다루는 사람들이 어때야 합니까? 그 사회에서 적절한 대우를 받아야겠지요? 그런데 한국은 어떻습니까. 전통적으로 과학기술을 다루는 사람의 신분이란 잘해야 중인이었습니다. 1970~1980년대에 우리가 학교 다닐 때도 공대생들을 '공돌이' 라고 불렀죠. 전통적인 농본사회에서 사농공상의 위계가 분명했잖아요. 그런데 동도서기파가 서양의 과학기술을 받아들이자고 했을 때 과학기술자들을 중인 대접 하지 않고 최고 엘리트로 받아들일 생각까지 했을까요? 진짜 과학기술이 발전하려면 전통적인 신분질서를 깨야 하는데 이런 각오가 되어 있었을까요? 과학기술이 발전해야 한다는 필요성은 다들 느꼈겠지만 이를 위해 신분제를 깨뜨릴 준비까지 되어 있었다고 보기는 어려울 것입니다. 적어도 한국과 중국에서는 그렇습니다.

어떤 이념이 들어와서 한 사회에 뿌리를 내릴 때까지는 많은 갈등과 혼란을 겪어야 합니다. 몇 가지 좋은 점만 취한다는 것은 역사적으로 볼 때 거의 불가능하지요. 어떤 이념도, 어떤 과학기술도 하늘에서 뚝 떨어진 것이 아닙니다. 이것을 가능케 하는 사회적·물질적 기반이 필요하지요. 이처럼 새로운 요소들은 당연히 전통사회의 이데올로기나 제도와 충돌할 수밖에 없습니다. 밖에서 들어온 새로운 이념이 한 사회에 뿌리를 내리는 과정은 전통사회의 입장에서 볼 때는 다분히 폭력적일 수밖에 없지요.

근대 한국이 서구로부터 수용한 이념은 엄청나게 많습니다만 저는 크게 세 가지가 아닐까 싶어요. 하나는 우리나라에 굉장히 큰 영향을 미친 기독교, 그다음 민족주의, 그리고 공산주의. 이 세 이념은 우리가 원래 가지고 있었던 전통적 이념 혹은 전통적 요소들과 때로는 뒤섞이고, 때로는 배척하고, 때로는 견제하고, 때로는 협력하면서 전개되어왔습니다.

예컨대 이북의 주체사상을 보면 전통적 요소, 공산주의적 요소, 민족주의적 요소, 기독교적 요소가 모두 들어 있지요. 한국 기독교를 봐도 전통적인 샤머니즘의 요소가 너무나 뚜렷하게 나타나지 않습니까? 매

일 부흥회 하고 새벽기도 하는 기복신앙이 이른바 주류 대형교회를 지배하고 있지 않습니까? 근대에 들어오면서 전통도 이런 외래 사상의 자극과 영향을 받으며 끊임없이 변화하고 확대 재생산되지요. 전근대 조선사회와 현대 한국을 비교해볼 때 어느 사회에 무당이 더 많았을 것 같습니까? 조선시대에는 무당이 전국에 한 2,000여 명이나 되었을까요? 제가 정확한 통계를 가지고 있지 않지만 많이 잡아야, 아무리 많이 잡아야 2,000~3,000명밖에 안 되었을 겁니다. 그런데 지금 한국의 무속인이 얼마인 줄 아세요? 아무리 못 잡아도 한 20만 될 거예요. 외환위기 터지면서 숫자가 엄청나게 늘었죠. 사회가 불안해졌으니까요. 자, 무당 숫자만을 놓고 본다면 우리가 근대화가 된 겁니까, 안 된 겁니까?

근대로 들어오면서 또 하나 중대한 변화가 있었습니다. 오늘 우리는 인문학을 이야기하기 위해 모였습니다만, 우리 사회의 인문주의를 위협하는 새로운 양상이 근대 한국의 지배적인 요소로 등장했어요. 근대로 들어오면서 이념이라고까지는 할 수 없다 하더라도 우리의 사고방식이나 삶의 태도가 군사주의의 강력한 영향을 받게 되었단 말입니다.

우리는 지난 1,000년, 즉 고려 500년과 조선 500년 동안 유교국가였습니다. 유교가 사회의 밑바닥까지 지배했느냐 하는 것은 다른 문제입니다만 적어도 1,000년 동안 유교는 국가의 공식 이데올로기였고 엘리트 집단의 사고방식과 생활방식을 지배했습니다. 유교국가란 무엇입니까? 중세의 서양과 비교해서 어떤 특징이 있습니까? 유교사회란 지식인이 권력을 장악한 사회죠. 이순신 장군은 무장이지만 굉장한 유교 지식인이죠. 유교적 소양이 아주 꽉 차 있는. 유교적 소양을 갖추지 못하면 무장으로도 출세할 수 없는 그런 구조를 만들어놓은 것이 조선사회입니다.

그런데 지금은 어때요? 문文, 인문학적인 교양이나 정신이 아니라 군사주의적인 발상 같은 것들이 우리 세대를 강력하게 지배하고 있지 않나 싶어요. 예컨대 유교에서 중요한 개념인 '극기克己'라는 말을 살펴봅시다. 요새 극기라는 말을 어디에 씁니까? 극기 훈련이라는 말로 많이 쓰죠. 극기 훈련이 뭡니까? 해병대 캠프 같은 것 아닙니까? 소리 빽빽 지르고, 좌로 굴러 우로 굴러 하고, 진흙 바르기도 하고, 으샤으샤 뛰고……. 그런 다음 거기서 일체감이라든지 힘든 일을 해냈다는 뿌듯함 같은 것을 느끼도록 만드는 것이죠. 그런데 조선시대의 극기는 뭡니까? 극기복례克己復禮죠. 자기 자신의 심성을 다스려서 예로 돌아간다는 말입니다. 똑같이 극기라는 표현을 쓰지만 우리가 조선시대에 쓰던 의미와 이렇게 다릅니다. 결국 서구 제국주의의 세례와 지배를 받고, 제국주의와 닮아가는 또 다른 한편 제국주의에 맞서 싸워야 했던 민족해방운동을 벌이는 등의 과정을 겪은 뒤 해방 이후 강력한 근대화 프로젝트를 거치면서 우리 사고 자체가 말도 못하게 군사화되어버린 것입니다.

서구에서 들어온 근대이념들은 우리 생활 속에 어떻게든 자리를 잡았습니다. 자리를 잡긴 했는데 과연 얼마만큼 소화가 되었을까, 이건 또 다른 이야기가 아닌가 싶어요. 서양인의 눈으로 보면 더 심한 이야기가 나올 수 있겠죠. 모스크바에 앉아 있던 사람들은 마오이즘maoism(마오쩌둥의 사상)을 마가린공산주의로 취급했죠. 마가린이 뭡니까? 가짜 버터입니다. 동물성 지방이 아니라 식물성 기름으로 만든 마가린. 말하자면 공산주의자 같긴 한데 진품은 아닌, 좀 '짝퉁' 스러운 것이라는 뜻입니다. 우리가 근대 문물을 받아들이는 통로가 처음엔 중국이었습니다. 그러다가 일본으로 바뀌고 해방 이후에는 미국이 되었죠. 우리가 근대를 접하는 통로 자체도 이렇게 크게 세 번 변화했습니다.

근대 문물 수입도 혼란스러운 일인데 그 수입의 주된 경로가 자꾸 바뀌니 혼란은 가중되었지요.

이런 혼란과 무관하지는 않을 터인데, 한국의 근현대사를 놓고 볼 때 한국전쟁 시기에 우리는 아주 기막힌 참극을 겪었죠. 분단을 겪고 감당할 수 없을 만큼 엄청난 학살이 이루어졌습니다. 조선시대에 그런 학살이 있었습니까? 없었거든요. 근대로 들어오면서 엄청난 학살을 경험하게 되었죠. 이 같은 학살의 시기가 전쟁을 포함해서 4~5년 계속되었는데, 이와 관련해 황석영 씨가 재미있는 소설을 썼죠. 바로 《손님》입니다. 이 소설은 신천 학살을 다루고 있어요. 황해도 신천에 있는 동네가 이야기의 무대인데 여기서 한국전쟁 때 엄청난 학살이 있었습니다. 신천 주민이 14만인데 3만 5,000명이 죽었다고 해요. 저는 처음에 이북에서 수치를 과장한 것이라 여겼습니다. 그런데 그 시기 구월산 유격대니 뭐니 하는 우익단체 활동을 했던 사람들이 쓴 회고록을 읽어보니까 '아마 전체 주민의 1/3이 죽었을 것이다' 라는 대목이 나오더라고요. 그래서 전체 주민의 1/4가량 되는 사망자 수치가 별로 과장이 아니라는 생각이 들었습니다.

이북에서는 이 사건을 미군이 학살한 것으로 설명하죠. 미군이 사람들을 모아놓고 창고에 가둔 후 불을 질렀다. 그리고 또 미군이, 미군이……. 다 그렇게 나와요. 그런데 황석영 씨가 쓴 소설에는 '그게 아니다. 미군도 일부 있었겠지만 학살의 대부분은, 아니 거의 전부는 신천에서 월남했다가 신천으로 돌아간 신천 사람들이 저지른 것이다' 라고 이야기됩니다. 어떤 것이 역사적 사실일까요? 저는 황석영 씨의 설명이 훨씬 더 역사적 사실에 가깝다고 생각해요. 이북에서 이야기한 건 좋게 해석하면 선의의 거짓말이죠. 왜냐하면 1/4을 죽였지만 3/4은 살아남았지 않습니까? 이 살아남은 사람들은 누구겠습니까? 학살을 한 사람들의 친척들도 많이 있을 것 아닙니까? 학살당한 사람들의 가족과 학살한 사람들의 가족이 섞여 살려면 악당을 다른 데 만들어야죠. 그래야 불화를 최소화시키겠죠. 하지만 역사적 사실은 달랐다고 봅니다. 그러면 황석영 씨의 《손님》은 이러한 갈등을 어떻게 해석했을까요? '손님'이라는 제목이 아주 은유적이지 않습니까? 손님. 우리 역사에서 보면 기독교도 손님이고 공산주의도 손님인 거예요. 우리가 또 손님이라고 부르는 게 뭐가 있을까요. 마마님, 천연두 같은 것들도 있습니다. '손님'은 마마님, 천연두 같은 손님들이 와서 우리를 할퀴고 갔다, 아마 이런 뜻에서 붙여진 제목이 아닌가 싶습니다.

우리가 어떤 이념을 받아들였을 때 그 이념을 어떻게 소화했는가, 그 이념이 어떻게 우리 안에서 작용했는가, 그리고 우리의 근대적인 이념이 우리 사유의 형성에 어떤 영향을 끼쳤는가를 생각하기에 앞서 좀 짚어보아야 할 것이 있습니다. 바로 사유의 형성 이전에 훨씬 더 직접적인 행동에 영향을 미치지 않았을까 하는 것입니다. 생각하기 이전에 행동을 해버리면서 그렇게 한 시대가 흘러갔다는 것입니다. 사실 공산주의나 기독교나 꼭 서로 그런 식으로 죽여야 할 이유가 없는데 그렇게 죽였잖아요. 소화되지 않은 이념끼리 원색적으로 충돌한 것이죠. 이런 부분들을 우리가 어떻게 소화해야 할 것인가를 먼저 생각해보아야 합니다.

근대이념을 받아들이는 데는 시간이 걸립니다. 그리고 숙성이 되어야죠. 새 물건 사와서 바로 쓰는 사람도 있지만 사서 처박아 놓고 며칠 묵혔다가 쓰기도 하잖아요. 새로운 이념이 들어오면 보통은 숙성 기간이 필요합니다. 그런데 이 숙성이 이루어지기 전에 너무 쉽게 가져다

놓은 거죠. 그런데 또 주목해야 할 점이 있습니다. 한국전쟁 때 일어난 학살이 좌우대립에 의한 학살로 보이지만 한 꺼풀 벗겨보면 마을이나 지역의 오랜 역사와 복잡하게 얽혀 있다는 사실입니다. 마을에 들어가서 그 안에서 마을 역사를 살펴보고 나이 많은 어르신들을 인터뷰한 내용을 보면 거기서 일어난 학살이 최근에 들어온 외래 이념이나 좌우대립에 의한 것만은 아니라는 사실을 알 수 있습니다. 겉으로 보기에는 우익이 좌익에, 또는 좌익이 우익에 학살된 듯하지만 전통적인 상놈마을과 양반마을이 근대로 오면서 신분제의 모순이나 마을 내부의 오랜 갈등 때문에 근대의 외피를 쓰고 부딪치는 것이지요. 그런데 보통 혁명 이론으로만 따지면 상놈마을이 좌파, 양반마을이 우파가 될 것 같지만 현실에서는 양반들이 공산주의를 더 많이 받아들입니다. 그리고 상놈 마을은 주로 우파 쪽으로 갑니다. 그 마을이 원래 가지고 있던 갈등이 근대이념의 유입 과정에서 발생한 갈등과 맞물리면서 폭발했던 것 같습니다.

다음으로 또 하나의 근대이념의 도입에 대해 이야기해보죠. 민족주의 이야기는 조금 다른 각도에서 해볼 필요가 있을 것 같아요. 우리는 적어도 고려시대부터 오늘날의 한민족이라고 할 수 있는 인종집단 혹은 종족집단을 형성했죠. 아마 그 무렵부터는 기본적인 틀을 갖추고 있었다고 할까요? 대규모 민족 이동이 그 이후에는 없었으니까요.

우리는 흔히 '한민족이 오래전에 형성되었으니까 민족주의도 오래전부터 있었을 것이다'라고 생각하지만 민족주의는 대단히 근대적인 것이라고 이야기할 수밖에 없습니다. 서구에서는 민족주의가 근대와 더불어 출현했다는 것이 분명하지요. 조선시대에도 민족주의가 있었을까요? 저는 없었다고 생각해요. 민족주의는 적어도 민족 집단의 구성원을 어떻게든 하나로 뭉치게 하려는 경향이 있습니다. 그러면 민족주의는 왜 근대적인 것일까요? 민족주의는 신분제도와 양립할 수 없기 때문입니다.

한국인들은 민족적 동질성 같은 것이 워낙 강하다 보니까 우리는 모두 단군할아버지의 자손이라는 생각까지 하잖아요? 그런데 신분제도는 어떻습니까. 양반과 상놈은 종자가 다르다고 봅니다. 양반과 상놈이 종자부터 다른데 어떻게 하나가 될 수 있겠습니까? 이런 전통적인 신분제 사상과 민족주의는 양립할 수 없기 때문에 민족주의 자체가 본질적으로 근대적인 것이라 봅니다. 요즘 민족주의를 이야기할 때 많은 학자가 상상의 공동체라는 표현을 흔히 쓰는데, 우리는 이 공동체의 실체가 비교적 뚜렷하고 여타의 나라와도 조금 다른 오랜 역사와 역사적 특수성을 가지고 있지만 이데올로기로서 민족주의만큼은 근대적인 것이라 생각합니다.

여기서 유교와 민족주의의 관계를 생각해볼 필요가 있습니다. 유교 지식인들은 굉장히 코즈모폴리턴적인 태도를 가지고 있어요. 유교적 전통시대에 행해진 조공제도의 기본 원리는 '예禮'입니다. 예에는 어떤 민족적인 경계가 있는 게 아닙니다. 중화와 변방, 문명과 야만, 이걸 가르는 기준이 인종이나 민족이 아니죠. 얼마만큼 유교적인 이념과 생각을 자기 것으로 만들어냈느냐 하는 것이 기준입니다. 그래서 우리나라를 일컬어 동방예의지국이라고 했던 것은 우리가 유교를 알고 이해하고 생활하는 수준이 중국에 뒤떨어지지 않는다는, 결국 문명의 중심에 다가섰다는 뜻이 아니었을까 싶습니다.

조선 후기에는 참 재미있는 현상들이 나타나죠. 중국에서 명나라가 망했단 말입니다. 임진왜란이라는 전쟁이 동아시아에 굉장히 큰 격변을 가지고 왔는데 여기에 관계된 세 나라가 있죠. 처음 전쟁을 일으킨 일본, 침략을 당하고 전쟁터가 되어버린 조선, 그리고 조선을 구하기 위해 온 명입니다. 일본은 어떻게 되었습니까? 도요토미 히데요시 정권이 망했죠. 그리고 혼란을 거쳐서 도쿠가와 정권이 들어서게 됩니다. 중국은 어떻게 되었나요? 명나라가 조선을 돕다가 국력이 쇠해서 망하지 않습니까. 청나라가 들어섰죠. 사실은 조선이 망했어야 하는데, 우리는 새 출발을 할 만한 시점이었는데 조선만 살아남았습니다. 그런데 살아남은 조선이 명나라를 대하는 태도와 청나라를 대하는 태도가 달라지죠. 임진왜란은 성리학이 조선사회에 내면화되는 시기가 되었고 성리학은 임진왜란을 거치면서 우리 사회를 완전히 지배합니다. 이렇게 우리는 성리학적 사고방식으로 중국을 바라보는데 중국은 어떻게 되었나요? 오랑캐가 들어서고 성리학을 존중하지 않는 나라가 되어버린 거죠. 그래서 조선에 청나라를 얕잡아보는 세력이 생겼고 오히려 '우리가 문화의 중심이다' 라는 생각을 합니다. 소중화사상小中華思想 같은 것들이 나타나기 시작하죠.

이에 대한 반발로 북학사상北學思想도 나옵니다. 박제가가 왜 입에 거품을 물고 한어漢語를 쓰자고 했을까요? 박제가는 지금으로 치면 영어공용론자입니다. 한어를 일상화하자고 했습니다. 사실 박제가는 지금의 영어공용론자와는 많이 달랐죠. 지금의 영어공용론이란 솔직히 좀 정신 나간 소리인 것 같고, 박제가는 나름 절박한 사정이 있었습니다. 당시는 우리가 정말로 청나라를 깔보고 있었죠. '성리학도 모르다니 청나라 별거 아니야. 우리가 소중화야.' 그런데 박제가 같은 사람은 중국의 선진 문물에 눈을 떴죠. 청나라를 깔볼 것이 아니라 청나라로부터 많이 배워야 한다고 주장했습니다. 중국의 실용적인 학문과 과학기술,

서양에서 새로 들어온 많은 것을 받아들이자고 한 겁니다. 그러니까 한 어를 쓰자는 이야기는 중국말은 할 줄 몰라도 중국 지식인들과 필담으로 어려운 시도 쓰고 했던 조선의 지식인들에게 아예 말까지 가르치면 좋지 않겠느냐 하는 뜻입니다.

19세기 말의 위정척사사상은 소중화사상과 무관하지 않지요. 1970년대에는 위정척사를 민족주의적인 것으로 생각하려고 노력을 많이 했죠. 그런데 저는 위정척사와 민족주의는 전혀 상관이 없다고 생각해요. 그쪽이 지키려고 했었던 것은 뭡니까. 민족을 지키려고 했나요? 민족을 지키려고 한 게 아니라 유교이념을 지키려고 했죠. 유교적 세계관, 유교적 가치관, 유교적 생활양식을 지키려고 했습니다. 그런데 그 시점에 그들이 지키려고 했던 유교를 깬 것이 민족주의자들이죠. 민족주의자들 중에 단재丹齋 신채호 선생 같은 경우는 성균관에 갔으니까 성리학에 조예가 굉장히 깊었던 분인데, 이런 분들 가운데 상당수가 근대적인 이념을 적극적으로 받아들입니다. 그리고 이런 분들이 많이 모인 곳이 단군할아버지를 모시는 대종교大倧敎였다고 생각합니다.

대종교는 한국 민족주의 역사에서 대단히 중요한 위치를 차지하는데, 신민회로 모인 분들이 대개 기독교 계열이었다면 기독교가 아닌 분들은 거의 대부분 대종교로 모였습니다. 또 재미있는 게 대종교를 창시한 나철羅喆이 혹시 어디서 득도했는지 아십니까? 일본 도쿄에서 합니다. 아주 상징적이죠. 나철이 일본에서 문화 충격을 단단히 받았다고 생각합니다. 조선 사람을 하나로 묶을 수 있는 방법이 뭘까 고민하는 와중에 일본에서 눈이 번쩍 뜨였던 겁니다. 메이지유신 이후 일본의 국가신도가 수행하고 있는 역할이 확 다가온 것이지요. 신분이나 계급, 지역을 넘어서 모든 조선 사람을 하나로 묶을 수 있는 상징, 그 상징으로 단군할아버지만 한 것이 어디 또 있겠습니까? 아시아에서 일본이 국가신도를 내세우며 국민을 새롭게 통합하는 모습을 보고 무릎을 탁 친 것이지요. 그래서 대종교를 개창했고 여기에 많은 지식인이 몰려들 었어요.

신채호 선생을 비롯해서 김교헌 선생, 박은식 선생, 김좌진 장군, 이 회영 선생, 홍명희 선생, 조소앙 선생 등, 1909~1910년에 대종교도였던 사람들이 사실은 우리 독립운동을 이끌어나갔다고 생각해요. 그런데 이분들이 어땠나요? 대종교에서 출발했지만 다른 사상들을 받아들이 죠. 처음에는 단군할아버지만 내세워도 장사가 잘 되었어요. 그런데 한 10년 지나니까 장사가 잘 안 되었습니다. 나라가 처음 망했을 때는 단 군할아버지 이야기만 해도, 아리랑 이야기만 해도, 백의민족 이야기만 해도, 무궁화 삼천리 이야기만 해도 눈물이 주르륵 흐르고 가슴이 먹먹 해졌죠. 그런데 일본 제국주의의 지배가 구체화되어 한국 사회의 계급 구조도 변하고 여러 가지 구체적인 사회문제가 생기니까 단군할아버지 만으로는 부족했습니다. 대중화도 되지 않고 지식인들 사이에서도 말 발이 안 섰습니다. 그래서 대종교 안에서 제일 급진적인 사람들이 사회 주의 쪽으로 나간 거예요. 홍명희 선생이나 김두봉 선생 혹은 그 제자 들이 사회주의로 나아갑니다. 신채호 선생이나 이회영 선생, 또 김좌진 장군 등은 아나키즘 쪽으로 나가요. 이것만 해도 대단한 겁니다. 공자 왈 맹자 왈 따지던 성리학자가 아나키스트가 되어서 가슴에 폭탄을 품 고 다니는 걸 생각해보십시오. 기가 막힌 거죠. 사유뿐만 아니라 행동 까지 같이 갈 수밖에 없었던 시대였습니다.

이 시대는 우리 역사가 굉장히 빨리 흐른 시대입니다. 님 웨일스Nym Wales의 표현에 따르면 당시 동아시아에서는 한 세대 동안 1,000년의 역사가 흘렀어요. 한 세대 동안 1,000년의 역사가 흐르는데 그 숨 가쁜 상황에서 '사유'가 어떻게 형성될까요? 사유란 말이 좀 고급스럽고 정적이고 안정된 상황 속에서 만들어진 것 같은 느낌을 주는데, 이런 말을 쓰기에는 우리 현대사가 너무나 바쁘게 달려왔다고 생각됩니다. 대종교도 중 급진적인 사람들이 사회주의나 아나키즘 받아들이고 일부는 삼균주의로, 자유민주주의로 나아갔는데 이 와중에도 계속 단군할아버지만 붙들고 있던 사람은 어떻게 했겠어요? 단군할아버지가 잘 안 팔리니까 단군할아버지의 할아버지를 들고 나왔습니다. 이게 바로 《환단고기桓檀古記》입니다. 의사가 진단을 해서 약을 써보다가 약이 안 들으면 다른 약으로 바꾸죠. 그런데 주사 한 방 놔서 안 되면 두 방 놓고 두 방 놔서 안 되면 세 방 놓는 식이죠. 단군할아버지 이야기로 장사가 될 때 나온 《신단민사神檀民史》나 《신단실기神檀實記》 같은 책은 종교 서적이지만 나름 유교적 합리성의 범위를 지키려 하는데 《환단고기》 단계에 오면 엄청나게 과장이 됩니다. 발음을 잘 하셔야 해요. 'ㅇ' 발음으로 잘못하면 '황당' 고기가 되고 마니까요. 단군할아버지로는 장사가 안 되니까 단군할아버지의 할아버지 때는 대제국을 건설했다고 주장하는 겁니다. 1910년을 전후한 시기에 단군할아버지를 이야기하는 것은 그 시대를 기준으로 삼을 때 대단히 진보적인 위치를 차지하지만, 똑같은 대종교라도 1930년대 이후에 단군할아버지의 할아버지를 찾을 때는 복고적이고 시대 상황으로부터 낙후한 이야기가 되는 겁니다.

또 하나, 단절의 문제를 짚어보려 합니다. 우리가 근대세계에 폭력적으로 편입되면서 우리의 전통과 굉장히 많이 단절되었어요. 그걸 지켰어야 우리 고유의, 우리 자신의 인문학이 어떤 것인지 의미가 있다고 생각하는데 단절되고 말았지요. 조선시대는 아까도 말씀드렸지만 유교

지식인들이 나라를 다스렸으니까 인문정신 하나만큼은 차고 넘쳤습니다. 문사철文史哲의 기본 교양이 없으면 어디 가서 입도 뻥끗 못하는 거죠. 지금이야 몰상식해도 돈만 있으면 다 통하지만 조선시대 때 몰상식한 사람은 아무런 행세도 할 수 없었습니다.

그런데 근대로 넘어오면서 단절이 심화됩니다. 예컨대 영국이나 미국의 고등학생들에게 셰익스피어 원문 좀 읽어보라고 하면 못 읽는 사람 없습니다. 다 읽어요. 일반적인 고등학생이라면 셰익스피어 원문 그대로 다 읽습니다. 그런데 우리나라의 경우 국문학과 박사과정 대학원생에게 송강松江 정철이 쓴 〈사미인곡思美人曲〉이나 〈관동별곡關東別曲〉을 주고서 읽어보라고 하면 어떻습니까? 고전시가 전공이 아니면 머리에 쥐가 나서 못 읽습니다. 고등학생들은 말할 것도 없고요. 저도 못 읽어요. 국문학과 교수들도 고전시가 전공이 아니면 못 읽어요. 국사과 선생은 한문이라면 뭐 더듬거리면서 읽겠지만 우리말로 된 것은 오히려 읽지 못합니다. 지금 미국의 고등학생들에게 마르크스의 저작 주고 읽으라고 하면 쭉 보면서 '어, 재밌네' 할 거예요. 우리 학생들에게 정약용 선생 원본 주고 읽어보라고 하세요. 읽을 수 있는 사람 없습니다. 다산이 살았던 때로부터 불과 200년 채 안 되었거든요? 그래도 다산을 못 읽습니다. 그만큼 우리가 사는 세상이 빨리 바뀌어버린 겁니다. 서구에서 짧게는 수십 년, 길게는 수백 년에 걸쳐 일어난 변화와 그 결과를 짧은 시간에 받아들이다 보니 우리 전통과 단절되어버린 겁니다. 현실과 치열하게 대결하던 인문정신이 사라졌다고나 할까요? 특히 한국의 지배층에서 이런 단절 현상이 심했다고 할 수 있습니다.

또 하나 짚고 넘어가야 할 것은 주변과 중심 간의 거리 문제가 있어요. 우리는 오랫동안 문명의 중심과는 일정하게 문화적인 거리가 있었

"근대이념을 받아들이는 데는 시간이 걸립니다. 그리고 숙성이 되어야죠. 새 물건 사와서 바로 쓰는 사람도 있지만 사서 처박아 놓고 며칠 묵혔다가 쓰기도 하잖아요. 새로운 이념이 들어오면 보통은 숙성 기간이 필요합니다. 그런데 이 숙성이 이루어지기 전에 너무 쉽게 가져다 놓은 거죠. 그런데 또 주목해야 할 점이 있습니다. 한국전쟁 때 일어난 학살이 좌우대립에 의한 학살로 보이지만 한 꺼풀 벗겨보면 마을이나 지역의 오랜 역사와 복잡하게 얽혀 있다는 사실입니다."

습니다. 그리고 시간상의 거리가 있었죠. 이 거리가 좁혀졌던 시기도 분명 있고요. 지금은 어떻습니까? 금융 위기 이전까지의 한국은 세계에서 군사력 10위권, 경제력 10위권이었습니다. 엄청나게 빠른 속도로 치고 올라온 거죠. 우리가 식민지에서 출발해서 해방되고 불과 60여 년 만에 이 정도까지 올라간 것입니다. 지금 한국의 국력은 그 어느 때보다도 중심부에 가까이 간 것이라 할 수 있죠. 그런데 인문사회과학 같은 걸 보면 우리는 여전히 수입상 아닌가 하는 생각을 떨쳐버릴 수 없습니다. 오늘 강의 들어오기 전에 인문학박물관 전시실을 둘러보았는데 시기별로 진열된 책을 보면서 식민지 학문의 역사를 다시 한 번 확인했습니다.

지난 1960년대에 통일혁명당의 합법기관지인 〈청맥靑脈〉이라는 잡지가 있었습니다. 밑으로 통일혁명당과 연결되어 있었지요. 그 특집 제목 중에 아주 도발적인 것이 있었습니다. 기성의 인문사회과학계를 '학문의 소작지' 라고 비판한 것입니다. 특히 1970년대 이후에는 한국의 지식인 사회가 급격히 미국 일변도로 기울어집니다. 동백림 사건이라고 아주 우스운 계기가 있었어요. 1960년대에 유럽으로 유학 갔던 지식인들이 간첩단 사건에 무더기로 연루되어 혼이 난 뒤에 사람들이 유럽보다는 미국 쪽으로 훨씬 더 많이 유학을 가게 되었죠. 유학 갔다 온 사람들이 주로 했던 일이 미국에서 배운 강의 노트를 우려먹었던 거잖아요. 그렇게라도 하면서 중심부와의 거리를 좁혀갔겠죠.

우리 역사를 보면 이 같은 일이 많이 있었어요. 가만히 생각해보세요. 신라시대에 교종이 들어와서 신라 중기에 유행하다가 고려 초·중기에 또 유행하죠. 선종이 신라 하대에 들어왔다가 고려 후기에 다시 유행하죠. 성리학은 언제 들어옵니까? 고려 말기 원나라 때 막 들어와서 한때 유행했지만 조선시대에 퇴계와 율곡이 나오고 16세기에 확 꽃 피웠지 않습니까? 왜 이런 현상이 반복될까요? 중국은 한 번 유행했는데 왜 우리나라에서는 두 번 유행했을까요? 중국에서 어떤 사상이 일어나면 몇 십 년 후 그 사상이 우리나라에서 유행했습니다. 하지만 그 사상을 만들어낸 사회경제적 토대가 없다 보니 이 땅에 착근하지 못하고 사라져버렸습니다. 그러다가 한 200~300년이 지나고 우리 사회에 그 비슷한 조건들이 갖추어졌을 때 당대 자기 사회의 모순에 대한 사변적 고민의 결과인 중국의 어떤 사상이 우리 사회의 지식인들에게 맞아떨어지면서 그게 정말 신라의 것으로, 고려의 것으로, 조선의 것으로 육화되면서 다시 부활한 게 아니었나 싶어요.

그런데 우리가 지금 살고 있는 세계는 그 시간적 격차가 점점 줄어들고 있습니다. 촛불집회 같은 현상을 보면 우리가 이미 전 세계 민주주의의 가장 첨예한 문제와 가장 새로운 방식으로 대결하고 있는 것이 아닌가 하는 생각이 들어요. 그런데 우리 인문학자나 사회과학자들은 이 새로운 현상을 스스로 분석하고 정리할 생각을 하지 않고 외국의 석학이나 대가들에게 한 수 가르쳐주십사 고개 숙이고만 있죠.

지금 인문학의 위기라는 말을 많이 하는데 저는 한국에서 인문학이 처한 문제를 조금 다른 곳에서 찾고 싶습니다. 우리 역사를 돌이켜보면 조선은 대단히 보수적인 나라였습니다. 조선이 망하고 겨우 한 세대가량이 지난 뒤에 해방이 되었습니다. 500년 동안 보수적인 유교 엘리트들이 지배해온 땅에 대한민국이 들어섰는데 지금 한국에서 이념적으로 가장 빈곤한 게 뭐냐, 저는 보수주의가 제일 빈곤하다고 생각합니다. 우리 사회에 합리적인 보수주의자가 있습니까? 시청 앞에 가스통 들고 나오는 군복 입은 아저씨들 말고 진짜 합리적으로 우리 사회의 진보와

보수를 아우르면서 미래의 전망을 제시하는 그런 보수주의자가 있나요?

우리는 유교적 전통이 강한 농경사회이다 보니 보수적 토양이 대단히 강했습니다. 왕조도 한 번 들어서면 기본이 500년이에요. 조선 500년, 고려 500년, 신라는 천년왕국이었죠. 중국은 왕조가 200~300년마다 바뀌고 한족 왕조와 북방민족의 정복 왕조가 번갈아 들어서다 보니까 왕조가 바뀔 때 지배 엘리트가 싹 바뀝니다. 그런데 우리는 어땠습니까? 신라의 귀족들이 고려에 연착륙하죠. 신라 왕족의 후예인 김부식이 《삼국사기》를 쓴다는 것은 신라의 귀족들이 고려 사회에서 이데올로기의 주도권을 장악했다는 뜻 아닙니까? 고려의 귀족들은 조선에 안착하고 조선의 양반들은 일제강점기에 안착했죠. 일본사람 쫓아다니며 떡고물 주워 먹던 친일파들은 해방이 되자 떡판을 아예 통째로 차지해버렸죠. 친일파들이 장악한 왜곡된 대한민국을 정상 국가로 돌려놓는 작업이 민주화였을 텐데 민주화되었다고 군사독재 시절과 단절하는 작업을 하지도 못했잖아요. 지배 엘리트들은 이렇게 끈질긴 생명을 이어왔는데 조선시대 지배층들의 덕목은 다 사라져버렸죠. 한국 사회의 지배층에서 인문정신을 기대할 수 있습니까? 폭력과 학살로 정권을 잡고, 용공 조작으로 비판 세력 탄압하고, 돈과 개발이면 다 되는 사회를 만들어놓고 새삼 인문정신을 찾는 것이 생뚱맞아 보입니다.

인문학의 기본이 뭡니까? 비판정신 아닙니까? 조선시대 지배층인 유교 엘리트들은 보수적이었지만 적어도 비판정신만큼은 충만했지요. 조선시대 사대부들은 임금이 불러도 마음에 들지 않으면 사직상소를 냈습니다. 내가 귀양을 가면 갔지 무능한 군주 밑에서 벼슬 살지 않는다는 기개가 있었죠. 주장할 것이 있으면, 비판할 것이 있으면 도끼 들고 대궐 문 앞에 엎드려 상소 올리는 것이 그 시대의 인문정신 아닙니까? 그런데 지금 지배 엘리트 내에서는 이런 정신을 전혀 찾아볼 수 없습니다. 유신 시기에 우리 사회는 어땠습니까? 유신헌법에 대해 비판만 해도 영장 없이 체포해 군사법원에서 징역을 때렸습니다. 이런 분위기에 익숙한 사람들이 다시 정권을 잡으면서 인터넷에 재갈 물리고 유모차 엄마들 잡아다 조사하는 거 아닙니까? 이런 몰상식한 일이 벌어지는데 엘리트란 자들과 주류 언론이 입을 다물고 있는 사회에서 어떻게 인문학이 꽃피겠습니까? 그래서 저는 '자본과 권력이 판치는 사회에서 인문학이 가지고 있는 비판정신을 어떻게 다시 살릴 것인가', '급격한 변화를 겪어온 사회에서 자기 현실을 차분히 정리하며 문제 해결의 다양한 길을 모색할 수 있는 토론의 공간이 과연 열릴 것인가'에 대한 고민을 하고 있습니다.

전재호 —— 한홍구 선생님의 말씀 정말 재미있게 들었습니다. 여러분 가운데 우리가 단일민족이라고 생각하시는 분? 15년 전이라면 대부분이 그렇다고 손을 들었을 텐데 요즘은 이주노동자들도 많고 농촌으로 시집오는 외국인 여성들도 늘어나 우리가 단일민족이라고 생각하는 분은 많지 않을 것입니다. 이런 질문을 하는 이유는 최근의 이 같은 변화 때문은 아니고요, 오늘 제가 다룰 내용이 민족주의이기 때문입니다. 인문학박물관에서 아주 큰 주제를 주셨는데 제가 이 주제를 소화할 능력이 있는지 걱정입니다. 본래 제 전공은 현대 한국정치이지만 오늘 말씀드릴 내용은 20세기 초반의 사상사입니다. 제가 최근 19세기 말 이후 한국의 지성사에 많은 관심에 가졌기 때문에 인문학박물관의 요구에 맞게 이 주제를 다루려 합니다.

아시다시피 19세기 말부터 한반도에는 거대한 변환이 일어났지요. 이는 대포와 총을 앞세운 서구의 군사력에서 시작되었고, 서구의 사고와 문물이 당대 조선인들의 삶과 사고에 큰 변화를 가져왔지요. 저는 오늘날 우리가 사용하는 개념이나 사고의 상당 부분이 당시 지식인들이 서구의 개념을 이해한 방식에서 유래했다고 생각합니다. 그래서 오늘 이 시기를 집중적으로 다루려 합니다. 방금 논의했던 단일민족이란 개념도 사실은 이 시기에 처음 등장했지요.

민족과 관련해 이야기를 시작해볼까요. 조선시대에는 사농공상이라는 신분제도가 있었습니다. 그런데 당시 양반과 상놈이 서로 '우린 형제야, 같은 민족이야'라고 생각했을까요? 절대 그렇지 않았겠죠. 방금 한 선생님이 임진왜란을 말씀하셨기에 한마디만 덧붙여보겠습니다. 선조가 한양을 버리고 평양으로, 의주로 도망갈 때 백성들은 왜 우리를 버리고 가느냐고 울부짖으며 한양의 도성을 불태우고 왕자들을 잡아 왜군에게 넘겨주었습니다. 이런 사실은 당시 유교가 가장 중시했던 윤리인 충군忠君, 곧 왕에 대한 충성심이 백성들 사이에 그리 깊게 각인되지 않았음을 말해줍니다.

물론 백성들의 이 같은 행동을 두고 백성들을 보호해주지 않는 왕에 대한 실망에서 비롯된 것이라고 해석할 수도 있습니다. 그럼에도 중요한 것은 불과 100여 년 전인 조선시대조차 신분제 때문에 조선왕조의 구성원들 간에 동질감이 존재하지 않았다는 사실이죠. 학문적 용어로 이야기하면 조선시대는 신분에 의해 수직적으로 분화된 사회였기에 민족주의라는 수평적 유대감이 존재하지 않았던 것입니다. 따라서 아주 오래전부터 한민족이 단일민족이었다는 주장은 현재의 시각으로 과거를 재단한 오류입니다. 물론 다른 이유도 있지만 한민족은 단일민족이라는 사고가 자연스럽게 받아들여진 것은 우리가 너무 쉽게 과거를 잊었기 때문이지요. 자기 조상이 노비라고 하는 말을 들어본 분 계신가요? 조선시대 인구의 30퍼센트 정도가 노비였다고 하는데 그 많던 노비의 자손은 다 어디로 갔나요? 사실 노비의 자손들뿐 아니라 양반, 평민의 자손조차도 과거에 우리가 신분사회를 이루고 살았다는 사실을 잊고 있지요. 우리의 역사 교과서가 전근대와 근대의 차이 또는 그 전환의 의미를 제대로 가르쳐주지 않은 것 같아요. 그래서 우리는 과거와 현재의 차이를 잘 모르지요.

19세기 말에서 20세기 초는 우리가 전근대에서 근대로 전환한 시기라 매우 중요합니다. 현재 우리가 모두 평등한 시민이라고 생각하는 것은 신분제의 해체에서 시작되었지요. 공식적으로 신분제가 폐지된 것은 1894년 갑오경장에서였고, 이는 서구의 문물을 받아들인 일본에 감화되어 개혁을 추구했던 개화파가 주도한 것이지요. 이런 구조적 변화와 함께 당시 서구에서 들어온 다양한 사상은 조선왕조의 쇠퇴와 반비례하여 조선 사람들에게 영향력을 확대했습니다. 그 가운데 하나가, 아니 단순한 하나가 아니라 가장 영향력을 크게 미쳤던 서구의 사상이 바로 '민족주의'입니다.

일반적으로 민족주의는 개인의 충성심을 특정 민족에게 바치도록 요구하는 이데올로기이죠. 개인은 지역, 가문 또는 종족宗族, 종교, 계급 등 다양한 소속감(또는 정체성)을 가지고 있습니다. 과거에는 자기가 어느 가문에 속하느냐가 가장 강한 영향력을 가졌지만 현재는 비록 당위적으로 부과되었을지라도 민족이 다른 소속감에 비해 가장 강조되는 가치이지요. 또한 개인적 차원을 넘어서면 민족주의는 민족의 통합(통일), 발전, 자긍심의 고양 등을 목표로 가진 이데올로기입니다.

근대적 이념의 도입이 우리 사유의 형성에 끼친 영향력

그런데 민족주의는 이런 목표를 어떻게 달성하느냐와 관련하여 구체적인 강령, 프로그램 같은 것이 없습니다. 그래서 학자들은 민족주의를 이차적 이데올로기secondary ideology, 곧 다른 이데올로기와 결합하여 그 내용을 채우는 이데올로기라고 생각하지요. 그래서 사회진화론, 인종주의, 자유주의, 개인주의, 민주주의 등의 이데올로기들이 민족주의와 결합하면서 우리의 민족주의 담론을 형성했습니다.

여러분, 사회진화론이라고 들어보셨지요? 다윈이 진화론을 통해 자연계의 법칙을 설명했다면 사회진화론은 다윈의 사고를 사회에 적용시킨 것이지요. 정확히 사회진화론은 19세기 말 다윈의 진화론과 영국의 사회학자 스펜서Herbert Spencer의 이론이 결합되어 생겨났다고 합니다. 스펜서는 사회도 생물과 같이 하나의 유기체이며 적응과 자연도태를 통해 저급한 단계에서 고급한 단계로, 단순한 사회에서 복잡한 사회로, 열등한 사회에서 우등한 사회로 발전한다고 주장했지요. 이 사회진화론이 설득력을 가지게 된 이유는 19세기 말의 상황이 이 설명에 잘 들어맞았기 때문입니다.

사회진화론은 당시 유럽 자본주의 국가들 내부에서 심화되던 계급 간, 빈부 간의 격차를 생존경쟁, 우승열패, 자연도태라는 사회진화론의 원칙을 통해 설명했습니다. 자본주의의 격렬한 시장경쟁은 자연법칙이고 여기서 승리한 자는 생존경쟁에서 승리한 것이기에 당연히 승자로서의 권리를 누려야 하며 패배한 자는 도태되는 것이 당연하다고 주장했지요. 곧 자연계에서 적응하는 개체the fit는 살아남고 적응하지 못하는 개체the unfit는 도태되는 것과 마찬가지로 인간 사회 역시 승리한 자는 살아남고, 패배한 자는 도태된다는 것이죠.

또한 당시 유럽의 강대국들은 아시아, 아프리카 대부분의 지역을 둘러싸고 경쟁을 벌였는데 자신들의 지배와 경쟁을 정당화할 필요가 있었지요. 사회진화론은 국가·민족 간의 전쟁을 생존경쟁의 자연법칙으로, 사회를 완전함으로 이끄는 자연도태의 도구로 찬양했습니다. 특히 사회진화론은 인종주의를 도입하여 우수한 유럽 인종이 열등한 비유럽 인종을 지배하는 것을 정당화했습니다. 생물학적으로 '고가치' 한 유럽 인종이 강하고 유능하고 우월한 데 비해 '저가치' 한 비유럽 인종은 약하고 무능하고 열등하기 때문에 고가치한 인종의 지배와 저가치한 인종의 복종은 자연스러운 것이지요.

사회진화론이 자본주의 사회의 계급 격차와 불평등을 정당화하는 논리를 좀 더 살펴보면, 사회진화론은 자본이 어떻게 형성되었는지 그 과정에 대해서는 말하지 않고 현재의 상태를 정당화하지요. 재산을 축적한 자본가는 우월하고, 재산이 없는 노동자는 열등하다. 그러니 빈민구호와 같은 일은 하지 말자고 주장하죠. 왜냐하면 열등한 자의 도태는 자연의 법칙이니까 빈자는 도태하도록 그냥 놔두어야 한다는 것이죠. 자연의 법칙을 거스르지 말자는 것입니다.

국제사회로 시야를 확장시키면 인종주의와 결합한 사회진화론은 세계를 우월한 국가와 민족, 열등한 국가와 민족으로 구분하고 우월한 자의 열등한 자에 대한 복속과 정복을 정당화했지요. 제국주의 시기 백인들은 자신들이 우월한 문명을 가지고 있기 때문에 열등한 아시아, 아프리카 지역을 정복하는 것을 당연하다고 생각했습니다. 지금이야 많은 사람이 문화다원주의를 받아들이지만 당시는 유럽과 다르면 다 열등한 것으로 인식했지요.

인종주의에 대해 조금 더 설명하면, 19세기 말 이데올로기화한 인종주의는 유색인종에 비해 유럽인종의 우월성, 특히 게르만족(독일민족)

근대적 이념의 도입이 우리 사유의 형성에 끼친 영향력

의 우월성을 주장하며 우월한 인종의 제국주의적 세력 확장을 정당화했습니다. 여러분은 인종이 어떻게 구분된다고 생각하세요? 일반적으로 피부색으로 인종을 구분하죠? 백인종, 흑인종, 황인종으로요. 그런데 20세기 중반에 히틀러가 활동했던 독일에서는 백인종을 더 세부적으로 구분했습니다. 백인종 중에서도 자신들, 곧 아리안족이 가장 우월하고 슬라브족은 열등하다고 주장했지요. 사실 인종이라는 개념은 기준이나 범위가 고정된 것도 아니고 과학적으로도 입증하지 못하는 허구적 개념인데 사람들은 비판의식 없이 일상에서 사용하지요. 인종주의는 '우리와 저들이 서로 다르다' 고 말하는 것이 아니라 '우리는 그들과 다르기 때문에 우월하다' 또는 '그들은 우리와 다르기 때문에 열등하다' 라는 논리로 연장된다는 점에서 문제가 있는 것이죠. 인종주의는 아시아, 아프리카를 식민지로 만든 유럽인들이 자신들이 가장 우월하다고 여긴 것이 우월한 인종이 열등한 인종을 차별하는 것은 당연하다는 사고로 발전한 것입니다.

이러한 인종주의는 19세기 후반 사회진화론과 결합했지요. 방금 이야기했듯이 사회진화론은 일국 내 계급 격차를 당연한 것으로 간주하니까 사회 내 계급 간의 통합이라는 사고는 없지요. 이는 사회진화론의 결정적 약점입니다. 그래서 사회진화론에서는 인종주의 개념을 끌어들여 일국 내 갈등보다 민족, 국가, 인종 간의 차이를 강조했지요. 인종주의와 결합한 사회진화론은 민족을 단위로 외부적 문제를 강조하면서 일국 내 갈등을 무마시켰습니다. 결국 일국 내 계급 격차를 정당화했던 사회진화론은 19세기 말 인종주의와 결합하면서 타민족에 대한 제국주의적 침략을 정당화했지요.

이렇게 강한 자가 약한 자를 지배하고 복속시키는 것, 약한 자가 도태되는 것이 자연의 법칙이라고 주장하는 사회진화론이 19세기 말 조선에 도입되었습니다. 방금 한홍구 선생님도 언급하셨듯이 조선은 중국과 일본을 통해 서구 학문을 받아들였지요. 현재 우리가 사용하는 인문사회과학의 개념들은 개항 이전까지는 중국을 통해, 개항 이후부터는 주로 일본을 통해 도입되었어요. 제가 오늘 다루는 핵심 개념인 민족도 일본 학자가 번역하여 동아시아 삼국으로 전파되었다고 합니다. 한문에 '족族'이라는 개념은 원래 있었고 여기에 '민民' 자가 붙은 것은 이 시기였다고 합니다.

그런데 일본 학자는 nation을 왜 족이 아니라 민족이라고 번역했을까요? 여기서 '민'은 무엇을 의미할까요? 우리가 민을 백성이라 해석할 수도 있지만 일반적으로는 민주주의의 의미로 해석합니다. 이는 민족의 핵심적 의미가 공동체 구성원의 동등성, 곧 민주주의이기 때문에 이를 표현하기 위해서 민주주의의 민을 덧붙인 것이죠.

당시 조선 지식인들은 일본 학자들로부터 많은 영향을 받았어요. 이는 유길준을 비롯한 많은 지식인이 일본에서 유학했기 때문이기도 하고, 당시 일본이 가장 선구적으로 서구 문물과 사상을 받아들여 일정 정도 서구화에 성공했기 때문이기도 합니다. 조선뿐 아니라 량치차오梁啓超와 같은 중국 지식인들도 일본의 영향을 받았지요. 이는 19세기 말 동아시아 삼국의 서양 사상 수용에 일본이 큰 역할을 했다는 사실을 말해 줍니다. 그러나 시간이 흐르고 서구와의 접촉이 빈번해지면서 조선에도 서구 사상이 직접 유입되었지요. 1890년대 중반에는 미국에서 유학한 지식인들이 귀국하면서 〈독립신문〉과 독립협회를 통해 서구 사상을 소개했습니다.

한 선생님께서 또 중화주의에 대해 언급하셨는데, 당시 조선인들은

어떤 관점에서 세계를 바라보았을까요? 1897년 대한제국을 선포하면서 조선인들이 처음 한 일을 생각해봅시다. 독립문을 만들고 독립협회를 조직했으며 〈독립신문〉을 발간했지요. 그런데 여기서 독립은 누구로부터의 독립인가요? 중국으로부터 독립이죠. 현대 한국인들은 한국이 오랫동안 중국의 지배를 받았다, 또는 식민지였다는 서구인들의 서술에 대해 몹시 화를 내는데, 이게 무조건 화낼 일은 아닌 것 같아요. 조선 시기 사대부들은 조선과 중국의 관계를 어떻게 생각했을까요? 당시 조선의 대외관계는 사대교린을 기본으로 했지요. 중국에 대한 사대와 일본과의 교린을 의미합니다. 조선은 중국으로부터 임금의 서임을 받았고 조공을 바쳤습니다. 물론 중국은 내정에 대해서는 전혀 간섭하지 않았어요. 그러니까 현재 사용하는 주권이나 종속, 또는 식민이라는 개념을 이 시기에 적용시키는 것은 적절치 않지요. 하지만 당시 '독립신문', '독립문'이라는 표현에서 알 수 있듯이 당시 조선 지식인들은 서구의 국제질서 관념을 받아들여 중국과 조선의 관계를 서구의 지배—피지배 관계로 해석했고 그래서 독립이라는 표현을 사용한 것입니다. 그러니 이러한 관계를 잘 모르는 외국인들은 조선이 중국으로부터 독립했다고 하니까 전에는 중국의 종속국이었구나라고 생각하지요.

그런데 중국으로부터 독립을 해서 다행이긴 한데 문제는 독립이 자력에 의한 것이 아니라 일본의 도움에 의한 것이었다는 점이죠. 1876년 강화도 조약 이후에도 조선의 독립을 인정하지 않았던 청나라가 일본과의 전쟁에서 패배한 후 조선에서 완전히 손을 뗐습니다. 하지만 1894년 이후에도 개혁이 제대로 진행되지 않았고 계속 갈팡질팡했어요. 게다가 국제정세 역시 약육강식의 장이었기 때문에 조선 지식인들은 어떻게 살아남을 수 있을까에 대해 고민하지 않을 수 없었습니다. 이런 상황을 어떻게 해석할 것인가를 고민하는 과정에서 서구의 사회진화론이 눈에 띄었고 이것이 당시 정세를 잘 설명하는 것처럼 보였기 때문에 무조건 받아들였죠. 어떤 비판적 문제의식 없이 서구의 사상을 그대로 받아들인 것입니다. 당시 지식인에게 사회진화론을 비판할 능력은 없었던 것 같아요.

여러분 서구중심주의라는 개념 들어보셨지요? 서구중심주의는 서구의 것을 무조건 좋은 것, 올바른 것으로 받아들이는 사고이지요. 그것이 처음 조선에 등장한 것이 바로 이 시기입니다. 그 이전까지 조선 지식인들은 또 다른 중심주의인 중국중심주의, 곧 중화주의에 빠져 있었죠. 그들은 스스로를 중국과 동일시identify하면서 소중화小中華라고 주장했습니다. 그런데 19세기 언젠가부터 약육강식의 국제질서에 직면한 조선 지식인들에게 중화사상은 더 이상 진리의 안내자가 아니었어요. 이제 서구가 세계의 중심이 되었기 때문에 생존하기 위해 그것을 받아들였던 것이지요. 그러면서 자연스럽게 서구중심주의가 조선에 자리 잡게 되었고요.

20세기 초 조선 지식인들의 서구중심주의를 보여주는 대표적인 사례가 사회진화론이지요. 러일전쟁 이후부터 사회진화론은 언론 매체를 통해 조선에 큰 영향을 미쳤습니다. 당시 많은 지식인이 사회진화론을 그대로 받아들였는데 이들은 서구의 관점에 매몰되어 당시 조선의 위상을 잊었어요. 즉, 조선의 식민화를 우승열패의 관점에서 바라본 것입니다. 이런 경우 조선은 사회진화론에서 말하는 부적응자이고, 부적응자의 도태는 자연법칙이기 때문에 조선의 망국을 당연하게 받아들였지요.

그러나 신채호 선생을 비롯하여 〈황성신문〉, 〈대한매일신보〉에서 활

근대적 이념의 도입이 우리 사유의 형성에 끼친 영향력

동했던 일부 지식인들은 사회진화론을 그대로 받아들이지 않았어요. 그들은 사회진화론의 논리를 변경시켜 약자도 노력에 의해 강자가 될 수 있다는 논리를 폈습니다. 사실 서구의 사회진화론에는 이런 내용이 없어요. 이같이 변형된 논리에 따라 애국계몽기, 곧 1905년 을사조약부터 1910년 국망 시기까지 많은 지식인들은 국민 계몽을 위해 학교를 설립하여 교육에 힘썼고 산업을 부흥시키려 했습니다. 그러나 이런 노력에도 불구하고 1910년 조선이 망하자 이들 중 일부가 중국과 만주로 망명하여 조선의 독립운동을 전개했습니다.

그런데 20세기 초 조선에 들어왔던 사회진화론이 21세기인 현재에도 한국 사회를 지배하고 있지요. 사회진화론의 논리에 따라 승자는 우월한 자로, 패자는 열등한 자로 바라보는 시각이 우리 사회를 지배하고 있습니다. 구조적 맥락은 배제된 채 말이죠. 예를 들어 현재 교육제도 내에서 학업성취도의 차이는 개인의 자질과 노력에 의해 결정되는 것만은 아니죠. 아시다시피 부모의 경제력이 상당한 중요한 변수지요. 그런데 이러한 측면은 무시된 채 결과로만 학생들을 평가합니다. 이런 풍토이기 때문에 학교에서는 학업성취도가 높은 학생들만이 각광받고 나머지 학생들은 모두 패배자로 평가받지요. 사회로 눈을 돌리면 돈 많은 사람, 좋은 직장에 다니는 사람, 소위 성공한 사람만이 대우받지요. 적자생존, 우승열패, 자연도태의 원칙이 만연하고 있습니다. 우리도 모르는 사이에 사회진화론이 우리 사회를 지배하고 있는 것이죠. 그러나 무한경쟁 속에서도 여전히 약자를 배려하는 사람들과 협력을 강조하는 목소리가 존재하고 있습니다.

다음으로 한국 사회에 팽배한 국가주의와 밀접히 관련된 국가유기체설도 약간 설명해야 할 것 같아요. 우리 신체는 하나의 유기체지요. 손,

발과 같은 신체 기관들은 자율적으로 움직이는 것이 아니라 두뇌의 명령에 따라 전체의 한 부분으로 기능하지요. 국가유기체설은 국가와 개인의 관계를 이런 관점에서 바라보는 것입니다. 그런데 과연 국가와 개인의 관계가 그런가요? 국가유기체설은 국가나 사회를 하나의 통일체로 바라보면서 개인을 국가의 부속품으로 간주하기 때문에 두뇌가 명령하면 손발이 움직이듯이 개인도 국가의 명령에 따르는 존재라고 생각하지요. 이러한 생각은 20세기 초 사회진화론과 함께 조선에 들어왔고, 당시 상황에서 필요했기 때문에 받아들여졌습니다.

많은 사람이 우리나라에는 개인주의가 없고 국가나 전체를 위해 개인의 희생을 당연시하는 국가주의, 또는 전체주의가 팽배해 있다고 말하지요. 이런 사고, 곧 국가주의에 대해 저도 반대하고 아마 여러분도 반대하실 겁니다. 그러나 저는 국가주의의 지배와 개인주의의 부재라는 현상이 한국 역사를 반영한다고 생각합니다. 방금 말했듯이 근대로 들어서면서 식민지로 전락한 한국 역사에서 개인주의가 존립할 여지는 매우 적었어요. 국가유기체설이 받아들여진 것도 이처럼 불행한 역사적 경험에 기인한 것이었습니다. 국가가 부재한 상태에서 개인의 자유를 외친다한들 그것이 사람들에게 받아들여지지 않았겠죠. 결국 식민지로의 역사적 경험, 분단, 전쟁 그리고 남북대결이라는 20세기 한반도의 역사는 한국에서 국가주의가 강력한 영향력을 발휘하게 된 중요한 이유지요.

이러한 국가주의적 사고는 우리의 민족 개념에도 큰 영향을 미쳤습니다. 서구와 일본의 침략 이후 민족과 민족주의가 조선에서 성리학적 세계관 또는 중화주의를 대신하는 새로운 세계관으로 등장했지요. 흥미로운 점은 19세기 말, 20세기 초 조선에서 중국의 위상이 완전히 바뀌

었다는 것이지요. 조선시대에 중국은 선진 문명의 상징이었습니다. 중국에서 가져온 것은 대단한 것, 선진적인 것, 소위 명품으로 취급되었지요. 게다가 사고방식 역시 중국적인 것, 곧 성리학적 세계관이었어요. 그런데 어느 순간 중국 것은 모두 버려야 할 것으로 바뀌게 됩니다. 이제 일본제나 미국제, 유럽제가 좋은 것이지 중국제는 아닌 거죠. 그러면 조선에서 중국의 위상이 왜 이렇게 뒤바뀌었을까요? 19세기 중반 이래 중국이 서구의 침략에 제대로 대응하지 못한 채 패망의 길을 갔기 때문입니다. 19세기 말 중국은 아시아의 소국이었던 일본에까지 패배했지요. 조선에서 중국의 위상 변화는 이런 상황을 반영한 것입니다. 조선 지식인들은 이제 중국에서 배울 것이 없다고 결론 내린 거죠.

그런데 탈중국화의 대안으로 민족주의만이 전부였던 것은 아니었습니다. 탈중화 초기 지식인들은 서구를 받아들여 변신한 일본에 매혹되었습니다. 이는 김옥균이나 개화파에만 해당되는 것은 아니에요. 여러분 동학이 일본을 어떻게 생각했을까요? 당연히 싫어했지요. 농민전쟁 시기 동학군은 척왜양이斥倭洋夷라는 구호를 내걸었어요. 그러던 동학이 러일전쟁에서 일본을 지지했습니다. 심지어 3대 교주 손병희는 동학교도들에게 일본군을 위해 자금을 모아 기부를 하라고 지시했죠. 조선을 위해서는 러시아보다 일본이 더 낫다고 생각한 것입니다. 당시 많은 조선의 지식인들이 일본을 동양의 맹주로 생각했고 일본이 백인종의 침략에 맞서 동양 삼국을 보호할 것으로 기대했지요. 이는 일종의 범아시아주의로서, 당시 세계를 인종 갈등의 장으로 바라보면서 동양 삼국이 서양 백인종의 침략을 막아내야 한다고 생각했습니다. 그러나 이러한 기대는 1905년 을사보호조약으로 산산조각 났고 결국 안중근 의사가 이토 히로부미를 저격했지요.

이렇게 탈중화 과정에서 대안으로 등장했던 '범아시아주의'가 탈락하자 민족주의 담론이 급격히 확산되었습니다. 현재 우리에게 익숙한 단일민족, 단군 시조 등의 민족주의 담론이 당시 등장했어요. 이 과정에서 중요한 역할을 한 사람이 바로 신채호 선생이죠. 여러분, 삼국통일을 말할 때 일부 사람들은 김춘추나 김유신을 이민족인 중국(당)을 끌어들여 동족인 고구려, 백제를 멸망시킨 매국노라고 비난하지요? 신라의 통일은 우리의 영토를 한반도 내로 축소시켰다고 비난하지요. 묘청의 난을 진압한 김부식에 대해서도 그가 우리 민족의 북방 진출을 막았다고 비난합니다. 이런 담론을 전개한 사람이 누군가요? 바로 신채호 선생입니다. 당시 등장한 이런 생각이 현재까지 면면히 전해 내려왔지요.

시간이 많이 지났으니 20세기 초 서구 근대 사상의 영향을 받아 형성된 민족주의에 대해 몇 가지만 덧붙이겠습니다. 먼저 민족주의의 핵심 요소 중 하나인 역사를 설명하지요. 현재 국사 교과서의 체제를 보면 단군신화에서 시작해 단군조선, 고구려, 백제, 신라, 그다음―제가 배울 때와 달리―발해와 신라를 포함하는 '남북국시대', 그리고 고려, 조선, 식민지 시기, 대한민국으로 이어지지요. 그런데 이러한 민족 중심의 역사 서술은 전근대 시기의 역사 서술과 완전히 다릅니다. 여러분도 인문학에 관심이 많으시니 사마천의 《사기史記》를 읽으신 분도 계시겠지요? 《사기》는 중국 역대 왕조의 정사를 기록한 기본 체제가 되었고 보통 기전체紀傳體로 불리지요.

제가 전문가는 아니지만, 기전체는 제왕의 역사를 기록한 본기本紀가 등장한 후 기타 중요한 인물을 다룬 열전列傳, 제례와 천문 등을 다룬 지志, 그리고 연표의 순서대로 기술되었죠. 우리 조상들도 이러한 역사 서

"그런데 20세기 초 조선에 들어왔던 사회진화론이
21세기인 현재에도 한국 사회를 지배하고 있지요.
사회진화론의 논리에 따라 승자는 우월한 자로, 패
자는 열등한 자로 바라보는 시각이 우리 사회를
지배하고 있습니다. 구조적 맥락은 배제된
채 말이죠."

술 방식을 따랐습니다. 그런데 20세기에 들어서면 이러한 방식이 사라지고 민족이 새롭게 역사 서술의 주인공으로 등장합니다. 일단 민족의 시조가 등장하고 이후의 역사를 일가—家의 역사로 서술하지요. 이는 족보의 역사 서술 방법과 상당히 유사합니다. 이는 근대 초기 등장했던 민족사의 서술 방식이 서구의 역사 서술 방식과도 유사하지만 가문의 역사를 기술하는 전통적 방법과도 유사하다는 점을 말해주는 것이죠. 이런 역사 서술 방법으로 조선의 역사를 처음 서술한 분도 역시 신채호 선생입니다.

당시 새롭게 등장한 흥미로운 민족주의 담론은 단일민족 개념이지요. 1909년 〈대한매일신보〉에는 내외국인의 통혼을 금한다는 사설이 나와요. 우리가 동질적인 인종이기 때문에 다른 피가 섞여서는 안 된다는 것입니다. 인종적인 근간이 없어지면 애국심이 나올 여지가 없어진다고 서술되어 있지요. 또한 신채호 선생의 《꿈하늘夢天》이란 소설에는 일곱 개의 지옥이 등장하는데 이 지옥에 가는 자들에 매국노, 탐관오리뿐 아니라 "적국 놈에게 시집가는 년들"과 "적군 년에게 장가가는 놈들"이 포함됩니다. 이는 당시 서구를 풍미했던 인종주의의 영향으로 보이는데, 당시 조선 지식인들의 인종적인 강박관념을 알 수 있는 사례지요. 민족의 '순수성'에 대한 강박관념이 나치와 같은 인종주의자들 사이에만 있던 것이 아니더라고요. 물론 이런 사고를 무조건 부정적으로 볼 필요는 없습니다. 당시 지식인들이 그만큼 민족이 사라질지도 모른다는 위기감을 느꼈다는 것이겠죠.

다음으로 서구 민족주의에서 과거의 영토를 회복하려는 고토故土회복주의(irredentism)가 등장하는데, 당시 조선에서도 한민족의 잃어버린 땅인 만주를 회복해야 한다는 담론이 등장했습니다. 조선인들이 정

말 만주를 조선의 땅이라고 생각했을까요? 조선 후기 조선의 강역을 담은 김정호의 '대동여지도'에 만주가 포함되어 있나요? 없습니다. 이는 당시 조선 지식인들이 만주를 자국 영토로 인식하지 않았다는 사실을 말해줍니다. 다만 유득공의 《발해고渤海考》에서 볼 수 있듯이 18세기 말부터 일부 지식인들이 우리 역사의 일부로 만주, 또는 발해에 대한 관심을 표명했습니다. 그리고 19세기 말 청나라와 간도를 둘러싸고 논쟁이 벌어지면서 조선에서 만주에 대한 관심이 높아졌고, 이에 20세기 초 신채호 선생이 본격적으로 만주를 우리의 잃어버린 영토라고 주장했습니다. 신채호 선생은 우리 겨레가 만주를 지배했을 때는 강성했고 상실했을 때는 쇠약했다고 말합니다. 사실 여부를 떠나 왜 이런 주장을 했을까요? 선생도 당시의 쇠약한 조선이 만주를 회복할 수 있다고는 생각하지 않았겠죠. 그저 당시 조선의 상황이 너무 보잘것없었기 때문에 영광스러운 과거를 상기시켜 사람들에게 희망을 주고 싶었던 것입니다. 우리에게도 영광스러운 과거가 있었으니 열심히 노력하면 과거처럼 영광을 되찾을 수 있다고.

이렇게 20세기 초 많은 민족주의 담론이 등장했고 이것들은 현재까지도 우리의 사고에 상당히 큰 영향을 미치고 있어요. 저는 책《반동적 근대주의자 박정희》에서 박정희 정권에 의해 이순신과 세종대왕이라는 '민족 영웅'이 어떤 이유에서 '이용'되었는지를 설명했는데, 이런 민족 영웅들이 '재발견'된 것은 20세기 초였지요. 만주와 마찬가지로 민족 영웅도 민족의 자존심을 세우는 중요한 요소였기에 신채호 선생은《을지문덕전》이나《이순신전》과 같은 영웅전을 발표했습니다.

서구에서 민족주의가 등장한 18세기 말 이래 다양한 민족어national language가 등장했는데 20세기 초 조선에서도 '한글'이라는 민족어가 등장했습니다. 조선시대에 양반들이 세종대왕이 발명한 훈민정음을 사용했나요? 그들은 한문만을 진리의 매개자로 생각했기에 훈민정음을 언문이라 부르면서 천시했어요. 언문이 '국문'의 지위를 얻게 된 것은 갑오경장 이후지요. 역설적인 것이 한글이란 용어가 사용된 것은 1910년 일본에 병합되면서 국문의 지위가 일본어로 넘어가면서부터였죠. 언문을 어떻게 부를 것인가 고민했고 결국 한글이라는 이름으로 귀착되었지요. 이런 사실을 보면 역사와 언어는 민족을 구성하는 가장 핵심적인 요소인데 한반도에서 그것이 형성된 것은 20세기 초반이네요. 이렇게 등장한 한국 민족주의는 식민지 시기와 그 이후의 역사를 거치면서 더욱 발전했습니다. 설명이 많이 부족하지만 이 정도로 마치겠습니다.

강성원 —— 저는 개인적으로 인문학이 현실을 읽고 해석하는 마음의 힘을 기른다는 점에서, 또 그것을 의미 있는 이야기로 구성·전달할 때 말과 글의 힘을 느낄 수 있다는 점에서 중요하다고 봅니다. 인류의 노고와 문제를 인식하는 서정과 서사의 메타포를 헤아리는 곳에 인문학이 존재한다고 생각됩니다. 물론 인식 도정에서 만들어지는 메타포의 연쇄는 굴레가 될 수도 있고 일루전illusion을 보여주기도 하지만 그러는 가운데서도 진실을 요구하는 것이 인문학이 할 일이 아닐까 합니다.

한홍구 선생님 이야기를 듣다 보니까 선생님이 인문학의 베스트셀러 작가가 맞긴 맞구나 싶고 이런 저의 평소 생각들을 마치 증명해주시는 듯하다는 느낌이 들었습니다. 선생님의 유연하고 유려한 말과 글의 힘이 주는 공감 효과가 대단히 큽니다. 저는 감동적인 글과 말을 써보는 게 평소의 소망입니다. 제가 선생님의 강의를 직접 들은 것은 오늘이 처음인데, 들으면서 제대로 된 스토리텔링은 그것 그대로 곧 인문학이라는 느낌까지 듭니다.

그럼 한홍구 선생님이 말씀하신 내용을 한번 짚어볼까요. 한 선생님은 근대적 사유가 우리에게 끼친 영향을 알아보기 전에 우리에게 과연 이렇게나마 형성된 근대적 사유라는 것이 있는가를 먼저 살펴보아야 한다고 짚어주셨습니다. 사유가 형성되는 데는 시간이 필요한데 우리에겐 그 정도의 안정적인 시간이 정말로 없었다고 보시는 것 같습니다. 그렇다고는 하나 이 포럼을 위해 근대이념들이 우리에게 끼친 영향에 대해 이야기해주셨고요. 그 영향들을 보면 근대이념들은 실상 현실에서는 폭력적으로 작동되었고 숙성되지 않은 채, 숙성을 기다리지 않은 채 '근대성'의 이름으로 새롭고 좋은 것으로 인식되고 있다는 말씀이신 것 같습니다. 근대이념 수용사의 중요한 문제 지점을 지적하셨습니다. 더불어 이런 과정 중에 낡았으나 좋은 우리 전통 인문정신은 잃어가고 있다고 문제의 맥을 짚어주셨습니다.

저도 선생님의 설명에 동의하는 편입니다. 그런데 좀 덧붙이자면 저는 어쩌면 동도서기 혹은 중체서용 등 그간 근대화를 추진하면서 내건 방법들이 오히려 마땅히 그래야 할 바람직한 전통 계승에 부정적으로 작용한 것이 아닐까 싶습니다. 선생님 말씀처럼 전통 속 참된 인문정신의 의미를 상실케 한 것이랄까요? 무슨 말인가 하면 근대화를 위해 서기西器를 찾되 전통의 도에 따르거나 전통의 도를 살린다는 동도서기의 이해가 실제 정치·사회적 국면에서 전개될 때는 수구적 전통은 계승하면서 서양의 문화는 단지 근대화 프로젝트를 위한 도구로만 이용하는 방향으로 제시된 것은 아닐까 하는 의문입니다. '생활개선운동'과 해방 이후 '민족 중흥'을 위해 벌인 박정희의 새마을운동 정신이 바로 이런 것이라 봅니다. 그러면 전통은 전통대로 새로운 시대정신으로 탈바꿈하지 못한 채 제도적 근대화를 이끄는 주체들의 이데올로기로 온존하게 되고 서양의 문화는 서양문화대로 형식적·기능적으로 도구화된 근대화, 산업화, 자본주의화를 위해서만 차용되는 꼴이 됩니다. 그래서 서구 근대이념은 우리 근대화의 추진 세력인 중산층을 더욱더 이기적 계급투쟁으로 내몰아가는 정당화 논리가 되고 전통문화 이념은 이를 감싸는 역사적 정통성을 제공하는 역할을 하게 된 것이 아닐까 생각합니다. 이로써 우리 중산층문화는 서구화를 통해 오히려 더욱더 수구적이고 비합리적인 성격을 띠게 되고요. 결국 서구화는 단지 경제적으로 잘살아보기 위한, 중산층이 되기 위한 '수단'으로만 기능하게 된 것은 아닐까요?

그래서 저는 동도서기에 대한 해석을 제 나름대로 다시 해보게 되었습니다. 동도서기를 추구하되 우리 공동체의 역사에 대한, 나아가 최선의 삶에 대한 창조적 비전으로 전통의 정신을 갈아 채우는 새로운 역사, 사회, 개인의식이 '동도'가 되어야 한다는 것입니다. 그리고 '서기'란 서구의 과학문명이 아닌 그들의 진정한 능력, 인문학적 전통을 올바로 이해한 바의 것이 되어야 한다고 봅니다. 이러한 바탕 위에 그들의 자연과학기술과 근대문화가 인간을 이롭게 하는 바가 무엇인지 파악한 것이 '서기'일 것입니다. 서양의 발달한 물질문명, 자본주의 등 사회체제가 작동하는 원리 등에 대해 객관적으로 정확히 인식하고 비판해 우리 근현대 지식의 정보재료 구축을 위한 하나의 예로 삼고, 우리 미래사회의 비전을 실현하는 데 그것이 어떻게 도움이 될까를 생각해 그 인식의 틀로 바라본 것이 '서기'로 이해되어야 하지 않나 싶습니다. 그러기 위해선 서구 것도 제대로 알아야겠지만 우선 우리 생의 비전과 가치, 목

적을 가다듬어야 하겠습니다. 서구에서 배울 만한 점을 우선 인문학적으로 제대로 파악하고 이를 어떻게 우리 역사와 문화의 시공간에 배치할지에 대한 철학적 고민을 통해 비전과 정책을 수립해야 한다고 생각합니다.

저는 지난 시절 근대화를 추진해왔던 수구적 지배층과 정권들에 이것이 결핍되어 있었다고 생각합니다. 그리고 이 문제가 소위 우리 사회의 좌우이념 대립과 친일 문제 등에도 근본적으로 연관되어 있는 것 같습니다. 한홍구 선생님께서 우리나라는 인문학이 권력이었던 나라라고 표현을 해주셨고 이어서 인문정신이란 현실과의 치열한 대립의식이라고 하셨습니다. 제가 가지고 있는 이런 생각들을 좀 더 개인적으로 다듬어보고 싶어 그러는데요, 선생님의 그 이야기에 대해 좀 더 들을 수 있을까요?

한홍구 —— 조선이라는 신분제 사회에서는 어떤 특정 집단이나 정파가 권력을 장악한다 하더라도 권력에 도전할 수 있는 엘리트층이 광범위하게 존재했지요. 현재 권력을 잡고 있는 집단도 그렇고 그에 도전하는 엘리트층도 그렇고 모두 인문학적 소양이 없으면 사대부 축에 끼지 못하는 거죠. 그래서 인문정신이랄까, 인문학적인 소양이랄까 하는 것이 하나의 기준이 되고요. 권력을 가진 사람들은 사실 현실과 치열하게 대결하기보다는 현실을 잘 관리하는 데 치중하기 때문에 보수화되지만 권력 엘리트의 외곽에서 차기 권력을 노리는 사람들은 계속 인문정신을 가지고 당대의 문제에 개입하고 발언하죠. 이것이 유교의 경세학의 전통이라고 할 수 있잖아요.

경세제민經世濟民이라고 해서 유교에서 '경제'라고 이야기하는 건 좀

은 의미의 경제가 아니라 세상을 구제하고 다스리는 것을 의미합니다. 개인이 어떤 취미로 인문학을 하는 게 아니라 세상과 대결하려는, 즉 세상의 구체적인 문제들을 다 해결해보려는 정신을 가지고 인문학을 했었다는 것이죠. 이러한 인문정신은 현실문제 해결에 더 몰두할 수밖에 없는 집권층에서 강하게 나타났습니다. 가령 비유를 하자면 이렇게 이야기할 수 있을 것 같아요. 조선시대 선비들 같은 경우 정책이 안 맞으면 사직상소를 쓰고 나왔습니다. 문집 다 뒤져보십시오. 사직소辭職疏가 많을 때는 사직 7소, 8소까지 이어집니다. '벼슬 살기 싫으면 귀양 가라' 라고 해도 당당하게 귀양 갑니다. 저는 민주정권 수립 이후 제일 가슴 아픈 사실 중 하나가 참여정부에 민주화운동 하던 사람들이 그렇게 많았는데 이라크 파병이나 한미 FTA, 대연정, 반노동정책이 제시되었을 때 소신 있게 사표 내고 나온 사람이 거의 없었다는 점입니다. 이런 부분은 우리가 지금 살리지 못한 일이고, 앞으로 우리가 살려내야 할 그런 일이라는 생각이 듭니다.

그리고 저는 우리의 전통적인 지식인들이 어떤 방식으로 근대를 맞이했나 하는 점이 대단히 중요하다고 생각해요. 신채호 선생 같은 경우 성균관 박사 출신으로 전형적인 전통교육을 제대로 받은 지식인이었죠. 그런데 신채호 선생은 어디까지 갔습니까? 아나키스트까지 갔습니다. 폭탄 들고 던지자는 이야기까지 한 거 아닙니까? 굉장히 많이 갔죠. 그런데 그런 분들이 이 과정에서 과연 얼마만큼 자기 자신을 끊임없이 변화시켜갔는지, 이 점이 인문정신에서 굉장히 중요합니다. 오늘날 우리가 과연 이런 태도를 잃지 않고 세상과의 관계 속에서 끊임없이 자기 자신을 변화시켜가고 있는가, 우리는 그 치열한 정신을 얼마만큼 계승했는가도 생각해볼 수 있죠. 가령 전통을 지킨다고 할 때 보수적인 사람들은 전통을 고수하잖아요. 지키는 건 좋은데 과연 우리가 지켜야 할 게 무엇인가요? 단발령을 떠올려봅시다. 제일 강력히 단발에 맞선 사람이 최익현이잖아요. "내 목은 잘라도 내 머리카락은 못 자른다." 지금 고등학생들 보면 최익현의 후예가 아직도 많아요. 선생님들이 개화를 강요했던 일본순사처럼 기를 쓰고 머리를 깎아버리려고 하면 학생들은 기를 쓰고 머리를 지키려 하죠.

그런데 여러분 전 두발 단속 이야기를 가끔 하는데, 전에 노동운동과 관련해서 어떤 이야기를 듣다가 정말 뒤집어졌던 적이 있습니다. 1987년 6월 항쟁이 끝난 다음 7, 8, 9월에 노동자대투쟁이 있었죠. 세계노동사에도 유래가 없는 어마어마한 사건입니다. 100일 동안 일어난 노동쟁의가 3,400여 건이었으니까요. 노동쟁의 3,400여 건이라는 숫자가 어느 정도 규모냐 하면 1953년 한국전쟁이 끝난 후부터 1987년까지 우리나라에서 벌어진 노동쟁의가 대략 그 정도입니다. 한 세대 동안 일어났던 노동쟁의가 단 100일 동안 일어났던 겁니다. 그 동안 만들어진 노동조약이 어용이나 유령노조 합쳐서 약 1,500개인데 그 숫자만큼의 노동조합이 100일 동안 만들어진 겁니다.

당시 7, 8, 9월 노동자대투쟁의 중심은 울산이었죠. 대기업 현대의 중심지였으니까요. 울산에서도 대투쟁이 벌어져 각 공장에서 수만 명이 탱크만큼 힘이 세다는 중장비를 앞세우고 갑자기 몰려나온 거예요. 하도 상황이 급작스럽게 전개되어 누구도 선언문을 준비하지 못했답니다. 선언문을 만들지 못한 대신 몇몇 활동가들이 평상시에 노동자들에게 제일 절박한 요구사항을 적어가지고 나왔습니다. 그 첫 번째 항목이 무엇이겠습니까? 당시 현대노동자들에게 가장 불만이 되었던 사항, 노동자들이 무엇보다도 먼저 고쳐야 한다고 생각한 조건이 무엇이었을까요?

  그것은 임금 인상도, 노동조합 결성 보장도, 근로기준법 준수도, 노동해방도 아니었습니다. 첫 번째 요구사항이 두발 자유화였습니다. 그럼 두 번째 요구사항은 무엇이었을까요? 복장 자유화였죠. 대한민국, 아니 전 세계 노동운동사에 길이 남을 만한 그 큰 집회에 노동자들 몇만 명이 몰려나오면서 내건 구호 1번이 '두발 자유화'였어요. 그럼 첫 번째 구호가 두발 자유화였다고 해서 그 투쟁이 개량적인 투쟁이었나요? 그 투쟁은 혁명적인 투쟁이었습니다. 그런데 거기서 제일 먼저 제기된 구호가 두발 자유화였던 거예요. 동학농민전쟁도 마찬가지입니다. 농민군의 선언문이나 요구에 혁명하자는 이야기가 없다고 동학농민전쟁이 보수적인 투쟁이었던 건가요? 그건 아니죠.

  그런데 지배층이고 저항세력이고 간에 왜 그렇게 머리에 집착했을까요? 정말 최익현 선생이 상투 하나 자르는 것 때문에 목숨을 걸었을까요? 그 시절에 김택영이란 사람이 있었습니다. 유명한 시인이고 역사책도 썼는데, 이 양반이 아주 보수적인 지식인이에요. 물론 단발령에도 저항했지요. 그러다가 나라가 망하면서 중국으로 망명을 했어요. 김택영이 몇 년 후에 조선에 다시 나타났어요. 이분이 어느 정도로 유명한 사람이었냐면 고려 500년, 조선 500년을 통틀어서 시인 다섯 명, 문장가 다섯 명을 꼽을 때 열 번째로 들어간 사람이에요. 물론 그건 자기가 뽑았지만……. 그러나 김택영이 스스로를 꼽은 것에 대해 사람들이 크게 이의를 달지 않았다고 하죠. 그 정도로 아주 최상급의 지식인이었어요. 이런 김택영이 중국으로 망명했다가 조선에 다시 나타나니까 사람들이 모였을 거 아닙니까? 사람들이 그를 만나러 모였다가 다 뒤집어졌어요. 왜? 단발령에 결사반대했던 사람이 떡하니 변발을 하고

나타났으니까요.

　김택영의 친구였던 이건창의 육촌동생이자 위당爲堂 정인보의 스승인 이건방은 애당초 "상투를 자르고 안 자르고의 문제가 아니었다"고까지 말했죠. 단발령에 저항해서 싸웠지만 우리가 정녕 지키려고 했던 게 상투였느냐, 이런 얘깁니다. 두발 자유화라는 게 무슨 이야기입니까? 7, 8, 9월 노동자대투쟁에 노동자들이 머리 기르고 싶어서 길거리로 뛰어나온 건 아니잖아요. 머리 단속으로 상징되는 우리에게 가해지는 그 모든 규제와 탄압에 저항했던 것이죠. 머리를 마음대로 통제할 수 있다는 것은 무얼 의미합니까? 다른 것도 다 마음대로 할 수 있다는 이야기죠. 노동자들이 이런 통제에서 벗어날 수 있는 자유를 얻기 위해서 싸운 거 아닙니까.

　우리 사회의 지식인들에게 김택영 같은 태도가 어느 정도 남아 있을까요? 처음부터 싸우지 않거나 아예 그냥 머리를 박박 깎아버리거나 아니면 상투만 지키려고 하거나 간에 저는 김택영이나 그가 속했던 강화학파의 보수적 지식인들이 그립습니다. 연세대학 교수로 있다가 돌아가신 민영규 선생이 쓴 〈강화학 최후의 광경〉이라는 글이 있습니다. 기가 막힌 글이에요. 아마 20세기 한국 인문학이 낳은 최고의 명문이 아닌가 생각하는데, 글이 정말 불친절해요. 아주 읽기가 힘듭니다. 설명이 잘 안 되어 있어 읽기 힘든 면도 있지만 가슴이 아파서 읽기가 더 힘들어요. 이 글을 보면 한국의 전통적인 지식인과 전통적 인문정신을 가진 사람들이 어떻게 소멸했는가가 가슴 절절하게 다가옵니다. 한 30~40쪽밖에 안 되는 에세이지만 가슴이 아파서 단숨에 읽기 힘듭니다. 읽다가 책 덮고 한숨 쉬고, 천장 보고 한숨 쉬고, 아주 여러 가지를 생각하게 만드는 그런 글입니다. 여기에는 당시 지식인들이 사회진화론을 받아들이면서 가졌던 고민 같은 것도 생생하게 나옵니다.

한일 강제병합이 되자 목숨을 끊은 매천梅泉 황현이란 분이 있지요? 이분도 이건창의 친구였는데 사회진화론을 받아들여 약육강식을 당연한 일로 여겼습니다. 조선이 힘이 약해서 힘이 강한 일본에 잡아먹히는 것은 자연법칙과 같은 당연한 일이지요. 그런데 그게 몹시 슬프더라는 겁니다. 잘못된 서양이론의 영향을 받게 된 지식인의 비애가 묻어납니다. 이 슬픔 때문에 황현은 스스로 목숨을 끊습니다. 황현은 벼슬을 살지 않았습니다. 나라의 녹을 전혀 먹지 않은 것이죠. 그러니까 나라가 망했다고 꼭 죽어야 할 이유가 있었던 것은 아닙니다. 그런데 왜 죽느냐? 조선은 500년 동안 선비를 키운 나라인데, 나라가 망하는데도 선비가 한 놈도 죽지 않으면 어떻게 하나? 그래서 죽습니다. 그래도 죽으려니 얼마나 분했겠어요? 그래서 죽기 전에 전국을 돌면서 자기가 아는 사람에게 다 하직 인사를 다녔습니다. 그 무렵에 쓴 시에 보면 '힘이 없어서 힘센 놈에게 먹히는 건 너무나 당연한 일이다', 이렇게 썼어요. 그런데 바로 다음에 이어서 '그런데 왜 이렇게 슬프냐' 라고 썼습니다. 집에 돌아와 황현이 죽으려고 아편을 탄 술을 준비했습니다. 그런데 이것을 단번에 마시지 못했습니다. 왜 하필 내가 죽어야 하나 싶어서 입에 댔다가 떼고 댔다가 떼고 그렇게 하다가 세 번 만에 마셨다는 겁니다. 황현은 이렇게 죽고, 김택영은 중국으로 망명을 가고, 이건창도 중국으로 가 독립운동에 가담하고……. 이런 분들이 중국으로 가면 생활이 어땠을까요? 시골에서 나름대로 떵떵거리며 살던 사람들이 죽어서 관 하나 짤 돈 없어 동네사람들이 널빤지로 만들어준 것에 누워 그렇게 하나씩 돌아옵니다. 민영규 선생이 그 널빤지 관이 시멘트 바닥에 내려지는 광경을 묘사한 부분을 보면 정말 소름이 돋습니다. 우리

의 보수적 지식인들이 이렇게 장엄하게 사라졌구나 하는 것을 뼈저리게 느끼게 됩니다.

저는 이 같은 광경이 우리나라에서 전통적인 인문정신이 단절되어가는 과정을 보여준다고 생각합니다. 이회영 선생이나 신채호 선생처럼 더러 그렇게 변신한 분들도 있었지만 제국주의가 열어젖힌 근대라는 새로운 시대의 속도감을 따라가지 못한 보수적인 유교지식인들은 어땠겠어요? 나라 망하고 10년도 안 되어 러시아에서는 사회주의 혁명이 일어나고, 보수적 체질의 민족주의자들은 근대가 만들어낸 급격한 변화를 더 따라가기 힘들졌지요. 1930년대 들어가면 독립운동의 주도권이 공산주의 쪽으로 넘어갑니다. 1920년대만 해도 사회주의자들 중에는 드물지만 서정희처럼 조선시대의 진사進士였던 사람들도 있고 전통교육을 충실히 받은 양반 출신들이 아주 많았습니다. 그렇지만 1930년대에 운동이 급진화되면서 처음부터 정치적으로 사회주의자로 의식화된 사람들이 나타납니다. 전통과의 단절이 다시 한 번 심화되는 것이지요. 게다가 해방 이후 친일 청산에 실패하니 문제가 더 심각해졌습니다.

저는 물론 친일파 청산은 철저하게 되었어야 했다고 생각하는데, 친일 청산을 정말 잘하는 길은 친일 행위의 과오가 있는 사람들을 많이 봐주는 것입니다. 어떻게 해야 봐줄 수 있을까요? 여기에는 전제가 필요합니다. 본인이 잘못했다고 고백하고 사죄하면서 다시는 그러지 않겠다고 입장을 분명히 해주어야죠. 그런데 우리 사회는 불행하게도 이런 고백과 반성과 용서의 기회를 가지지 못했습니다. 우리 사회는 친일파 청산을 그냥 못한 게 아니죠. 한국은 친일파 중에서도 가장 더러운 친일파들이 정권의 핵심을 장악한 나라였습니다. 친일파 중에서 가장 더러운 친일파에게 친일파 청산을 해야 한다고 주장하던 민족적 양심을 가진 사람들이 거꾸로 청산을 당한 겁니다. 역 청산이 일어난 거죠.

이런 상황이 인문정신에 어떤 영향을 미쳤을지 한번 생각해보십시오. 우리 인문 쪽 분야에서 근대 초기에 중요한 역할을 했던 분들이 대부분 어떻게 되었습니까? 역시 불행하게도 친일 문제에서 자유롭지 못해요. 친일이라는 때가 묻어버린 것입니다. 그 때를 씻어버릴 기회를 가지지 못했습니다. 이는 우리 민족에게 크나큰 불행이었습니다. 그분들 개개인의 친일 행위보다도 그런 분들 대부분이 자신의 친일 행위를 민족 앞에 고백하고 사죄할 기회를 얻지 못했다는 것은 커다란 불행이 아닐 수 없습니다. 예컨대 작곡가인 홍난파 선생, 친일했습니다. 그런데 홍난파 선생이 친일했으면 얼마나 했겠습니까? 울 밑에 선 봉선화 쓰고 친일했으면 얼마나 했겠습니까? 그래도 한 건 한 것이고 때가 묻은 건 때가 묻은 것이죠. 보세요. 친일 경력을 가진 그 수많은 지식인 중에 나중에라도 자신의 친일 행위를 공개적으로 반성한 사람은 몇이나 됩니까? 잘못을 그냥 넘어가는 사회, 은폐하는 사회에서 어떻게 인문학 본래의 비판정신이 살 수 있겠어요?

게다가 전쟁과 학살이 왔습니다. 무지막지하게 사람 잡아다 죽이는 그런 세상이 된 겁니다. 전쟁과 학살은 뭡니까? 말하는 사람 다 잡아 죽이는 그런 세상에서 누가 입을 열겠습니까? 그리고 이 분위기가 유신 이후까지 이어져서 유신헌법 비판도 못하게 한 것이지요. 헌법을 고치자는 이야기만 해도 영장 없이 체포해서 군법회의에 회부해 15년씩 징역을 때리는 세상에서 비판을 생명으로 하는 인문학이 설 자리는 크게 좁아진 겁니다. 가늘게 내려오던 인문학의 전통이 그만 끊어져버렸습니다. 감옥에 갈 각오한 민주화운동 진영만이 비판을 한 것이지요. 운동권 학생들이 그나마 입을 열어 비판했지만 그 또한 문제가

많았습니다.

우리 1980년대 이후의 인문학이나 민주화운동에서 떼려야 뗄 수 없는 게 광주 문제입니다. 1980년대는 광주를 떠나서는 아무것도 말할 수 없었습니다. 그런데 광주를 지배해온, 광주를 관통해온 문제가 뭡니까? 바로 죽음이잖아요, 죽음. 그래도 운동 진영에 인문정신이랄까, 비판정신이 살아 있는데 죽음의 무게에 눌리다 보니 인문학이 본래 가지고 있었던 여유로움 같은 것이 없어져버렸습니다. 이 여유가 없어지니 보수는 보수대로 인문정신을 감당할 수 없고 진보는 진보대로 포용성을 버렸습니다. 이러다 보니 보수 진영은 물론이고 진보 진영도 인문학적 토양이 척박했던 게 아닌가 하는 생각이 듭니다.

청중 —— 철학적인 내용은 아닌데요, 선생님의 말씀을 듣는 중에 부모님 생각이 나서 질문을 드려봅니다. 제 부모님은 70대이신데 일제강점기와 한국전쟁 때 10대를 보내셨어요. 그래서 가끔 그 시절 이야기를 하시는데 고향인 나주에서는 좌우대립 때 몇 명밖에 안 죽었다는 말씀을 하시더라고요. 아주 적은 수의 희생만 있었던 거죠. 왜 그랬냐고 물었더니 아버님 말씀이 '양반이 좌익했기 때문' 이라고 대답하시더라고요. 이게 정말 근거가 있는 말인지 궁금합니다.

한홍구 —— 글쎄요. 어떤 지역에서의 학살을 볼 때 양반, 상놈만 가지고는 안 되고요. 적어도 그때 좌익의 대장이 누구였고 우익의 대장이 누구였고 그 사람들 간에 어떤 인간관계나 신뢰가 있었느냐 하는 문제도 중요하지요. 그리고 또 하나 변수가 외부에서 주둔한 부대가 어떤 부대냐 하는 겁니다. 가령 군대에 들어갔는데 거기서 지휘관이 어떤 사람이었느냐에 따라 양상이 확 달라집니다. 학살이라는 것이 말은 살벌하지만 현실에서는 간단하거든요. 부대가 들어가서 오늘 이 자리에 모인 정도의 사람들을 불러놓고 이렇게 손가락질해서 이쪽에 살 놈, 이쪽에 죽을 놈 가려낸 뒤에 쏴버리면 되는 거예요. 10분밖에 안 걸려요. 또 우연적 요소들이 많이 있는데 마을의 촌장이 누구였고 인민위원장이 누구였기 때문에 5명 정도밖에 그 면에서 안 죽었다면 굉장히 다행이고 운도 좋았던 거겠죠.

사실 골짜기, 골짜기 따져보면 정말 기막힌 사연들 많거든요. 광주가 1980년대를 규정했다고 말씀드렸는데 광주에서 실제로 몇 명쯤 죽었느냐면 한 200명쯤 죽었습니다. 200명 죽은 것은 한국전쟁 때는 이야깃거리도 못 되거든요. 이런 아픔들을 동네마다 다 가지고 있는데, 한국전쟁의 문제는 그 엄청난 비극을 우리가 소화하지 못했다는 것이지요. 소화를 하지 못하고 지내다 보니 인문정신 같은 것들을 키워내지 못한 겁니다. 우리가 가졌던 비극의 무게에 압도되었다고 할까? 우리가 다시금 인문정신을 살려내는 데 시간이 많이 걸렸던 것 같아요.

전재호 —— 그와 관련해 제가 하나 더 말씀드리면 해방 이후의 좌우대결을 이데올로기의 갈등으로만 설명하는 경향이 있는데, 식민지 시기의 갈등도 매우 중요했다는 점을 강조하고 싶네요. 한 선생님께서 약간 언급하셨지만 마을 내 계급 갈등은 식민지 시기와 밀접히 연결되어 있습니다. 당시 착취하는 자와 착취당하는 자가 있었는데 착취자가 모두 일본인은 아니었어요. 많은 경우 일본인 대신 조선인 마름이 그 역할을 대행했지요. 식민지 시기 10퍼센트 이상의 조선인들이 징용, 징병, 정신대 등 때문에 반강제로 고향을 떴는데, 이런 이유로 고향을 떠날 수밖

에 없었던 사람들과 가족들은 그것을 강요했던 일본인뿐 아니라 조선인들에게 강한 불만을 가졌습니다. 그래서 해방 후 이들에 대해 어떤 방식으로든 처벌이나 조치가 있으리라 기대했는데 아시다시피 그게 제대로 되지 않았죠. 해방 직후 많은 조선인이 원했던 것이 친일파 청산이었잖아요. 하지만 친일파는 숙청되기는커녕 처음에는 미군정에 의해 보호받았고 정부 수립 후에도 잘 먹고 잘 살았지요. 그러니 사람들의 불만이 얼마나 컸겠어요? 따라서 해방 이후 한국 내에서 일어난 갈등은 순수한 이데올로기적 대결이라기보다는 식민지 시기부터 내재되었던 조선인 간의 갈등이 결합된 것이라 볼 수 있습니다. 식민지 시기에 주목해야 하는 이유가 여기에 있지요.

좀 다른 이야기지만 이참에 덧붙이고 싶은 말이 있습니다. 국가는 민족주의가 다양한 주민들을 하나의 민족 또는 국민으로 결속시키는 역할을 하는 것을 알기 때문에 민족주의를 확산시키기 위해 다양한 노력을 기울이지요. 우파에게 민족주의가 없다는 지적들이 있는데 그것이 의미하는 민족의 범주는 남북한을 모두 포함하는 한민족이죠. 우리가 일반적으로 사용하는 민족과 민족주의 개념입니다. 하지만 우파가 생각하는 민족은 명시적으로 북한을 배제하지는 않지만 실제로는 남한만을 포용하는 개념이에요. 분단정부 수립을 주도한 우파는 민주당 정권부터 '선 건설, 후 통일'을 내세워 남한만의 발전에 전념했지요. 그리고 이에 거슬리는 국내외의 통일 요구를 억압했습니다.

그에 비해 좌파, 꼭 좌파는 아니고 권위주의 통치에 반대하던 민주화 세력들 중 일부는 남한만의 경제 발전도 중요하지만 한민족 전체의 통일이 더 중요하다고 주장했습니다. 1950년대 조봉암의 평화통일론, 1960년 4·19 이후 혁신계와 대학생들의 통일 논의가 대표적이지요.

그 후 1980년대 후반 대학생과 재야 세력에 의해 통일 논의가 다시 부활했고요. 한국 현대사를 보면 1990년대 이전까지 통일 문제에 대해 권위주의 세력은 소극적, 민주화운동 세력은 적극적인 모습을 보여주었습니다. 그래서 민주화운동 세력은 권위주의 정권, 또는 그들을 지지하는 우파를 '반反 통일' 세력으로 평가하지요.

우리에게 통일은 민족주의의 가장 중요한 과제잖아요. 그러나 우파는 통일은 반드시 반공을 전제로 해야 한다고 생각하지요. 곧 자유민주주의, 또는 반공주의에 기초한 남한 주도의 통일이 아니면 안 된다는 것입니다. 그러니까 그들에게는 한민족 전체를 포괄하는 민족주의보다 자유민주주의 또는 반공주의가 더 중요한 가치이지요.

그리고 이런 현상이 세계적으로 한국에서만 나타나는 현상은 아닙니다. 왜냐하면 중국, 베트남, 쿠바와 같이 2차대전 이후 사회주의 혁명에 성공한 나라들은 대부분 좌파가 민족주의와 결합했기 때문이지요. 그 정권들의 성격을 민족적 사회주의 또는 사회주의적 민족주의라고나 할까요?

한홍구 —— 저도 똑같은 생각을 하고 있고 강연을 다니면서도 그런 지적을 많이 했습니다. 똑같이 역사 교과서를 고치자고 해도 일본 우파와 한국의 우파는 다릅니다. 한국의 경우 우파라고 부를 수 있는지 잘 모르겠습니다만……. 우파라고 하면 대개 '민족'을 내세웁니다. 일본 우파는 진짜 우파로서 민족을 내세우는데 한국에서는 뉴라이트들이 민족을 내세우지 못하죠. 민족 대신 '국가'를 내세우고 있습니다. 왜 그럴까요? 친일 문제와 밀접한 관련이 있다고 생각합니다. 권력 핵심을 보면 민족운동을 했던 사람들이 아니라 친일파들 중에서 살아남은 사람

들인 거죠. 그것도 미국의 비호 덕분에 살아남았단 말이죠. 힘의 원천을 미국으로부터 얻은 겁니다. 식민지 시기에 제국주의에 협력했던 자들이 새로운 정권의 주역이 되었다는 것, 이게 전 세계적으로 볼 때 굉장히 특별한 경우입니다. 왜냐면 2차대전 이후에 신생국가가 한 200개쯤 생겼습니다. 이 가운데 제국주의에 협력했던 세력이 바로 집권한 나라는 단 두 곳뿐입니다. 남베트남과 한국. 남베트남은 없어졌어요. 제국주의에 협력했던 세력이 독립 후에도 집권하는 일이 어떻게 가능했겠습니까? 분단되었기 때문에 가능했던 거죠.

박정희 같은 경우에는 민족을 내세웠습니다. 이때 박정희가 내세운 민족주의라는 것은 우리가 보통 생각하는 김구나 안창호, 신채호 같은 분들의 민족주의가 아니라 일본 군국주의자들이 생각했던 유형의 부국강병형 민족주의였다고 할 수 있습니다. 1960년대는 전 세계적으로 민족주의의 시대였습니다. 일제의 지배에서 벗어난 우리 국민들도 민족적 정서가 대단히 강했고요. 이 같은 상황에서 정권이 민족주의 담론을 완전히 포기할 수는 없었던 것입니다.

그런데 한일회담 등을 둘러싸고 정권과 학생들 간에 어느 쪽이 진짜 민족주의적이냐 하는 문제로 격렬한 다툼이 벌어졌죠. 더구나 근대 국민교육이 실시되면서 젊은 층들의 민족의식은 일정하게 고양되었고 민족에 대한 무언가를 갈구하게 되었습니다. 그런데 우리 역사 교과서에 실제 독립운동 이야기는 쓸 수가 없었잖아요. 사회주의자들, 특히 북으로 간 사람들의 활동상을 그릴 수가 없었으니까요. 그러다 보니까 우리 독립운동 이야기는 정말 윤봉길 의사, 이봉창 의사가 폭탄 안 던졌으면 쓸 게 없었단 말이에요. 그러니까 근현대사를 놓고 보았을 때 지질해서 싫다고 생각하는 사람들이 많아졌던 것이죠. 근대 국민교육은 의무교육을 통해 민족자주에 대한 꿈은 키웠는데 근현대사에서는 그 갈증이 충족되지 못하니 어디로 나가요?《환단고기》같은 고대사로 나가게 된 것이죠. 한때 1980년대 초반에 이런 붐이 일었죠. 이 같은 붐과 반미운 동이란 게 현상적으로 정반대의 움직임처럼 보이지만 저는 근대 국민교육이 보편화되면서 민족에 대한 갈구를 던져놓은 토대 위에서 형성된 쌍생아가 아닌가 생각합니다.

사실 우파는 민족을 내세우고 좌파는 계급을 내세워야 맞는데, 이른바 글로벌스탠더드에 비추어 볼 때 한국의 좌파는 민중민주 PD(People' s Democratic) 그룹조차도 민족 문제를 엄청나게 많이 내세우고 있죠. 민족 문제를 강조하는 민족해방 NL(National Liberty) 그룹은 말할 것도 없고요. 한국의 보수 세력, 수구 세력은 민족 문제를 완전히 외면하고 있습니다. 아니, 외면하는 정도가 아니라 민족 문제에 대해서 이야기하는 것 자체를 적대시합니다. 뉴라이트가 등장하면서부터는 더해졌지요. 이들 사이에 민족은 설 자리가 없습니다. 대신 그들은 동맹, 즉 미국에 기댑니다. 이쪽 사람들은 3·1절에 성조기를 들고 나와요. 8·15 때 성조기 들고 나오면 못 본 척할 수도 있죠. 미국이 우리의 해방에 크게 기여한 것은 사실이니까. 그런데 3·1절 날 성조기는 왜 들고 나옵니까? 민족이 있어야 할 자리를 동맹으로 메워버린 겁니다.

강성원 —— 선생님은 우리나라에 합리적 보수가 없다고 말씀하시거든요. 그러면 합리적 보수가 자리할 공간이 없는 이런 상황이 왜 계속되고 있는지 듣고 싶습니다.

한홍구 —— 합리적 보수라고 할 만한 정치 세력이 나오려면 저는 보수 진영 내에서 그래도 합리적인 사고방식을 가지고 있는 분들이 수구 극단 세력과 싸워야 한다고 생각합니다. 논란이 되었던 신영철 대법관 문제 보세요. 진보와 보수를 떠나서 재판을 그렇게 하면 안 되지 않습니까? 보수가 그랬든 진보가 그랬든 이건 민주주의의 룰을 깨는 거잖아요. 신영철이 물러나면 보수에게 해롭다는 식으로 생각할 것이 아니라 보수 진영 내에서 합리적인 자기 정화 능력이 있어야지요. 그것은 진보 진영도 마찬가지입니다. 예컨대 민주노총의 성폭력 은폐 사건 보세요. 사건 발생 초기에 민주노총이 조직 차원에서 피해자와 함께 가해자의 책임을 물었다면 그런 꼴을 당했겠습니까? 성폭력 시도가 있었다는 사실이 수구 언론에 알려지면 조직에 타격이 온다고 은폐하려다가 만신창이가 되어버렸습니다. 보수 진영 내에서도 합리적인 보수가 나와야 할 터인데, 뉴라이트가 나와서 합리적 노선이 서야 할 자리를 빼앗아버린 겁니다.

자, 보세요. 뉴라이트가 언제 나왔느냐면 노무현 대통령이 탄핵에서 살아 돌아와 과거사 정리 해결 문제를 내걸었을 때 나왔습니다. 2000년 8·15 때 노무현 대통령이 포괄적 과거청산을 전면에 들고 나오니까 수구 세력이 9월에 역사 교과서 문제로 받아치더니 10월에 뉴라이트가 나온 것입니다. 그런데 과거사 정리라는 게 뭡니까? 대한민국을 세우는 과정에서 억울한 사람 빨갱이로 몰아서 잡아 죽인 것을 바로잡는 일이고, 군사독재 시절에 무고한 사람들을 중앙정보부, 안기부 지하실에 100일 동안 거꾸로 매달고서 두들겨 패서 간첩 만든 일을 바로잡는 일이고, 반국가단체나 이적단체 만든 걸 바로잡는 일입니다. 여기에 좌와 우가 어디 있습니까? 그게 진보적 과제입니까? 저는 과거청산 같은 일들을 쭉 해왔지만 살면서 매번 느끼는 것이 이게 왜 진보적 과제냐 하는 겁니다. 이 일은 인간으로서 당연히 해야 할 것이지요. 저는 한국 사회에서 보수지식인이 존경받지 못하는 이유가 바로 과거청산 문제를 외면하기 때문이라고 생각합니다. 인간의 도리를 다하지 않는 사람들이 어떻게 존경받고 존중받을 수 있겠습니까?

여러분, 좀 지저분한 비유를 하나 하겠습니다. 우리 학교에 강의를 나오는 김용한 박사에게 배운 비유입니다. 고등학교 다닐 때 우리 가끔씩 양푼에다 도시락을 덮어서 비벼 먹었잖아요? 그런데 꼭 그런 놈 있죠. 침 뱉는 놈. 그럼 어떡해요? 에이씨! 하고 숟가락 놓는단 말이에요. 그런데 거기서 계속 먹는 놈도 있고 자기 침 또 뱉는 놈도 있죠. 그런 놈들만 밥을 먹는 거예요. 난 보수 진영이 이렇게 되었다고 생각해요. 비빔밥을 같이 비볐으면 같이 먹어야죠. 침 뱉는 놈 있으면 그런 놈과는 놀아주면 안 되는데, 그런 세력은 쫓아버려야 하는데 그 일을 못한 것이죠. 오히려 침 뱉는 놈들이 밥그릇 차지하는 겁니다.

친일파 민족 반역자가 바로 그런 자들이죠. 이들이 눈 부라리며 침 뱉는 것 뭐라고 하는 사람들을 오히려 쫓아낸 겁니다. 친일파 이야기 떠드는 놈이 바로 빨갱이고, 과거의 친일 행위를 고백하고 반성하는 자는 빨갱이에게 무릎 꿇는 비겁한 사람이라는 분위기를 만들었습니다. 저는 이것이 친일 행위 자체보다 훨씬 더 심각한 문제라고 생각합니다. 기준을 바꾸어버린 거잖아요. 자기가 한 친일 행위에 대해서 반성하는 글 읽어보신 적 있습니까? 인문학의 기본 정신이 성찰 아닙니까? 자기 역사의 가장 중요한 시점에 대해 뼈아프게 성찰하는 글을 읽어보신 적 있으세요? 자신의 친일 행위를 고백하고 반성하는 글이 10편도 안됩니다. 이렇게 성찰이 없는 곳에서 어떻게 인문정신이 나올 수 있겠습니까? 성찰할 기회를 가지지 못했는데 어떻게 합리적인 보수가 나올 수

있겠습니까? 민간인 학살로 수십만 명이 죽었어요. 그런데 수십 년 동안 그 죽음을 애도하는 글이 하나도 없었습니다. 수십만 명의 죽음에 대한 애도도, 언급도 없었던 곳에 어떻게 인문정신이 있을 수 있겠습니까? 저는 이런 부분들이 합리적 보수가 우리 사회에서 사라져버린 역사적 조건이 되었다고 생각합니다.

그런데 이 조건이 1980년대를 거치면서, 새로운 광주를 겪으면서 바뀝니다. 광주를 고민했던 세대들, 즉 386들이 지금 몇 살입니까? 386들도 내일모레 쉰이에요. 쉰 줄에 들어섭니다. 이 세대들이 아직도 혁명을 꿈꾸고 있나요? 많이 보수화되었을 겁니다. 대부분 보수 진영에 편입되었을 겁니다. 그런데 저는 이 세대들이 광주의 기억을 지금 어떻게 되살리느냐가 중요하다고 봅니다. 이들에게 광주의 기억은 뭔가요? 20대 때 자신을 움직였던 원동력이죠. 어느 시대나 기성세대가 20대 때 가졌던 가치와 꿈에 대해 어떤 입장을 취하느냐가 중요한데, 두 가지일 겁니다. 첫 번째, '20대에 사회주의자가 아니면 가슴이 없는 놈이고, 40대에 아직 사회주의자면 머리가 없는 놈'이라는 말이 있지요. 피가 펄펄 끓는 20대 때 평등에 대한 꿈을 가지지 않았다면 가슴이 없는 사람이고, 머리가 여문 40대가 되어서도 그런 꿈을 이야기한다면 머리가 없는 사람이라는 뜻이에요. 그러니까 가슴과 머리를 다 가진 자가 되려면 젊었을 때는 운동하다가 나이 들어 전향해야겠죠, 뉴라이트처럼.

저는 생각이야 얼마든지 바뀔 수 있다고 생각해요. 사회주의의 꿈을 품었다가 그 실현가능성에 대해 회의할 수도 있지 않습니까? 그러나 생각이 바뀐다고 꿈마저 폐기해야 하는 것인가요? 20대에 가졌던 그 꿈. 그 꿈은 어떻습니까? 지금 어디서 볼 수 있죠? 그때는 젊었으니까, 몰랐으니까 하면서 그냥 쓰레기통에 처박아도 되는 것인가요? 꿈 자체가 잘

못된 것이 아니라 그 꿈을 실현하는 길을 못 찾은 것 아닐까요? 그 꿈에 담겨 있었던 기본 정신은, 예컨대 '민족과 같이하겠다, 민족의 통일을 이루어야겠다' 라는 그 정신만큼은 가슴속 깊이 간직해야 하지 않을까 생각합니다. 이 사회에서 50대쯤 되면 지도적인 위치에 있게 되죠. 사업을 하면 자기 밑에 종업원들을 거느리게 될 텐데 이 종업원들 상당수는 비정규직일 거 아닙니까. 민중과 함께하겠다던, 민중을 위해 모든 것을 바치겠다던 열혈 대학생들이 사장님이 되어서 비정규직을 대하는 태도가 어떠할 것인가? 저는 이런 것이 바로 우리 사회에 합리적 보수가 나올 수 있느냐, 없느냐의 기준이 될 것이라고 생각합니다.

저는 우리 사회가 여러 가지 역사적인 사건을 거쳤고, 1980년 광주를 거치면서는 정말 질풍노도의 시기를 살아왔다고 생각합니다. 1980년대의 운동권 출신 중 상당수가 이때 지녔던 아주 급진적이고 단순했던 생각을 나이 들어 바꾸는 것은 자연스러운 일이라고 생각합니다. 그때의 생각을 현실에 그대로 적용시킨다는 게 저도 말이 안 된다고 생각합니다만 그런 과거의 조급함을 반성하는 방식이 왜 꼭 뉴라이트 같은 것으로 나타나야 합니까. 저는 뉴라이트를 이념의 문제로 보지 않습니다. 뉴라이트들이 지금 하고 있는 게 뭔가요? 저놈들은 아주 빨갱이야, 내가 옛날에 교육시켜서 아는데 쟤 진짜 빨갱이야. 지금 이렇게 떠드는 거 아닙니까.

생각은 바뀌어도 좋지만 인간의 품위만큼은 지켰으면 해요. 젊은 시절 우리가 가졌던 꿈을 변화된 현실 속에서 어떻게 실현시킬 것인가, 이런 고민 속에서 합리적인 보수와 합리적인 진보가 나올 수 있겠지요. 정말 합리적인 보수가 출현하기 위해서는 그런 잠재성을 가진 분들이 뉴라이트와 보수 세력 내에서 치열한 경쟁을 벌여야 합니다. 그들을 몰

아내야 합리적인 보수가 설 자리가 생기는데 그들을 몰아내는 일은 진보 쪽보다도 합리적인 보수가 스스로 해야 하지 않을까 생각합니다.

전재호 —— 글쎄, 저는 이론이나 입장이 경쟁을 통해 발전한다고 생각해요. 그런데 과거 보수 세력들은 그냥 권위주의 정권의 보호 아래서 생존했죠. 권위주의 정권이 좌파를 제거하니 논리나 이론을 갈고닦을 필요가 없었지요. 그리고 이런 상황은 1987년 민주화로 인해 바뀌지 않고 YS정권까지 지속되었습니다. 그런데 지난 10년간 '민주정권' 또는 그들의 표현대로 하면 '좌파정권'이 통치하면서 그들이 거리로 나오게 되었지요. 그래서 그들은 다시 일당 주고 사람들 동원하여 반대 시위를 조직하는 방식을 사용하기도 하고 다른 한편으로는 이론적으로 대응하기 위해 뉴라이트와 같은 집단을 만들었죠. 하지만 이들을 '합리적' 보수라고 말하기에는 무리가 있지요. 왜냐하면 이들의 논리는 '반공'을 내세웠던 '구보수'의 논리와 별 차이가 없기 때문이지요. 최소한 아직까지는 그렇게 느껴져요.

그리고 자신의 과거를 부정하고 우파로 투항한 사람들에 대해 사실 저도 이해가 가지 않아요. 어떤 개인적 사정이 있겠지만. 개인적으로도 뉴라이트에 참여한 학자들을 알고 있는데, 정치가라면 자신의 정치적 입지 때문에 입장을 바꾸는구나라고 생각할 텐데 학문을 업으로 삼고 있는 학자들이 그렇게 변신한 것을 보면 도대체 무슨 생각으로 저럴까 하는 의문이 들어요. 더욱이 그들의 대응을 보면 최근 좌우가 너무 첨예하게 충돌해서 그런지 이성적이라기보다는 감성적으로 대응한다는 생각이 들어요.

그러니까 제가 말씀드리는 것은 보수 세력들이 권위주의 정권의 품

안에서 너무 오랫동안 편히 살았고 또 그런 상황에 길들여져 있었다는 점입니다. 그들에게 지난 10년은 엄청난 상실의 시기였던 것이죠. 그래서 더 감정적이 되지 않았나 싶습니다. 이제 보수도 자신의 내용을 채워가야 한다고 생각해요. 건강한 사회를 만들기 위해서는 좌우 모두 필요하고, 이들이 서로 생산적인 경쟁을 해야 하지 않을까요?

강성원 —— 그럼 한홍구 선생님의 '애도가 없는 곳에 인문정신이 있을 수 없다' 라는 말씀을 화두로 삼고 오늘은 이것으로 마치겠습니다. 감사합니다.

173

대중문화와 인문학, 어떻게 소통할 것인가?

김창남

서울대학교에서 신문학을 연구했다. 1980년대부터 대중문화평론가로 활동했고 월간 〈말〉, 〈사회평론〉, 〈씨네21〉 등에 글을 기고하며 대중에게 널리 알려졌다. 현재 성공회대학교 신문방송학과 교수로 재직 중이며 《대중문화의 이해》, 《대중음악과 노래운동 그리고 청년문화》 등을 저술했다.

이영미

고려대학교에서 국문학을 연구했고 한국예술종합학교 한국예술연구소에서 책임연구원으로 일하기도 했다. 1980년대부터 본격적으로 대중예술평론가의 길을 걷기 시작했고 현재까지 예술문화운동, 민중예술, 대중문화 전반에 대한 다양한 글을 꾸준히 발표하고 있다. 저서로 《한국대중가요사》, 《이영미 한국인의 자화상 드라마》 등이 있다.

김창남 —— 반갑습니다. 김창남입니다. 저는 오늘 우리가 흔히 이야기하는 대중문화에 대해 말씀을 드리려고 합니다. 문화라는 개념은 누구나 쉽게 쓰지만 실은 학문의 역사에서 가장 어렵고 복잡한 개념 가운데하나입니다. 그래서 이 개념들이 어떻게 쓰이고 있는지, 우리가 문화를연구한다고 할 때 이것의 의미는 무엇인지 이야기해보겠습니다. 옆에계신 이영미 선생님은 대중예술에 대해, 즉 예술적 측면에서 말씀해주실 것이고 저는 문화라는 개념을 중심으로 설명하려 합니다.

먼저 우리 주변에는 문화와 관련된 몇 개의 개념들이 있죠. 미디어라든가 상징, 커뮤니케이션, 기호 등과 같은 것입니다. 이런 개념들은 문화라는 말과 섞여서 함께 혼용되기도 합니다. 미디어는 다 아시겠지만어떤 의미나 의사를 전달하고 소통하기 위해 사용하는 도구입니다. 우리는 대개 신문이라든가 방송, 영화 같은 큰 덩어리의 미디어를 먼저 떠올리지만 그것만이 미디어가 아닙니다. 우리는 일상 속에서 아주 작은규모의 미디어들을 무의식적으로 늘 사용하면서 살고 있습니다. 예를들면 졸업식이나 결혼식에서 주고받는 꽃도 일종의 미디어입니다. 꽃이 들판에 그냥 피어 있을 때는 미디어가 아니죠. 하지만 이 꽃이 누군가에 의해 꺾여서 또 다른 누군가에게 전달되는 순간 그것은 인간적인의미가 담긴 미디어가 됩니다. 사랑하는 여인에게 빨간 장미를 보내면거기에는 사랑, 당신을 향한 나의 정열이라는 의미가 담기고 그 순간 꽃은 미디어가 되는 겁니다.

그런데 이렇게 미디어로 사용될 때 그 꽃이 가지는 의미는 일정하게정해져 있습니다. 장례식장에는 하얀 국화꽃을 보냅니다. 어버이날엔카네이션을 드리고 또 사랑하는 사람에게는 빨간 장미꽃을 줍니다. 왜그럴까요? 여기에는 어떤 필연적인 이유도 존재하지 않습니다. 왜 하필

이면 빨간 장미꽃이어야 할까라고 묻는다면 꼭 그래야 할 이유는 없다는 것입니다. 어쨌든 우리는 그렇게 하며 살고 있고 이는 우리 사회가 가지고 있는 하나의 사회적 약속으로 존재합니다.

우리는 어떻게 무슨 자리에 무슨 꽃을 보내야 하는지 자연스럽게 알고 있을까요? 그것을 학습해왔기 때문입니다. 사회적으로 존재하는 약속을 우리가 배웠기 때문인 거죠. 이를 바로 문화라고 합니다. 문화란 학습되는 것입니다. 이 학습되는 과정을 인류학에서는 '문화접변', '문화화', 사회학에서는 '사회화된다', 심리학에서는 '조건화된다' 라고 표현합니다. 사회적으로 존재하는 약속의 체계, 즉 문화 속으로 들어가서 그 문화를 나의 것으로 받아들이고 그 문화의 일원으로서 사람들과 소통할 수 있게 된다는 의미입니다. 그래서 우리는 장례식에 하얀 국화꽃을, 사랑하는 연인에게 빨간 장미꽃을 보내는 행위에 의문을 품지 않습니다. 이것이 우리가 문화를 이야기할 때 가장 먼저 생각해볼 수 있는 문화의 속성입니다.

문화는 여러 가지 방식으로 정의됩니다. 근대가 시작되면서 가장 먼저 문화를 정의했던 서구의 비평가들은 문화를 인간의 사고와 표현의 가장 뛰어난 부분, 예술적 성취라고 말했습니다. 그래서 이 외의 것은 문화가 아니고, 뛰어난 예술적 성취로서의 문화는 오직 그 사회의 엘리트 귀족들만 가질 수 있다는 식의 관념을 만들어냈습니다. 또 다른 하나는 소위 사회진화론적 관점으로, 서구에서 성취한 문명과 문화만이 진정한 문화라고 보는 관점입니다. 콜럼버스가 신대륙을 발견했다고 흔히 이야기하지만 이는 굉장히 서구중심적인 관점이죠. 콜럼버스의 신대륙 발견 이전에 아메리카 대륙에는 이미 아메리카 원주민들이 그들 나름의 뛰어난 문명과 문화를 가지고 살고 있었습니다. 그런데 이

대륙을 서구인들이 발견했다고 이야기하면서 자기들의 잣대로 재단한 거죠. 서구적 문명과 문화를 이식한다는 미명하에 원주민들을 학살하고 그들의 문명까지 파괴한 역사가 있습니다. 이런 일들이 문화란 이름으로 또는 문명이란 이름으로 자행되었습니다.

그다음으로 문화를 정치, 경제, 사회와 다른 어떤 영역으로 보는 관점이 있습니다. 흔히 신문의 문화면에서 다루고 있는 문화의 개념이 그렇죠. 신문을 보면 정치면, 경제면, 사회면, 문화면이 다 따로 있습니다. 여기서 다루어지는 문화는 주로 예술이라든가 정신적인 산물, 도덕, 풍속, 교육, 종교 등입니다. 이런 것들을 문화로 보는 정의 방식이 있죠. 그리고 인류학에서 문화를 정의하는 방식이 있습니다. 문화란 삶의 체계다, 삶의 방식이다, 상징체계다, 이런 차원에서 정의하는 방식입니다. 문화를 정의하는 이 같은 여러 가지 방식을 우리는 일상적으로 듣고 사용하면서 살고 있습니다.

제가 오늘 이야기하고 싶은 가장 중요한 부분은 '문화란 결코 자연이 아니다' 라는 것입니다. 문화의 반대말이 무엇이냐고 학생들에게 질문하면 대개 미개 혹은 야만이라고 대답합니다만 가장 넓은 의미에서 문화의 반대말은 자연입니다. 그래서 문화를 한마디로 가장 폭넓게 정의하라고 한다면 문화는 '자연이 아닌 것' 이다, 이렇게 정의할 수 있습니다. 자연은 주어진 것이죠. 원래 그렇게 주어진 어떤 것, 라틴어로 이를 다툼datum이라고 합니다. 그리고 다툼의 복수형을 데이터data라고 하죠. 인간이 어떻게 할 수 없는 것이고, 원래 그런 것이고, 고정불변인 것이고, 늘 그런 것. 계절의 변화라든가 수증기가 올라가면 비가 되어 내린다든가 겨울에는 비가 아니라 눈이 온다든가 하는 것은 자연이죠. 들판에 저절로 바람이 불어서 홀씨가 날리고 꽃이 피는 것과 같은 자연적 현상입니다. 팍툼factum은 만들어진 것입니다. 인위적인 것, 인간이 만들어낸 것. 문화는 만들어진 것입니다. 원래 그런 것이 아니라 인간에 의해 만들어진 것입니다.

그러니까 이 세계는 지금 주어진 것에서 만들어진 것으로 변화하고 있다고 표현할 수 있습니다. 다시 말하면 자연은 점점 줄어들고 문화의 영역은 점점 늘어나고 있습니다. 소위 건설이니 개발이니 하는 것은 자연을 문화적 영역으로 바꾸는 과정인 셈이죠. 우리가 만나는 꽃도 자연의 꽃보다는 인간이 인위적으로 만들어낸 꽃이 더 많죠. 제가 사는 일산에 매년 꽃 박람회가 열립니다. 집 바로 코앞에서 열리는데 저는 한 번도 가본 적이 없어요. 언젠가 한 번 가보긴 가보아야겠지만 저는 그 박람회에서 보여주는 꽃은 자연이 아니라고 생각해요. 이곳에서 보여주는 꽃은 문화적 기호이고 상징이라 보기 때문에 별 재미가 없을 것 같아 안 갑니다. 어쨌든 이런 현상 속에서 자연이 끊임없이 문화로 바뀌는 것을 보죠.

이 가운데 최후로 남는 자연의 보루가 있다면 인간의 몸일 텐데 이마저도 자연에서 문화로 바뀌는 걸 볼 수 있어요. 성형수술로 사람의 얼굴을 인위적으로 바꾸고 또 바이오테크닉을 이용해 장기를 바꾸기도 합니다. 요즘 화장품 이름에 내추럴natural이라는 단어가 굉장히 많이 쓰입니다. 이것이 무엇을 의미할까요? 화장이라는 행위는 인위적으로 얼굴에 무언가 바르고 자기 몸을 치장해서 인간의 의미를 변화시키는 과정이죠. 그런데 이를 마치 자연의 한 부분처럼, 쉽게 말해 화장을 안 한 것처럼 보이게 하는 화장품이 최고의 화장품이라는 거죠. 이런 현상 속에서 인간의 몸이 어떻게 문화화되는지, 즉 자연이 어떻게 문화적 영역으로 바뀌는지 관찰해볼 수 있습니다.

이것이 왜 중요하냐면 문화는 기본적으로 작위적인 것이기 때문입니다. 우리가 사용하고 있는 언어는 완벽하게 작위적인 것입니다. 우리가 '개'라는 단어를 듣는 순간 머릿속에 떠올리는 동물과 개라는 단어는 아무런 필연적 관계가 없어요. 개라는 글자와 개라는 동물이 닮았습니까? 닮지 않았습니다. 그런데 우리는 개라는 단어를 들으면 모두 공통적으로 어떤 동물을 떠올립니다. 물론 사람마다 떠올리는 개의 형상이나 이미지는 다 다를 거예요. 어떤 사람은 자기가 길렀던 조그만 애완견을 떠올릴 테고 어떤 사람은 군대에서 군견병 시절에 데리고 있었던 큰 셰퍼드를 떠올리겠죠. 어쨌든 우리가 떠올리는 그 각각의 개 이미지들 속에 하나의 공통적인 어떤 동물이라는 전제가 존재하고 이를 우리가 개라고 부르는 것인데, 그걸 꼭 개라고 불러야 할 아무런 필연적 이유가 없다는 것입니다. 다만 우리 사회가 그 동물을 개라고 부르자는 약속을 했던 것이죠. 그래서 어떤 사람은 그걸 도그dog라고 부르고 또 어떤 사람들은 구狗라고 부르는 등과 같은 차이가 존재합니다. 이게 바로 문화적 차이이고, 문화적 차이는 서로 다른 약속을 만들어내는 데서 비롯됩니다. 흔히 문화의 자의성이라고 하는데 이는 우리가 어떤 행위를 하고, 어떤 의미를 사용하고, 어떤 의미를 전달하는 방식이 꼭 그것이어야 할 필연적인 이유는 없다는 뜻입니다. 따라서 앞으로 언제든지 변화할 수 있다는 의미도 포함하고 있지요.

여러분 혹시 〈부시맨〉이란 영화 보셨어요? 아프리카 부시맨이 황야에서 우연히 콜라병을 줍게 되면서 벌어지는 일들을 그린 굉장히 재미있는 코미디 영화입니다. 부시맨들은 우리와 몸짓이 달라서 '설레설레'가 '예yes'의 뜻이고 '끄덕끄덕'이 '아니오no'의 뜻입니다. 이 때문에 벌어지는 해프닝들이 영화에 나오는데 여기서 알 수 있듯이 '예'가

꼭 '끄덕끄덕'일 필요는 없습니다. 이것이 문화의 자의성이고 문화의 자의성이 곧 문화의 상징성이기도 합니다.

상징이라는 말을 한마디로 정의하기는 어렵겠지만 제 방식대로 정의한다면 'A가 아닌 것으로 A를 표현할 때' 이를 상징이라고 이야기할 수 있을 것 같아요. 화가 마그리트가 그린 〈이미지의 배반〉이라는 그림 있지요? 우리가 잘 아는 담배 파이프가 그려져 있는데 여기에 뭐라고 쓰여 있습니까? '이것은 파이프가 아니다 *Ceci n' est pas une pipe*.' 그렇죠, 그것은 파이프가 아니고 파이프를 그린 그림이죠. 그런데 우리는 이 그림을 보고 파이프를 떠올립니다. 바로 이것이 A가 아닌 것, not A로 A를 표현한 겁니다. 넓은 의미의 상징은 이 같은 것을 다 표현합니다. 그래서 우리가 가지고 있는 모든 문화적 관습이나 코드, 기호, 약속, 행위 등은 사실 꼭 그래야만 할 이유는 없다는 겁니다. 우리는 흔히 어떤 행위를 하면서 '자연스럽다'라고 이야기합니다. 이 말은 뒤집으면 '그것은 자연이 아니다'라는 뜻이거든요. 자연과 닮았을 뿐이지 자연은 아닙니다.

중세유럽에는 마녀라는 존재가 있었습니다. 그래서 마녀사냥이라는 명목으로 많은 사람을 불태워 죽였지요. 이때 마녀로 몰린 사람들은 빗자루를 타고 밤하늘을 날아다녔던 게 아닙니다. 이들은 당시를 지배했던 사회적 가치관, 세계관, 기독교에 적응하지 못하고 마녀로 몰려 사형을 당했습니다. 이 같은 예는 문화가 가지고 있는 '자연스러움'의 놀라운 힘을 보여줍니다. 우리가 자연스럽다고 느끼는 것, 결코 자연이 아니지만 우리가 자연처럼 느끼게 되는 것이 우리의 삶과 의식과 행동을 조율하고 통제하여 한 사회의 질서를 유지합니다.

문화적인 변화, 문화적인 새로운 창조는 자연스러움을 자연스럽지 않다고 느끼는 데서 시작됩니다. 낯설게 보고 '꼭 이렇게 할 필요 없잖아?' 라고 반문하며 새로운 시도를 하는 곳에 문화적 발전과 창조가 존 재합니다. 음치라는 말 아시죠? 우리나라 사람들 노래 부르기 좋아하잖 아요. 음치의 정확한 과학적 정의는 무엇인가요? '도레미파솔라시도' 라는 서양식 조성음계에 적응하지 못하거나 서양식 조성음계와는 별개 로 자기만의 음계를 가진 사람이 음치입니다. 그런데 우리나라에 서양 식 조성음계가 들어온 지는 100년 정도밖에 되지 않았습니다. 그리고 지구상에는 수백, 수천 가지의 음계가 존재하고요. 음계란 음의 질서를 만들어놓은 하나의 제도거든요. 이런 제도는 인도에만 400개 정도가 있다고 하고요. 우리나라에도 여러 가지 음계가 존재했는데 이것이 서 양식 조성음계가 들어오면서 다 사라져버렸습니다. 서양의 조성음계 가 지배하는 사회로 바뀌었을 뿐입니다. 결국 우리가 음치라고 어떤 사 람을 놀리는 행위는 지구상에 존재하는 수천 가지 중 하나에 불과한 조 성음계를 마치 유일무이한, 원래 주어진 자연처럼 받아들이는 것과 같 습니다. 그래서 여기에 적응하지 못하면 이단, 음치, 마녀, 정신병자, 미 친놈 등이 되어서 놀림을 받고 감옥에 갇히거나 사형에 처해집니다. 하 나의 제도를 절대적인 자연으로 믿는 사고방식을 거부하는 데서 새로 운 문화가 시작된다는 점을 인정한다면 음치는 새로운 문화 창조의 씨 앗을 날 때부터 가지고 있는 사람이라고 볼 수 있습니다. 우리 문화의 역사는 이런 음치들 덕분에 꾸준히 변화하고 발전해왔습니다.

다음으로 대중문화를 어떻게 볼 것인지, 대중문화라는 개념이 어떻 게 인문학적 대상으로서 사용되고 있는지 이야기해보겠습니다. 대중 문화라고 하면 대부분 텔레비전, 영화, 광고 등을 떠올리는데 이는 대중 문화의 개념을 올바로 이해한 것이 아닙니다. 대중문화는 정의하기가 무척 어렵습니다. 그래서 대중문화의 개념이 여러 가지 인문학적 맥락에서 어떻게 쓰이는지 살펴보는 일이 중요합니다.

첫째는 대중문화를 미디어 산물로 보는 관점이 있습니다. 그리고 이런 관점을 이용한 대중문화 연구와 비평, 용법들이 굉장히 많고 더불어 문제점도 많습니다. 스타시스템 같은 것이 대표적이고요.

둘째로 일상생활로서의 대중문화를 이야기해볼 수 있습니다. 대중문화는 아주 일상적이죠. 무의식적으로 접합니다. 그렇기 때문에 이것을 객관적이고 비판적으로 보기가 어렵습니다. 1976년도인가에 송대관의 '해 뜰 날'이라는 노래가 대유행하면서 길에서든 집에서든 하루 종일 그 노래가 들려왔습니다. 저는 이 노래가 진저리 날 정도로 싫었어요. 그래서 이 노래가 나오면 텔레비전 채널을 돌려버리거나 아예 꺼버리기까지 했습니다. 그러던 어느 날 방을 청소하면서 콧노래를 흥얼거렸는데 그 노래가 글쎄 '쨍하고 해 뜰 날……' 이었던 거예요. 그 순간 소름 끼치게 놀란 기억이 아직도 생생합니다. 내가 왜 이 노래를 부르나, 너무 싫어서 일부러 귀를 닫고 지냈는데 어떻게 이 노래의 가사까지 알고 있을까? 이것이 대중문화가 지닌 일상에서의 힘입니다. 대중문화는 나도 모르게 내 속에 들어오기 때문에 무엇보다 객관적으로 보는 일, 거리를 두고 비판적으로 보는 일이 매우 중요합니다.

셋째로 대중문화는 정체성을 표현하는 공간입니다. 다양한 정체성이 대중문화라는 공간 속에서 끊임없이 갈등하고 타협합니다. 넷째는 대중문화는 소비문화로서 존재한다는 것입니다. 욕망을 충족시키는 어떤 대상이 된다는 것이죠.

정리해볼까요. 첫째, 문화는 아주 자연스러워 보이지만 사실 자연이 아니라 역사 속에서 누군가에 의해 만들어진 것이다. 둘째, 따라서 언젠가 새롭게 변화할 수 있고 새로운 대안이 존재할 수 있다는 의식을

"문화를 이해하고자 할 때 제일 중요하게 생각해야 할 부분은 우리를 둘러싼 자연스러워 보이는 모든 것이 사실 자연이 아님을 인식하는 것입니다. 이는 누군가에 의해 만들어진 것이고 역사적으로 형성된 것이므로 비판될 수 있고 새롭게 변화, 창조될 수 있습니다. 이는 문화 연구에 있어 가장 기본적이면서도 핵심적인 문제입니다."

가지고 우리에게 다가오는 문화적 현상을 관찰하는 것이 중요하다. 이 두 가지만 기억하시면 되겠습니다.

이렇게 대중문화의 개념을 다각도로 살펴보았을 때 문화를 연구하는 일은 세 가지 점에서 의미가 있다고 생각합니다. 하나는 역사를 기억하게 됩니다. 문화는 역사 속에서 만들어진 것이고 인간이 만들어온 것이기 때문에 문화를 이해하는 일은 역사를 공부하고 이야기하는 일과 마찬가지입니다. 따라서 역사적인 사고를 해야 합니다. 또 하나는 비판적 사고를 할 수 있습니다. 문화가 자연이 아니라는 것을 이해하고 다른 대안적 가능성을 찾기 위해 모든 것에 대해 비판적인 사고를 해야 하기 때문입니다. 마지막으로 새로운 대안을 창조해냅니다. 새로운 대안의 가능성을 본다는 것은 창조적 사고를 하고 있다는 증거입니다. 그래서 저는 문화 연구가 문화가 가진 자연스러움을 꿰뚫어 보면서 그것을 역사적이고 비판적이고 창조적인 사고를 통해 뒤집어 볼 수 있는 능력을 키우는 일이라고 봅니다. 그리고 이것을 문화적 사고라 부를 수 있지 않을까 생각합니다. 더불어 이 모든 방식을 동원해 연구하는 문화는 근본적으로 가장 끈끈한 인문학적 대상이라고 할 수 있을 것입니다.

그렇다면 인문학적 차원에서 문화를 연구한다는 것은 도대체 어떤 의미일까요? 이 의문을 풀기 위해서는 우선 지금까지 행해진 문화 연구의 영역이 무엇이었는지 살펴보아야 합니다. 사람들은 어떻게 문화화되는가, 어떻게 한 사회의 구성원으로서 자기 자신을 자연스럽게 받아들이는가, 즉 남자는 어떤 문화적 과정을 통해서 남자가 되고 여자는 어떤 문화적 과정을 통해서 여자가 되는지를 알아보아야 합니다.

남자와 여자는 원래 선천적인 차이를 가지지만 사회 속에 존재하는 남성성과 여성성은 문화적으로 생성됩니다. 사회적으로 규정된 남성

성과 여성성을 각각 획득하면서 남자는 남자가 되고 여자는 여자가 됩니다. 이것이 바로 문화 속에서 문화화되는 과정입니다. 영화나 소설책을 보면서 그 속에 존재하는 남자와 여자의 모습을 받아들이고 동일시하며 남자가 되고 여자가 되겠죠. 여기서 이 과정이 어떻게 이루어지는지 객관적으로 들여다볼 필요가 있습니다. 또 다른 예를 들면 노동자는 어떻게 노동자가 되는가 하는 것을 생각해볼 수 있겠죠. 텔레비전 드라마를 보면 남자는 남자로, 여자는 여자로, 노동자는 노동자로, 사장님은 사장님으로 표현하는 방식이 존재합니다. 이런 현상들을 분석하고 비판하는 것이 문화 연구의 중요한 문제의식이 되겠죠.

다음으로 '문화는 어떻게 해석되는가' 라는 주제를 생각해볼 수 있습니다. 우리는 드라마나 영화를 보고 음악도 듣습니다. 요즘 소위 '막장드라마' 이야기 많이 하죠. 저는 막장드라마를 도저히 참고 볼 수가 없어서 잘 못 봅니다만 열심히 보는 사람들도 많더라고요. 이 막장드라마를 보는 사람들은 드라마의 의미를 어떻게 받아들이는가 하는 문제도 아주 중요한 인문학적 주제가 될 수 있습니다. 이는 간단한 문제가 아니고 사람마다 다 다르겠죠. 예컨대 〈아내의 유혹〉이라는 드라마를 보는데 그걸 보는 사람이 여자냐 남자냐, 어떤 계층의 여자냐 남자냐에 따라서 다 다른 해석이 가능할 겁니다. 이런 것들을 들여다봄으로써 그 문화가 가지고 있는 사회적 의미 등을 객관적으로 밝혀볼 수 있습니다.

우리는 역사를 볼 때 당대의 기록물이나 여타의 유물을 토대로 상상력을 발휘해 빈 곳을 메워가며 그 시대를 구성합니다. 역사는 원래 있는 것이 아니고 문화적으로 구성되는 것입니다. 만들어지는 겁니다. 역사적 기록물이 누구의 시각으로 만들어졌는가에 따라서 전혀 다른 역사가 구성될 수도 있죠. 지금 이 순간 우리가 남기고 있는 여러 자료와 기록들이 100년, 200년 후에 이 시대를 짐작하는 역사적 유물이 될 것입니다. 미래에 이것을 어떤 관점에서 파악해 구성하느냐에 따라 지금과는 전혀 다른 역사가 만들어질 수도 있습니다. 다시 한 번 말하지만 그래서 역사는 존재하는 것이 아니라 문화적으로 누군가에 의해서 구성되는 것입니다. 이를 들여다보는 것, 공부하는 것이 문화 연구의 중요한 주제 가운데 하나입니다.

앞서 '문화는 자연이 아니다' 라는 이야기를 하면서 결국 그 사회에서 어떻게 문화적인 약속이 이루어지는지 따라 문화 간 차이가 생긴다고 말씀드렸죠. 문화 간 차이는 어떻게 이해되는가, 이 차이는 왜 발생하는가의 문제도 문화 연구의 주제가 됩니다. 흔히 문화적 차이가 문화적 위계로 오해되는 경우가 많아요. 어떤 것은 좋은 것이고 어떤 것은 이보다 더 열악한 것이다, 이런 식의 관계로 이해되는 경우가 많고 이같은 관념이 한 사회 내에서 교육되면서 끝없이 재생산됩니다. 아직도 많은 사람이 클래식은 수준 높은 음악이고 팝송이나 대중가요는 수준 낮은 음악이라는 식의 위계를 머릿속에 가지고 있죠. 이 위계는 결국 문화의 코드와 가능성을 만드는 힘, 즉 권력을 누가 가졌는가에 의해 결정되어왔습니다. 그런 의미에서 문화와 권력은 매우 밀접한 관계이고 문화 자체가 권력의 산물이라고 이야기할 수 있습니다. 반대로 권력이 문화의 산물일 수 있겠죠. 문화를 만들어내는 권력, 상징을 만들어내는 권력, 또는 상징을 조작하고 의미를 부여하는 권력, 사회적으로 특정한 권력 집단이 이러한 권력을 행사하게 되지요. 그리고 이를 통해 또다시 권력이 만들어집니다. 권력은 일상 속에서 무의식중에 만들어지고, 행사되고, 존재합니다.

나아가 문화는 어떻게 우리의 정체성을 형성하고 표현하는가라는 문

제도 있습니다. 정체성이란 한마디로 이야기하자면 '나는 누구다' 라고 내가 나를 설명할 때 동원할 수 있는 여러 가지 요소겠죠? 나는 50대 남자이고 어디 출신이고 어느 학교를 나왔고 직업은 뭐고……. 이 정체성들은 바로 문화를 통해서 구성되고 표현됩니다. 남자로서 나 자신의 모습, 또 어떤 연령대로서 나 자신의 모습, 특정한 직업인으로서 그리고 어떤 세계관을 가진 존재로서 나 자신의 모습이라는 것은 내가 살면서 경험해온 문화의 축적물이라고 할 수 있습니다. 그것은 사람마다 다 다른 것이죠. 문화라는 공간 속에 함께 존재하면서 끊임없이 서로 갈등을 하며 형성해왔기 때문입니다.

거듭 말씀드리지만 문화를 이해하고자 할 때 제일 중요하게 생각해야 할 부분은 우리를 둘러싼 자연스러워 보이는 모든 것이 사실 자연이 아님을 인식하는 것입니다. 이는 누군가에 의해 만들어진 것이고 역사적으로 형성된 것이므로 비판될 수 있고 새롭게 변화, 창조될 수 있습니다. 이는 문화 연구에 있어 가장 기본적이면서도 핵심적인 문제입니다. 이상입니다.

이영미 —— 반갑습니다. 이영미입니다. 김창남 선생님께서 해주신 말씀이 일반적인 문화에 대한 기본 성격, 즉 우리가 문화를 어떻게 바라보아야 하는가에 대한 것이었다면 저는 그중에서도 예술문화, 대중예술이라고 말할 수 있는 대중예술문화에 대한 이야기를 하고자 합니다.

'대중문화와 인문학이 어떻게 소통할 것인가' 가 저에게 주어진 주제였습니다. 일단 주제를 받으면 저는 이렇게 생각하죠. 도대체 이걸 왜 나한테 부탁했을까? 이런 질문을 던지는 이유는 무엇일까? 그게 기획자의 의도니까요. 사실 저는 이 주제가 다소 의아했습니다. '왜 대중문화 혹은 대중예술과 인문학의 소통이 특별한 얘깃거리가 되어야 하는가' 라는 생각이 들었기 때문이죠.

무슨 말이냐면 예컨대 소설과 인문학이 어떻게 소통할 것인가라는 식의 질문은 아무도 안 하지 않습니까? 현대회화와 인문학의 소통은 어떻게 가능할 것인가, 이런 식의 이야기도 하지 않습니다. 왜냐하면 우리는 이 두 가지가 늘 소통하고 있다고 생각하기 때문입니다. 다시 말해 현대회화나 소설 같은 것들은 매우 인문학적이라고 생각하기 때문입니다. 하지만 대중문화와 인문학 또는 대중예술과 인문학, 어떻게 소통할 것인가 하는 질문에 대해서는 어떤 문제제기를 하고 싶어지죠. 대중예술과 인문학은 굉장히 거리가 먼 것처럼 느껴지기 때문입니다. 이 주제 자체에도 이런 문제제기가 들어 있다고 생각되고요.

대중예술과 인문학, 왜 이 두 가지는 서로 거리가 멀다고 생각할까요? 아까 이야기했던 소설과 인문학, 현대회화와 인문학 이런 것들에 비해서 대중예술은 뭔가 좀, 통속적인 말로 하면 '먹물 기' 가 없어 보이는 편이죠. 교양 같은 것과는 거리가 멀어 보이는 대중예술과 교양 있어 보이는 인문학은 도대체 연결되지 않는다, 이런 생각을 우리는 가지고 있는 겁니다. 그런데 과연 그럴까라는 게 저의 질문이고, 그래서 오늘 '과연 인문학은 대중예술과 만날 수 있는 접점이 없는가, 있다면 그것은 무엇인가' 에 대해 말씀드리려고 합니다.

먼저 인문학의 본질과 대중예술의 본질을 생각해볼 필요가 있습니다. 오늘의 주제인 '대중예술과 인문학, 어떻게 소통할 것인가' 가 우리에게 신선한 문제제기로 다가오는 것처럼 인문학과 대중예술이 거리가 멀다라고 생각하는 것은 너무나 당연합니다. 방금 말씀드린 것처럼 인문학은 배운 사람, 진지함, 교양과 같은 단어와 관련 있어 보이고 대중

예술은 어중이떠중이 다 할 수 있는 것, 다 볼 수 있는 것이라는 생각이 듭니다. 예컨대 사람들은 친구가 '우리 저기 미술관 가서 그림 볼까?' 물으면 '아, 그런 데 한 번도 안 가봤는데' 하고 망설이며 불편해하든가 혹은 그림 앞에 서서 눈치를 보죠. 지금 이 그림 앞에서 잘 그렸다는 표정을 지어야 하는 것인지, 잘 모르겠다는 표정을 지어야 하는 것인지 난감해하기도 합니다.

하지만 영화나 텔레비전 드라마를 볼 때, 대중가요를 들을 때는 아무도 그렇게 눈치를 보지 않습니다. 재미없으면 '아유, 뭐 이런 게 다 있어' 하고 딱 꺼버리든가 김창남 선생님 말씀처럼 '쨍하고 해 뜰 날, 제발 그만둬줘' 합니다. 그런데 이게 아주 유명한 누군가가 만든 고급한 예술이라면 약간 주눅이 들면서 '뭔가 굉장한 게 있는데 나만 못 알아듣고 있는 건 아닐까?' 하는 생각을 합니다. 대중예술은 모든 사람이 교양을 따지지 않고 볼 수 있는 오락적인 어떤 것이라 생각합니다. 이는 인문학의 특성과는 다소 다릅니다.

좀 더 간명하게 이야기하자면 저는 인문학이 인간과 세상에 대해서 본질적인 질문을 던지고 이를 논리적인 언어로 탐구하는 기초학문 영역이라고 봅니다. 이에 비해 자연과학은 자연세계와 인간의 자연적인 측면을 탐구하고, 사회과학은 인간이 가지고 있는 사회적인 측면을 탐구하는 학문이죠. 그렇기 때문에 우리가 인문학을 어렵다고 생각하는 것도 충분히 납득됩니다. 인간과 세상에 대해 본질적인 질문을 던지는 것은 일상에서는 잘 하지 않는 일이니까요. 태어나서 죽을 때까지 인간과 세상에 대한 본질적인 질문을 한 번도 던지지 않고서도 얼마든지 살아갈 수 있습니다. 솔직히 그렇지 않나요? 도대체 인간이란 게 뭘까? 이런 생각 안 해도 됩니다. 세상에 대해서도 마찬가지입니다. 돈은 그냥 벌어서 쓰면 되는 것이지요. 우리가 돈이란 무엇인가에 대해 열심히 고민하지 않아도 얼마든지 돈 벌고 살아갈 수 있습니다.

어떻게 보면 이런 인문학이나 자연과학, 사회과학 같은 기초학문은 어른들 말에 의하면 아주 쓸데없는 짓을 하는 겁니다. 한 번도 안 해도 먹고사는 데 전혀 지장 없는 질문을 끊임없이 던지지요. 생각해보세요. 주전자에다가 물을 넣고 끓입니다. 물이 끓으면 당연히 뚜껑이 벌컥벌컥 합니다. 그럼 '물이 끓으니까 뚜껑이 벌컥벌컥하지', 이러고 지나가면 되는 걸 가지고 '이게 왜 벌컥벌컥거리지?' 라고 생각하는 게 좀 이상한 사람 아닙니까? 자연과학자는 이런 이상한 생각을 하는 사람입니다. 사과가 떨어지면 떨어지는구나, 익었으니까 떨어지겠지, 깨지면 아깝다, 이렇게 생각하면 되는 걸 '저것은 왜 올라가지 않고 떨어지는 것일까?' 생각합니다.

인문학하는 사람들도 마찬가지입니다. 철학개론 시간에 들어가서 듣는 가장 황당한 질문 중 하나가 이런 것이죠. 교수가 탁자를 가리키면서 '이것이 존재하느냐?' 라고 묻습니다. 존재한다고 대답하면 '이것이 존재하는지 어떻게 증명하느냐?' 라고 되묻습니다. 일상의 감각으로 하자면 정말 황당하기 이를 데 없는 질문입니다. '만약 이 탁자가 없다면 탁자에 기대고 있는 교수님은 넘어지겠지, 교수님이 안 넘어지니까 탁자는 존재하는 거지', 이런 당연한 설명법을 피하고 다른 식의 좀 더 본질적인 질문을 던져보는 것이 인문학입니다. 아마 인문학자들이 하는 생각을 따져보면 보통 사람들은 아주 황당할 겁니다. 극단적으로 말해 밥 벌어먹고 사는 데 전혀 도움이 되지 않는 사람, 일생에 도움 되는 짓을 한 번도 하지 않고 살아가는 사람이 인문학자죠. 지금도 그런지 잘 모르겠지만 몇 십 년 전만 해도 철학과 간다고 하면 '아, 집안이 망했구나'생각했습니다. 돈을 많이 벌거나 출세하는 일과는 관계없는 짓을 하겠다고 나서는 것이기 때문입니다. 인문학하는 사람들이 그렇게 취급받는 것은 바로 이러한 이유에서입니다.

즉 인문학은 인간과 세상에 대한 본질적인 질문을 던진다는 점에서 본격예술, 고급예술이라고 부르는 것들과 통하는 측면이 있습니다. 본격예술, 고급예술들은 왜 어렵게 느껴질까요? 우리는 흔히 기법이 복잡해서라고 생각합니다만 사실 기법이 복잡한 것이 아니라 하고 있는 말이 어려워서인 측면이 큽니다. 인문학에서 이야기하고 있는 것처럼 정말 인간과 세상에 대한 본질적인 질문을 던지기 때문이죠.

여러분 어릴 적 소위 세계명작이라는 것을 읽었을 때 감상이 어땠는지 기억나십니까? 빨리빨리 줄거리를 나갈 것이지 뭐 그리 복잡한 이야기가 많은지. 예컨대 도스토옙스키의 《카라마조프가의 형제들》은 이렇습니다. 아들 셋 중 장남이 아버지와 특히 사이가 나빴는데 어느 날 갑자기 아버지가 살해를 당합니다. 이런 경우 보통 '아버지를 누가 죽였을까?'에 관심을 가지지 않겠습니까? 그럼 빨리빨리 진도 나가서 아버지를 누가 죽였는지 밝혀야 한다고 생각하는 것이 일반 독자들의 상식입니다. 그런데 아버지를 누가 죽였는지 밝힐 생각도 안 하고 도스토옙스키는 딴소리만 하고 있습니다. 신이 존재하는가 안 하는가, 인간의 윤리란 무엇인가 등에 대해 하염없이 이야기합니다. 도스토옙스키는 줄거리를 아주 천천히 전개시키면서 이 과정을 통해 아버지를 누가 죽였는지가 아니라 인간과 세상에 대해 혹은 신의 본질에 대해, 인간 윤리의 본질에 대해 이야기하고 싶었던 겁니다. 그러니까 어렵지요. 왜냐하면 우리는 신의 존재와 인간 윤리의 관계 같은 것에 대해서는 생각하지 않고 살아도 아무런 문제가 없기 때문이죠.

이에 비해 대중예술은 다릅니다. 인간과 세상에 대한 본질적인 질문을 던지지 않습니다. 던지더라도 별로 중요한 게 아니기 때문에 상식적인 수준에서 이야기합니다. 사랑은 고귀한 거야, 인간의 생명은 고귀한 거야, 이런 정도이죠. 말하자면 인간과 세상의 본질에 대해서 새로운 인식이나 새로운 각성 같은 것을 촉구하는 노력을 별로 안 합니다. 오히려 우리가 다 알고 있는 욕망, 우리가 늘 경험하고 있는 것들을 새롭게 제기하고, 환기시키고, 소통하고 그냥 끝납니다.

이 때문에 대중예술은 창의적이지 못하고 뻔하다는 이야기를 듣습니다. 우리 텔레비전 드라마 보면서 '아, 무지하게 뻔한데 재밌어' 그러잖아요? 그런데 저는 이 말이 틀렸다고 생각합니다. 뻔한데도 재밌는 것이 아니라 뻔하기 때문에 재밌는 것이죠. 대중예술이 뻔하다는 것은 치명적인 결함이 아니라 대중예술의 본질이니 당연한 것입니다. 물론 그 뻔한 사이에서도 약간의 창의성을 발견하게 됩니다만 이것이 본격예술에서 보여지는 그런 것은 아닙니다.

대중예술이 뻔한 것을 조금만 벗어나면 우리는 굉장히 불편해합니다. 여러분 가운데 혹시 임순례 감독의 영화 〈와이키키 브라더스〉를 보신 분 있으십니까? 불편하지 않으셨어요? 이 영화는 평론가들에게 좋은 평가를 받았습니다만 관객 수는 아주 적었습니다. 그다음 임순례 감독이 만든 영화 〈우리 생애 최고의 순간〉을 보니까 '와, 임순례 감독이 엄청나게 대중적인 작품을 뽑아냈구나' 하는 생각이 들더라고요. 이전 작품인 〈와이키키 브라더스〉나 〈세 친구〉를 보면 대중이 원하는 익숙한 방식으로는 한 번도 카메라를 비추지 않습니다. 이 작품에 나오는 주인공의 얼굴을 한 번도 클로즈업을 해주지 않아요. 그러니 영화를 보아도 주연한 영화배우의 얼굴이 기억나지 않아요. 결국 보는 관객은 불편함을 느꼈고, 관객이 많이 들지 않았습니다. 뻔하지 않은 방식으로 만들어졌기 때문입니다.

대부분 뻔하다는 것은 우리를 매우 곤혹스럽게 만든다고 생각하지만 사실은 매우 편하게 해줍니다. 왜일까요? 대중예술을 보는 것은 일종의 휴식이기 때문입니다. 예컨대 8시간, 10시간 일하고 굉장히 피곤한 몸으로 집에 들어왔는데 볼 게 예술영화밖에 없다고 한다면 정말 미쳐버리겠죠. 금요일 밤에 집에 들어가서 '나는 주말 동안 DVD만 볼 거야, 5일 동안 쌓인 모든 스트레스를 영화로 날려버릴 거야' 라고 결심했는데 동생이 예술영화만 빌려 왔다, 그럼 정말 쥐어박고 싶겠죠. 당장 할리우드 블록버스터나 홍콩영화 같은 걸로 바꾸어 오라고 외치고 싶을 겁니다. 즉, 우리는 뻔한 것을 보아야만 쉴 수 있기 때문입니다.

대중예술이 이렇게 뻔하기 때문에 우리는 노래방 가서 노래를 부를 때 몇 개의 노래가 자연스럽게 뒤섞이는 경험도 합니다. 어떤 노래를 시작했는데 나중에 보면 다른 노래 뒤로 가 있죠. A라는 노래를 시작했는데 후렴구는 B라는 노래의 후렴구를 부르고 있는 경우 말입니다. 살면서 이 같은 경험을 종종 하는데 이는 대중예술이 그만큼 뻔한 문구를 가지고 있다는 증거입니다. 하지만 우리는 이런 노래들을 계속 즐겨 듣고 부릅니다. 우리는 창의적인 것을 좋아한다고 말하지만 사실은 굉장히 뻔한 것들을 좋아하고 있습니다.

새로운 인식도, 각성도 없는 그냥 다 아는 이야기, 다 알고 있는 느낌, 다 알고 있는 기법들을 계속 환기하는 것만으로도 우리는 왜 그렇게 즐거울까요? 이는 굉장히 흥미로운 대목입니다. 저는 이것이 인식과 감정을 환기하는 데서 오는 쾌락이라고 생각합니다. 등산이나 운동을 할 때 온몸에 피가 확 돌고 오장육부가 활발하게 움직이고 나면 기분이 좋아지는 것처럼 머리와 가슴도 그런 게 아닐까 해요. 드라마를 볼 때나 음악을 들을 때 감정이 고양되었다가 뚝 떨어지는 경험들, 이런 인식의 환기, 정서의 환기 같은 것들이 인간을 즐겁게 합니다.

결국 이렇게 즐겁게 인간의 감정을 고양시켰다가 떨어뜨리려면 그 대중예술이 담고 있는 내용은 상당히 강렬한 것이어야 합니다. 그리고 보편적이어야 하죠. 예컨대 일상적이고 반복적인 것, 연애, 가족관계, 돈 문제, 사회 속의 작은 권력관계 같은 것들 말이에요. 여러분 중에 드라마 〈아내의 유혹〉을 욕하면서도 끝까지 보신 분 있으시죠? 이 드라마는 이야기 전개의 어떤 개연성도 없고 그야말로 아무것도 아닌데 8시 뉴스의 시청률을 높일 정도로 인기를 끌었습니다. 말도 안 된다고 욕하면서도 주인공이 위기에 처하면 긴장하고 위기에서 벗어나면 안도합니다. 드라마는 계속 긴장을 만들고 또 해결합니다. 머리와 마음을 적절히 긴장시키고 이완시키는 것을 반복하며 즐거움을 줍니다.

그런데 여기서 얻는 공감과 환기의 즐거움이 대중예술만의 전유물은 아닙니다. 모든 예술이 다 그렇거든요. 본격예술은 단지 그 과정을 좀 빽빽하게 만들죠. 왜 빽빽하게 만들까요? 그냥 확 올라갔다 확 내려오면 아무 생각도 안 하게 되기 때문에 생각을 좀 하라고 빽빽하게 만듭니다. 수용자는 '작가가 여기를 왜 이렇게 빽빽하게 만들었지? 그냥 이렇게 치고 올라가서 카타르시스를 안겨주면 될 텐데' 라고 생각하고 그 속에서 작가가 하고 싶어 하는 말을 적극적으로 찾게 됩니다. 아까 제가 《카라마조프가의 형제들》 이야기를 했습니다만 도스토옙스키는 사람들이 '빨리 아버지를 죽인 범인을 찾으면 될 텐데 왜 이렇게 윤리에 대한 이야기 계속하고 있지?' 라는 의문을 가지고 어떤 생각을 끌어내길 바랐을지 모릅니다. 이것이 바로 본격예술이 가지고 있는 '낯설게 하기'라는 특성입니다. 그런데 대중예술은 이것을 하지 않죠. 대중예술에선 그냥 감정의 환기, 인식의 환기, 이완, 긴장, 이완……을 반복하고 있는 겁니다. 사실 모든 예술은 본질적으로 이 같은 감정의 공감과 환기 등의 요소를 가지고 있습니다. 다만 대중예술은 여기에 특정한 측면이 조금 강화되어 있을 뿐입니다.

바로 이런 이유 때문에 대중예술은 인문학적인 사유를 그 안에 과다하게 포함할 수가 없습니다. 그게 많이 포함되면 대중예술이 될 수 없기 때문이죠. 그렇게 되면 인간과 세상을 본질적으로 고민하게 만들어 수용자를 쉬지 못하도록 괴롭히는 거잖아요. 여러분 〈아내의 유혹〉을 보면 인간과 세상에 대한 본질적인 고민을 하게 되나요? 아니죠? 그런 고민을 하려면 이 드라마를 보지 않겠죠. 이 드라마를 보는 이유는 그런 생각을 안 하고 좀 편하게 쉬고 싶기 때문입니다. 물론 우리가 늘 그렇게 아무 생각 없이 살고 있는 것은 아닙니다. 하지만 사는 게 피곤하고 진지한 생각을 계속하는 것이 힘드니까 종종 〈아내의 유혹〉 같은 것을 보면서 쉬고 싶은 것이죠. 그래서 대중예술이 존재하는 겁니다. 말도 안 되는 그런 드라마가 이렇게 인문학 강좌를 들으러 오시는 분들의 삶에서도 요구된다는 점, 이러한 측면을 솔직하게 인정할 필요가 있습니다.

이렇게 대중예술의 본질이 인문학적 사유를 많이 포함할 수 없는 것이라면 대중예술과 인문학은 어떻게 만날까요? 대중예술을 통해 인문학을 한다는 저 같은 연구자는 도대체 무엇을 하는 사람일까요? 이 질문의 답은 아까 김창남 선생님이 하신 말씀 속에 있습니다. 이것은 문화이고 인간 삶의 일부분이기 때문입니다.

〈아내의 유혹〉이라는 작품이 우리에게 의도적으로 인문학적 사유를 던져주지는 않습니다. 작가가 던져주지도 않지요. 하지만 저는 그 드라마를 보면서 '이렇게 말도 안 되는 드라마를 왜 이렇게 많이 볼까?'라는 의문을 품고 이 지점에서부터 인문학적 상상력을 발휘하는 거죠. '이 드라마가 5년 전에 나왔다면 과연 이렇게 인기를 끌 수 있었을까? 아니겠지? 10년 전이라면 과연 인기를 끌었을까? 거꾸로 5년 전에 인기를 끌었던 어떤 드라마가 만약 지금 나온다면 여전히 재미있게 느껴질까?' 이런 식으로 상상하는 겁니다. 그리고 '이 드라마가 시청률 40퍼센트를 달성할 수 있었던 요인은 도대체 뭘까? 이 드라마가 말도 안 되고 머릿속을 비워버린 사람들만 보는 것이라고? 하지만 드라마는 늘 그런 방식으로 보아왔는데 왜 하필 지금 이 시기에 〈아내의 유혹〉이 인기를 끄는 것일까? 그리고 2년 전이었다면 이 드라마는 왜 인기를 끌 수 없었을 것 같아 보이는가?' 등에 대한 설명을 하려는 겁니다. 말하자면 대중예술이 인문학 연구의 대상은 될 수 있다는 것이죠.

즉, 대중예술 자체는 인문학적인 사유를 담고 있지 않더라도 대중예술을 대상으로 한 인문학적인 사유는 할 수 있습니다. 인간이 대중예술을 창작하고 향유하는 그 현상을 연구함으로써 인간에 대한 새로운 인식을 시도합니다.

이렇게 본격예술과 대중예술의 본질과 특성이 다르기 때문에 대중예술에 대한 연구는 본격예술을 연구할 때와는 굉장히 다른 태도로 접근해야 합니다. 저는 국문학을 전공했습니다. 국문학과에서 배우는 것은 소위 고급하다는 소설이나 시 등을 연구하는 일입니다. 이런 작품은 대개 어렵습니다. 한 번 읽어서는 작가가 무슨 이야기를 하는지 잘 포착할 수 없습니다. 그래서 작품을 분석하는 법을 배우고 이를 통해 작가가 하고자 하는 말에 도달하는 법을 배웁니다. 더불어 그 작가가 왜 이

런 생각을 하게 되었는지 그가 살아가는 세상과의 연관성을 탐구합니다. 그리고 다시 그 작가의 작품세계와 작가의식에 대해 생각합니다.

예컨대 이광수의 작품 《무정》 하나만 보면 이 작가가 어떤 사람인지 감이 안 잡히는데 《무정》 외에 《흙》도 보고 《유정》도 보고 《단종애사》도 보고 《사랑》까지 다 보고 나면 작가와 작가의 작품세계 전체를 좀 더 잘 이해하게 됩니다. 또 그가 살았던 식민지 시대와 그 작가의 삶을 연구하면서 '이런 사람이었기 때문에 이런 작품세계를 가지고 《무정》이라는 소설을 썼구나' 하는 포괄적인 생각을 하는 데까지 이르게 됩니다. 제가 학교에서 배운 연구 방법들은 이런 것이었습니다.

그런데 대중예술을 연구하다 보면 이렇게 연구하는 게 별 의미 없을 때가 많습니다. 단적으로 대중예술 작품에서는 작가가 그렇게까지 중요하지 않을 때가 많습니다. 여러분 혹시 〈아내의 유혹〉의 작가가 누군지 기억하시나요? 대중예술에서는 어떤 특성을 가진 작품이 인기를 모으면 그 뒤에 엇비슷한 작품이 줄을 잇습니다. 이 작품들을 모두 한 작가가 썼기 때문에 그렇게 비슷한 것이 아닙니다. 작가가 다른데도 비슷합니다. 이런 경우에 작가가 누구인가는 그렇게 의미 있는 사항이 아닙니다. 왜 지금 이런 경향이 인기를 끄느냐, 수용자는 왜 이런 경향을 좋아하느냐, 이는 지금의 시대 상황이나 사회와 어떤 관계를 맺고 있느냐 하는 것이 더 중요하지요. 즉, 아무리 의미 없어 보이는 것일지라도 그것을 수많은 사람이 좋아한다면 이러한 현상 자체만으로도 생각하고 고민해볼 여지가 있다는 것입니다. 어떤 농담이 유행을 할 때도 마찬가지입니다. '어느 시대에는 개구리 시리즈가 유행했는데 1990년대로 진입하면서 최불암 시리즈가 유행했다' 라는 현상도 많은 사람이 좋아하고 향유했다는 이유 하나만으로 생각해볼 필요와 가치를 지닙니다.

이렇게 대중예술의 핵심은 작가가 아니라 수용자들이 느끼는 재미입니다. 그 재미가 도대체 왜 발생하느냐를 생각합니다. '아, 재미있으니까 재밌지'라고 설명해버리면 이건 인문학을 하는 태도가 아니죠. 인문학은 더 본질적으로 들어가야 하는 것이기 때문입니다. 아까 김창남 선생님이 말씀하신 것처럼 당연하다고 생각하는 것을 당연하지 않다고 생각하는 것입니다. '재미있으니까 재밌지'가 아니라 '정말 늘 재밌어? 누구에게나 재미있어?'라고 따져보아야 합니다.

여러분 〈가을동화〉라는 드라마가 처음 나왔을 때 얼마나 재미있었습니까? 처음에는 은서랑 준서가 예쁜 것만으로도 재미있다는 느낌이 들 정도였지요. 게다가 불치병이라니! 그런데 이제는 불치병만 나오면 정말 징그럽게 싫죠. '또 암이냐? 제발 암으로 죽이지 말래? 또 암이면 방송국 폭파시켜버릴 거야.' 이런 글들을 방송국 홈페이지 게시판에 가서 올립니다. 2년 전까지만 해도 재미있었던 것이 왜 갑자기 재미없어졌을까요? 출생의 비밀도 마찬가지입니다. 얼마 전까지만 해도 흥미진진하게 느껴졌던 출생의 비밀이 왜 이제는 식상한 소재가 되었을까요? 흔히 사람들은 출생의 비밀과 불치병이 나오면 늘 재미있을 것이라 생각합니다. 하지만 늘 재미있지는 않습니다. 어떤 때는 재미있고 어떤 때는 재미없고요. 〈가을동화〉가 있기 전 10여 년 동안 우리나라 드라마에서 불치병이 이렇게까지 인기를 끌었던 적은 거의 없었습니다. 1980년대 초반에 약간? 그때 배우 정윤희 씨가 백혈병으로 쓰러지는 드라마가 하나 있었죠. 인터페론이라고 하는 약을 갑자기 대중화시켰던 이 드라마 외에는 거의 전무했습니다. 그런데 어느 한 시기에 불치병이 집중적으로 나왔다는 것은 연구해볼 만한 가치가 있다는 겁니다. 즉, 대중예술의 핵심이 재미인데 이 재미를 범상하게 여기지 않고 이것이 가지

는 의미가 무엇이지, 우리가 왜 거기에서 재미를 느끼는지 생각하는 것
으로부터 인문학적 사유가 만들어집니다.

그래서 저는 이런 대중예술 연구에서 뻔하고 통속적인 작품이 가장
어렵습니다. 대중예술 중에서 이른바 '작가주의'라는 말을 붙일 수 있
는, 좀 비대중적이고 어려운 작품은 분석하기가 쉽습니다. 예컨대 1970
년대 대중가요에서는 김민기와 한대수 연구가 제일 쉽습니다. 왜냐하
면 이들은 본격예술로서도 분석이 가능하기 때문입니다. 작가의식이
너무 뚜렷하기 때문에 제가 학교에서 배웠던 방식으로 분석하면 풀립
니다. 1970년대 대중가요사에서 가장 어려운 것은 남진과 나훈아였습
니다. '도대체 이런 유치한 노래가 어떻게 유행을 했어?' 하는 질문에
답하기가 매우 어렵다는 것이지요. 드라마로 치자면 지금 노희경 드라
마, 시청률이 높지는 않지만 마니아들이 좋아하는 독특한 작가주의적
색깔을 지닌 작가의 작품은 분석하기가 쉽습니다. 〈아내의 유혹〉 같은
작품을 연구하는 것이 훨씬 더 어렵습니다.

인문학이 대중예술을 분석하는 지점이 바로 이런 것이기 때문에 대
중예술에 대한 연구를 하는 사람들의 말이나 평론은 대중예술 창작자
들에게 별로 도움이 안 될 듯합니다. 어차피 인문학적 상상력으로 작품
을 쓰지 않기 때문입니다. 평론은 오히려 방해가 되죠. 기분만 나쁩니
다. 그래서 대중예술 평론가에 대해 대중예술 창작자들은 결코 호의적
이지 않습니다. 본격예술계에서는 비평가와 창작자가 티격태격 싸우
지만 결국 협력하는 관계임을 인정합니다. 그러나 대중예술은 결코 그
렇지 않습니다. 대중예술계에서는 '저건 안티야'라는 식의 반응을 합
니다. '좋은 말 하지 않을 거면 아예 쓰질 말 것이지'라고 생각합니다.
평론을 일종의 홍보 수단 정도로만 간주하는 경우가 굉장히 많습니다.

"대중예술을 인문학적으로 분석할 때 가장 중요
한 소통 대상은 작가가 아니라 수용자라고 생각
합니다. 즉, 대중예술을 향유하고 수용하는 우리
가 스스로를 분석하면서 '나는 지금 어디로 가
고 있는 것일까, 나는 무슨 생각을 하면서 살고
있는 것일까, 이 세상은 지금 어디로 가고 있는
것일까'를 점쳐보는 것이 중요합니다."

창작자에게 도움이 되는 것은 수용자가 이것을 재미있게 느낄 것인가 아닌가, 어떻게 하면 히트할 것인가와 관련된 측면이지 그것에 대한 인문학적인 의미가 아니기 때문입니다.

저는 이런 점에서 대중예술을 인문학적으로 분석할 때 가장 중요한 소통 대상은 작가가 아니라 수용자라고 생각합니다. 즉, 대중예술을 향유하고 수용하는 우리가 스스로를 분석하면서 '나는 지금 어디로 가고 있는 것일까, 나는 무슨 생각을 하면서 살고 있는 것일까, 이 세상은 지금 어디로 가고 있는 것일까'를 점쳐보는 것이 중요합니다. 막장드라마를 보면서 '이런! 작가가 미쳤나?'라고 생각하는 게 아니라 '막장드라마가 아닌 것은 왜 다 시청률이 바닥일까?', '막장드라마가 이렇게 뜨는 이유는 뭘까?'를 생각하면서 '이런 막장드라마가 유행하는 지금 시기와 사회 상황이 비슷한 시대가 있었던가? 그때는 어떤 드라마가 유행했는가? 지금 시대에는 왜 이런 드라마가 만들어질까?'를 고민하는 것이 핵심입니다.

대중예술학의 불편함은 바로 이런 겁니다. 창작자에게는 별 도움이 안 되기 때문에 매우 불편합니다. 도와주지도 않으면서 기분만 나쁘게 만듭니다. 수용자들이 쉬면서 마음 편하게 보도록 내버려두면 되는데 대중예술학은 자꾸만 생각해볼 것을 요구하면서 이들을 괴롭힙니다. 그런데 인문학이라는 게 원래 좀 불편한 겁니다. 그 불편함을 감수함으로써 나의 삶이 나아질 수 있다면, 내가 나의 마음과 스스로 소통할 수 있다면 그것만으로도 만족스러운 게 아닌가 합니다.

우리는 우리의 몸이 어떻게 움직이는지 일일이 생각하면서 살지는 않습니다. 매일매일 밥을 먹고 소화시키고 관절을 움직이며 살아가고 있지만 내가 발을 디딜 때 어떤 관절이 어떻게 움직이는지 챙겨가며 살아가지 않습니다. 하지만 그렇게 몸과 끊임없이 대화하면 몸이 보내는 이상 신호를 금방 알아들을 수 있다고 하죠. 대부분의 의사들은 이렇게 말합니다. '몸과 대화하십시오. 특히 나이를 먹을수록 자신의 몸과 적극적으로 대화하십시오.' 정신과 의사들은 이렇게 이야기합니다. '당신의 마음과 적극적으로 대화하십시오.' 저는 이것이 대중예술에서도 가능하지 않을까 생각합니다. 조금 불편하더라도 대중예술을 보는 나의 마음과 적극적으로 대화하면서 '이것이 나에게 무슨 의미인가'를 생각하는 것이 인문학이 가지는 의미이고 대중예술학을 공부하는 의미라고 봅니다. 고맙습니다.

강성원 —— 김창남 선생님은 대중문화를 연구하는 문화 연구의 전제가 되는 인문학적 질문들을 소개해주셨고, 이영미 선생님은 대중예술을 연구하는 인문학자의 입장에서 대중의 문화 혹은 예술에 대한 연구 의의를 밝혀주셨습니다. 오늘 두 분의 말씀을 듣다 보니까 우리 대중문화에서 보이는 질적인 천박함, 피상성을 부정적으로만 전제하고 계시다는 느낌이 듭니다. 하지만 저는 대중문화의 이런 특성에도 불구하고 대중문화에서 진보적 대중성을 끌어낼 수도 있다고 생각합니다. 그리고 기존의 고급문화 범주에 속한 주류 남성 중심의 장르문화가 아닌 비주류 여성문화, 노동자문화, 동성애문화 등이 추구하는 욕구와 만족, 그리고 이들이 대변하는 가치평가의 기준 등이 사회와 인문학 발전상의 민주적 가치를 확대·심화시킬 수 있다고도 봅니다. 삶의 질적 향상을 위한 우리의 노력에서 이 부분도 일정한 자산으로 연구·평가되어야 한다고 믿습니다. 이것이 바로 민주주의가 올바로 되는 것이기 때문입니다. 두 분 선생님들은 대중문화는 어쩔 수 없이 대중적일 뿐이라고 보시는 건가요?

이영미 —— 사람이 공부할 때도 있고 쉴 때도 있어야 하는 것처럼 예술에도 '쉬는 예술'이 있다고 생각하는 겁니다. 본격예술을 향유하기 위해서는 상당한 정신적·시간적 여유가 필요합니다. 말하자면 머리와 마음을 많이 긴장시켜야 가능하죠. 이렇게 할 만한 조건이 된다면 본격예술을 자주 향유하는 것도 좋지요. 하지만 늘 공부하고 살 순 없지 않습니까? 마찬가지로 쉴 때 필요한 예술도 있다고 봅니다. 그리고 이 역할을 전담하는 것이 대중예술 혹은 서민예술이라고 생각합니다.

대중예술은 현대에만 존재하는 게 아니라 전근대시대부터 계속 존재해왔습니다. 어떤 사람들에게는 많이 필요했고, 또 어떤 사람들에게는 좀 덜 필요했던 예술일 수는 있습니다. 하지만 늘 존재했던 것은 사실입니다. 그래서 새로운 인식의 각성이라든가 미적 각성, 이런 문제보다도 본격예술은 본격예술 나름의 역할이 있고 대중예술은 대중예술 나름의 역할이 있다는 것입니다. 이를 차별의 개념이 아닌 차이의 개념으로 보아야 합니다. 역할의 차이, 효용의 차이를 생각해보는 일이 훨씬 중요합니다.

한 사람의 일생에서도 이런 효용의 차이가 있다고 봅니다. 예컨대 대학교 때는 어려운 책이나 연극을 자주 보던 사람이 결혼해서 애 키우고 직장 다니면서 대학교 때 향유하던 것들과 멀어지는 경우가 많습니다. 즉, 심신이 대학생 시절보다 더 많이 지쳤기 때문에 휴식의 예술이 필요하게 된 것이라 할 수 있습니다. 하긴 요즘은 대학생들도 어려운 연극은 잘 안 보는 것 같습니다. 젊은 패기로 인간과 세상에 대한 본질적인 질문을 던지고 고민하기에는 지금 대학생들의 삶에 여유가 없죠.

그런데 예전에 비해서 소득 수준은 높아졌습니다. 그러니까 값비싼 뮤지컬이 흥행에 성공하는 겁니다. 대중극이나 뮤지컬은 값만 비쌀 뿐 본격예술이 아닌 대중예술이거든요. 그런데 값이 비싸니까 뭔가 고급해 보이잖아요? 즉, 저는 한국 사회가 인문학이나 본격예술을 향유할 수 없도록 사람들을 정신없이 몰아치고 있고, 그래서 이런 현상이 나타난다고 생각합니다. 단지 이러한 현상을 타락이라고 쉽게 이야기하고 치워버리면 안 된다는 것이지요. 이 존재는 이 존재대로 인정할 수밖에 없습니다. 그럼 저는 왜 이를 가지고 평론하고 연구하면서 수용자를 불편하게 만드느냐? 쉬고 노는 것도 좀 잘 쉬고 잘 놀자는 거죠. 자신이 어떻게 쉬고 노는지 따져가면서요. 이것이 바로 대중예술을 인문학적으로 만나는 일입니다.

강성원 —— 같은 질문을 김창남 선생님께도 드리고 싶은데요.

김창남 —— 고급문화라는 말을 별로 좋아하지 않는데, 이 단어가 '좋다' 라는 가치평가를 지니고 있는 것이 아니라는 전제하에서 말씀을 드리겠습니다. 대중문화, 고급문화를 구분하는 식의 예술론, 혹은 문화적 위계를 따지는 관점이 등장한 것은 근대 이후입니다. 과거 소수의 지배자들만 소유하고 있었던 그것만을 문화라고 부르는 시대가 있었습니다. 그러다 중세 이후의 여러 변화 속에서 새로운 사회적 집단들이 등장했고, 그들이 여러 가지 방식으로 역사를 바꾸고 역사의 주인공으로서 자신의 힘을 보여주기 시작하면서 근대사회가 열립니다. 과거의 관념이나 관점들과는 전혀 다른 문화적 행위들, 또는 관습들이 사회로 쏟아져 나오는 거죠. 이 모습을 보면서 구시대의 엘리트 귀족과 권력자들

이 위기감을 가집니다. 이렇게 되면서 만들어진 관점이 바로 고급문화
와 대중문화라는 이분법적 관점이라고 이야기할 수 있습니다.

구시대 엘리트 귀족과 권력자들의 이러한 관점은 원래 '이 사회를 지
배해온 귀족들이 가지고 있는 문화나 예술은 매우 수준 높아서 인류를
발전시킬 수 있다. 따라서 이렇게 고급스러운 예술적 가치를 지닌 문화
를 소유하고 있는 사람들이 이 사회를 지배하는 것은 정당하다'라는 내
용을 논리적으로 지지하기 위한 맥락, 그런 방어적인 맥락에서 나온 겁
니다. 이것이 고급예술론이 등장하게 된 역사적 배경이기도 하지요. 그
런데 한국 사회에 서구적인 교육 체계와 예술 제도가 들어오면서 이 같
은 미적 관점들이 재생산되기 시작합니다. 학교에선 지금도 여전히 이
이분법적 관점의 고급문화론을 가르치고 있죠.

예전에 가수 인순이가 예술의 전당에서 공연을 하겠다고 했는데 이
를 두고 허가를 하니, 안 하니 말이 많았죠. 10여 년 전에 가수 패티 김
이 세종문화회관에서 공연을 하기로 결정하자 이에 항의하는 뜻에서
당시 세종문화회관 이사들이 사표를 낸 일도 있었어요. 테너 박인수 씨
도 대중가수들과 어울려서 노래 부르고 콘서트에서 '아침이슬' 같은
대중가요를 부른다고 해서 국립오페라단에서 제명당했습니다.

이와 같은 사건들을 통해 우리 사회의 문화예술에 대한 사회적 관념
이 여전히 서구 엘리트들이 만들어놓은 문화에 대한 이분법적 사고의
영향 속에 있음을 알 수 있습니다. 문화예술 전체를 들여다보면 이러한
관점들이 지배하고 있는 것을 볼 수가 있습니다. 결국 문화적 기준과
문화적인 코드 등을 만드는 것은 권력이라는 이야기입니다. 이처럼 권
력은 우리가 일상적으로 향유하는 문화적 행위와 생활 속에 언제나 작
용하고 있습니다. 그래서 이를 뒤집어 보고 선택 혹은 거부할 수 있는

안목이 필요한 것입니다. 고급문화와 대중문화의 차이는 어떤 권력의 위계가 아닙니다. 좋고 나쁨의 문제도 아닙니다. 이는 미적 관습, 유통의 관습, 수용의 관습의 차이일 뿐입니다.

이영미 —— 한 가지 덧붙이면, 지금은 사실 전근대사회와 같은 계급의 사회가 아니지 않습니까? 그러다 보니 옛날 귀족들이 향유했던 소위 고급예술이 교육 등을 통해 많이 대중화되기도 했습니다. 반대로 대중예술을 소위 엘리트라고 하는 사람들이 향유하게 되면서 대중예술 사이에도 분화가 일어나는 양상이 보여요.

그래서 저는 솔직히 요즘 클래식 음악인들이 하고 있는 연주회의 상당 부분은 매우 대중적인 성격을 지니고 있다고 생각합니다. 특히 '가곡의 밤' 같은 건 너무너무 대중적입니다. 열린 음악회처럼 턱시도를 입은 오케스트라 단원들이 옆에 딱 서 있으면 고급한 것이고 청바지 입고 전자기타를 메고 나오면 저급한 것이냐는 이제 이야기할 수 없는 측면이 많다는 거죠.

다시 말해 아까 제가 말씀드렸던 인간과 세상에 대한 본질적인 질문을 던지느냐, 던지지 않느냐로 보자면 본격예술 영역에 있는 상당히 많은 예술이 지금은 그냥 보통의 대중예술처럼 오락으로 들리는 것이 되어버렸고, 오히려 대중예술 영역에 존재하고 있는 몇몇 예술들이 본격예술을 하는 자세로 정말 창의적인 뭔가를 만들어내고 있는 측면이 있다는 겁니다. 그래서 최근 예술계에서는 기초예술이라는 개념을 새로 만들자는 이야기를 하기도 합니다. 기초예술이란 새로운 창의력을 가지고 있는 예술, 말하자면 시장성이 없어서 이게 대중예술이든 고급예술이든 간에 국가가 보호해 기초적 창의력으로 육성해주어야 하는 예

술들을 일컫는 말이고요. 이제는 이런 이분법을 어느 정도까지는 좀 유연하게 생각할 필요가 있다고 봅니다.

김창남 —— 대중문화 혹은 대중예술에 대해서 많은 분이 가지고 있는 상식들이 있어요. 교육받아온 상식들. 대중가요는 수준 낮은 것이고 클래식은 수준 높은 것이라는 식의 관점. 아까 말씀드렸듯이 이는 관습적 차이의 문제일 뿐입니다. 또 하나 문제가 되는 상식은 '대중문화는 상품이고 예술은 아니다'라는 식의 관점이죠. 하지만 아까 이영미 선생님이 말씀하신 것처럼 요즘은 클래식도 다 상품으로 팔리고 엄청난 돈을 벌어들입니다. 예컨대 루치아노 파파로티는 빌보드 차트에서 1위를 여러 번 하기도 했습니다. 이런 현상들을 보면 클래식도 다분히 대중예술이라 할 만하죠.

그리고 이런 상식도 있습니다. '클래식은 오래가지만 대중예술은 일시적이다.' 클래식도 잊힐 건 잊히고 오래가는 건 오래갑니다. 모차르트의 음악은 수백 년이 지난 오늘날까지 계속 연주되지만 동시대에 더 높은 평가를 받았던 살리에르의 음악은 아무도 몰라요. 우리는 〈아마데우스〉라는 영화를 통해서 그런 사람도 있었다는 것을 처음 알았죠. 영국의 록밴드 비틀즈가 해체된 지 30년도 지났지만 매년 저작권료를 계산해보면 세계에서 가장 많은 저작권료를 발생시킵니다. 엘비스 프레슬리도 마찬가지고요. 20세기 초의 재즈는 지금도 꾸준히 연주됩니다. 언제까지 지속될지 알 수 없는 거죠. 모든 클래식이 살아남지 않듯이 모든 대중문화가 사라지는 것도 아닙니다.

이처럼 우리가 알고 있는 대중문화와 대중예술에 대한 몇 가지 상식들은 사실 잘못된 교육의 결과가 빚어낸 고정관념입니다. 그래서 이런 고정관념을 버리고 모든 것을 문화라는 관점에서 넓고 유연하게 보는 안목이 더욱 필요한 것이죠.

이영미 —— 예를 이렇게 들면 예기치 않은 오해가 생길 수 있어요. 왜냐하면 지금 시대를 뛰어넘는 대중예술의 예가 비틀즈와 엘비스 프레슬리였잖아요? 그렇게 멀리 갈 것도 없습니다. '황성 옛터', 1932년에 음반화된 작품인데 아직까지 노래방에서 불리고 있습니다. '목포의 눈물'도 마찬가지고요. 작곡가 박시춘은 1930년대 말부터 1950년대까지 주로 작품을 발표했는데 그 후손들은 저작권료만으로도 풍족하게 살 수 있을 정도입니다. 몇 십 년을 뛰어넘었지요. 그러니까 '아, 비틀즈 정도 되니까 시대를 뛰어넘겠지'가 아니라는 겁니다.

대중예술도 충분히 시대를 뛰어넘는 가치와 감동을 가지고 있습니다. 이에 비해 훌륭한 본격예술이 시대를 뛰어넘는 감동을 지니지 못하는 경우도 많아요. 솔직히 말해서 염상섭의 소설 《삼대》, 이건 학교에서 가르치니까 사서 보게 되지 자발적으로는 사서 보는 사람이 얼마나 되겠습니까? 시대를 뛰어넘는 가치로 보자면 '목포의 눈물'보다 못한 거예요. 이렇게 대중예술과 본격예술에 대해 우리가 가지고 있는 편견의 뿌리는 의외로 깊습니다.

청중 —— 언젠가 신문에서 이런 이야기를 읽었습니다. 범죄자들에게 철학과 역사를 가르치고 고전소설을 읽을 수 있도록 지도했더니 나중에 시간이 흐른 뒤에 그분들이 '내 인생에 패러다임이 바뀌었다. 진작 철학과 역사를 배우고 고전을 알았더라면 죄를 짓지는 않았을 것이다'라고 말했답니다. 그런데 사실 이렇게 소중한 가치를 지니는 인문학도 읽어주는 이 없고 알아주는 이 없다면 무용지물이겠지요. 지금 우리가 처한 현실을 둘러보면 활자매체보다는 영상매체가 압도적으로 우세하고 활자매체마저 미디어처럼 점점 연성화되는 것을 느낍니다. TV쇼 같은 책들이 서점에 깔려 있는 모습을 보면 서글픈 생각도 들고요. 이러한 상황에서는 인문학의 맥을 정확하게 짚어주고 똑바로 풀어주는 인문학 지식인들의 역할이 조금 더 강조되어야 하는 것인지, 아니면 개인의 취향과 선택, 공부와 수양을 존중해야 하는 것인지 혹은 이 두 가지 예가 어떻게 조화를 이루어야 하는지 두 분께 묻고 싶습니다.

김창남 —— 재소자들이나 노숙인들을 위해서 인문학 프로그램을 하는 곳이 바로 성공회대학교입니다. 문학과 역사, 철학 전통에는 인문학적인 사유를 통해 세상과 자신의 삶을 보는 경험이 얼마나 중요한지 충분히 드러나 있습니다. 처음에는 먹고살기 힘들어서 노숙하고 있는 사람들에게 철학이나 역사가 무슨 의미 있겠느냐는 지적을 받았습니다. 하지만 그분들은 강의를 듣고 난 후 비로소 자신의 정체성에 대해 깨닫게 되었고 자존감도 가지게 되었습니다. 사회적 존재로서 나의 삶을 성찰할 수 있는 기회가 된 것이죠.

대학에서 강의를 하다 보면 젊은 세대는 깊이 있는 인문학적 사고보다는 감각적이고 표피적인, 엔터테인먼트화된, 오락화된 지식이나 영상 등을 훨씬 좋아한다는 것을 느낄 수 있습니다. 또 요즘에는 파워포인트로 강의 자료를 만들어서 영상을 보며 학생들을 가르치기도 합니다. 저는 그냥 옛날식으로 분필 들고 강의하는데 학생들이 좁니다. 그래서 '비디오 보여줄게, 비디오 봐라' 하면 학생들이 갑자기 눈을 동그랗게 떠요. 비디오를 틀어주긴 했습니다. 제가 강의하는 걸 찍은 비디오를. 딱 5분 가더라고요.

아무튼 강의를 하면서 이런저런 시도를 해보는데, 학생에게 물어보면 영상물을 볼 때는 굉장히 재미있지만 끝나고 나면 머릿속에 남는 게 없다고 해요. 책을 읽고 밑줄을 그어가며 공부한 것이 역시 머리에 남고 그저 재미있게 지나간 것은 오래 남지 않는다고 합니다. 그래서 저는 늘 학생들에게 책을 통한 공부, 텍스트를 가지고 논리적으로 사유하는 훈련이 얼마나 중요한지 이야기합니다. 학생들이 이 같은 경험을 통해서 자기 공부를 해나가는 것도 보게 되고요. 그런데 대학뿐만 아니라 사회의 기저에 있는 재소자나 노숙인까지도 자기성찰, 인문학적 사유를 통해 세계를 읽어내는 훈련을 받을 수 있다면 우리 사회가 훨씬 더 문화적으로 풍부해지고 역사적으로 발전할 수 있지 않을까요? 질문에 대한 올바른 대답이 되었는지 잘 모르겠네요.

이영미 —— 우리 기성세대들은 옛날보다 대학생들 수준이 떨어진다, 혹은 지식인이라는 사람들이 옛날보다 심각한 이야기를 안 한다, 생각을 안 한다, 우리가 대학생 때는 이거 다 읽었는데, 이런 식의 이야기를 많이 하는데요. 아시다시피 요즘 대학생의 사회적 위치는 우리가 대학생일 때와 많이 다릅니다. 예전에는 정말 소수 몇 퍼센트만 대학에 진학했지만 지금은 고등학교 졸업생의 80퍼센트 이상이 대학을 갑니다. 즉, 지식은 이제 더 이상 소수의 전유물이 아닌 거죠.

이러한 점에서 책이 연성화되는 것 자체는 문제가 아닙니다. 연성화된 책과 어려운 책이 공존한다면 괜찮은 거지요. 전 모든 책이 어려워야 한다고 생각하지 않아요. 모든 예술이 본격예술일 필요는 없는 것처럼요. 더 이상 문맹이 없는 사회에서 글자를 가지고 노는 것, 글자를 가

지고 쉬는 것, 가벼운 읽을거리를 읽는 것은 별로 나쁜 일이 아니라고
생각합니다.

문제는 기존의 전통적인 지식인의 역할, 소위 인문학의 역할이 점차
희미해진다는 것입니다. 이 대목에서는 사회가 점점 가벼워져서라기
보다는 오히려 사회가 점점 짜여져서라는 대답이 훨씬 설득력 있게 느
껴집니다. 말하자면 인문학은 인간과 세상에 대한 본질적인 질문을 던
지고 또 그에 답하기 위해 세상과 조금 거리를 두는 태도가 필요하거든
요. 그 사회의 이해관계와는 좀 거리가 있는, 어떤 계급의 이해관계 속
에서 태어나고 살아오기는 했지만 그 이해관계로부터 한 걸음 떨어져
서 세상 전체를 조망하는 사람, 세상과 그 세상을 살아가는 사람에 대해
서 코멘트를 하는 사람이 고전적인 지식인의 정의입니다. 그런데 이런
사람들이 점점 사라지고 있죠. 대학 교수도 요즘에는 최고의 지식인이
라기보다 지식을 팔아먹는 장사꾼에 가까운 느낌이거든요.

제 이야기를 좀 하면요, 제가 대학에서 12년을 있고 나서 '아, 연구를
하기 위해서 대학을 그만두어야겠구나' 라고 생각하고 드디어 그만두
었습니다. 심지어 제가 있던 곳은 강의 부담이 적고 연구를 많이 하는
연구소였습니다. 정말 아이러니하지 않습니까? 연구소를 그만둔 이유
가 연구를 하기 위해서였습니다.

정계에 진출하는 교수들의 논문 표절이 계속 시빗거리가 되는데, 여
기에는 대학 교수들이 연구할 시간이 없다는 것도 한 이유가 됩니다.
물론 이런 변명을 하면 안 되지만요. 저는 그래서 이런 농담을 하기도
합니다. 요즘 교수는 연구하는 직업이 아니라고요. 교수에게 연구비 주
지 말고 회의비나 기획비를 주라고요. 강의 이외의 주 업무가 연구가
아니라 회의하고 프로젝트 기획하는 거거든요. 대학 교수조차 대학이

라는 거대한 조직 속에서 지식으로 비즈니스를 하는, 거대한 조직체의 부속품 중 하나로 들어가 있는 것 같습니다. 그만큼 우리 사회가 인문학적 사유를 할 틈 없이, 세상에 대한 거리 두기를 할 여유 없이 꽉 짜여 있는 거예요.

저는 지금의 인문학 강좌가 대학생들에게 별로 호소력이 없는 이유를 좀 알겠습니다. 대학생들은 앞으로 직장을 가지고 그 체계 내에서 살려고 지금 막 노력하는 중인 사람들이거든요. 그래서 인문학 강좌를 듣기에는 오히려 노숙자나 실업자, 재소자들이 나아요. 왜냐? 우선 시간이 있어요. 짜여 있지 않고 놓여 있어요. 일단 놓여 있어서 자신을 돌아보아야 하는 계기가 필요한 사람들이죠. 그리고 이런 강좌에는 의외로 중장년들이 참 많이 참여하세요. 이런 이유로 저는 대학에서 강의하는 것보다 사회교육적 강의가 훨씬 재미있습니다. 대학생들은 무슨 의무방어전을 하듯 강의를 들어요. '빨리 학점 따고 취직 공부 해야지' 이런 생각을 하고 있지, 학교 강의 내용이 중요한 게 아니에요.

그런데 지금 여기 오신 분들은 이게 정말 중요해서 오시거든요. 즉, 나이를 먹고 인간과 세상에 대해 뭔가 생각해야 할 필요를 느끼는 순간 다시 인문학을 찾는 겁니다. 현재 대학은 옛날처럼 자유롭게 살 수 있는 공간이 아니에요. 직업 교육장 같지요. 기업체에서는 대학이 산업과 더욱더 단단히 짜여져야 한다고 요구해요. 기업체에서 채용 즉시 바로 써먹을 수 있는 사람을 만들어내라고요. 이젠 그것을 대학이 요구하고 있어요. 그러니까 전통적인 지식인의 역할을 대학 내에서 기대하기가 점점 어려워지고요. 결국 꽉 짜인 틀로부터 약간 비켜난 곳에서 오히려 지금 새롭게 인문학이 싹 트고 있다는 생각이 듭니다. 아이러니하지만 현실입니다.

청중 —— 저는 고급문화와 저급문화, 대중문화에 대해서 우리나라 사람들이 심한 편견을 가지고 있다고 생각합니다. 한편으로 재즈 같은 것은 귀족들의 문화에서 나온 음악도 아닌데 고급문화인양 반응하면서 말입니다. 이러한 현상을 어떻게 합리적으로 받아들일 수 있을까요?

다른 또 하나의 질문은 이렇습니다. 1990년대에 미테랑 대통령이 우리나라를 방문했을 때 당시 인기를 끌었던 여배우 소피마르소를 데리고 왔습니다. 이 같은 맥락에서 노무현 대통령이 멕시코 방문했을 때 현지에서 장동건을 보내달라는 요청을 많이 받았다고 합니다. 그리고 한때 한류 열풍을 일으킨 드라마 〈대장금〉의 경우 이것이 코리아 브랜드를 높이는 데 얼마나 큰 기여를 했는지 많은 연구가 되기도 했습니다. 이렇게 영상이미지가 얼마나 중요한지 아는데도 관련 정책이 제대로 만들어지지 않는 이유는 무엇일까요? 고급문화와 대중문화의 차이일까요?

청중 —— 제가 듣기에는 이영미 선생님께서 예술과 문화라는 단어를 동일시해서 사용하시는 것 같거든요. 두 분께서는 예술과 문화의 차이가 무엇이라고 생각하시는지 궁금합니다.

이영미 —— 저는 동일시하지 않았고요. 사람들이 일반적으로 대중예술을 대중문화의 중심으로 보는 경향이 있기 때문에 대중예술이라는 말을 쓸 때 굉장히 당혹스러워하는 것 같습니다. 여태까지 드라마나 영화, 대중가요 같은 대중예술을 다 대중문화라고 불렀는데 '어, 저 사람 대중예술이라고 하네' 하고 생소한 느낌이 드는 거죠. 문화는 아까 김창남 선생님이 말씀하신 것처럼 삶의 상징체계와 삶의 의식 그 전체를 포함한, 예컨대 자연 아닌 그 모든 것입니다. 인간의 사고방식과 생활양식 등이 집약되는 것인데, 이런 예로는 예술문화, 언론문화, 식생활문화, 의생활문화 등 여러 가지를 들 수 있겠죠. 그러니까 대중문화 중에서도 가령 스포츠 같은 건 대중문화이기는 하지만 예술문화가 아닌 거죠.

즉, 대중문화의 영역 안에 예술적 영역과 예술적이지 않은 영역이 존재한다고 보는 겁니다. 저는 바로 이 대중예술 영역을 연구하는 사람이고 그중에서도 언어가 개입되어 있는 것만 연구합니다. 저의 전공이 국문학이기 때문이지요. 저는 언어가 개입되지 않은 예술들, 예를 들어서 대중 패션이나 건축 같은 것은 연구하지 않습니다. 제 능력 밖이에요. 흔히 문학이라고 하면 드라마나 대중가요가 아닌 시와 소설을 떠올리니까 사람들 사이에 오해가 있을까봐 '대중문학 평론가', '대중문학 연구자' 라는 말을 쓰지 않을 뿐이지 제가 연구하는 대상은 사실 다 문학입니다. 대중문학은 대중예술에 속하고, 대중예술은 대중문화에 속합니다.

우리는 예술이라는 말을 본격예술이라는 말로 한정해서 쓰고 있기 때문에 예술이라는 말 앞에 대중이라는 말이 붙는 것을 굉장히 두려워해요. 두 단어가 서로 충돌한다고 생각합니다. 그래서 '이건 예술이라는 말까지 붙여줄 수 없어' 라고 싹 지워버리고 문화라고 하는 어정쩡한 말로 대체해서 쓰는 경향이 있다고 생각해요. 당당하게 예술이라는 말을 제대로 복원시켜서 대중예술이라고 부르는 게 옳다는 겁니다. 대중가요 '남행열차' 가 대중예술이고 예술문화지, 뭐 식생활문화이겠습니까? 이런 식으로 저는 '이건 예술문화다, 예술적 현상이다' 라고 적시해주는 일이 매우 필요하다고 생각하는 사람입니다.

청중 —— 그러면 어떤 것을 예술이라고 할 수 있는지요?

이영미 —— 그건 굉장히 넓은 이야기인데요. 사실 저는 그 질문을 왜 던지시는지가 더 궁금하네요. 무슨 이야기냐면 황석영의 《객지》나 박경리의 《토지》를 두고 '이것은 왜 문학이냐' 라는 질문을 하죠. '문학이란 무엇이냐' 라고 질문하죠. '이러저러해서 문학이다' 라고 하면 '아, 문학 맞다' 이렇게 이야기하잖아요. 그런데 지금 제가 '남행열차'나 '목포의 눈물' 같은 대중가요나 〈아내의 유혹〉 같은 드라마를 가리켜 대중예술이라고 이야기할 때 혹시 굉장히 불편함을 느끼셔서 그런 질문을 하시는 게 아닌가 싶어서요. 만약 그렇다면 지금 말씀드린 내용이 답변이 될 것 같습니다. 그런 게 아니라 그냥 예술의 정의를 물어보신 거라면 그건 학 학기 강의 분량입니다.

간단하게 말해 언어나 선, 색, 인간의 육체 등을 통해서 인간과 세상의 생각, 느낌을 형상적으로 표현하는 정신적 산물, 혹은 그런 행위가 예술이라고 보통 이야기하죠. 그런데 이런 원론적인 대답은 별로 충족감이 없으시잖아요? 그건 아까 질문의 맨 근저에 있는 궁금증이 예술과 대중이라는 말이 달라붙는 것에서 오는 낯설음에서 유발되었기 때문인 것 같아요. 여태까지는 예술이 굉장히 고급한 영역의 그 무엇이라고 생각하고 있었기 때문이라는 거죠.

하지만 이미 학문 영역에서 본격문학으로만 문학을 규정하는 것은 다 깨어졌습니다. 특히 고전문학 연구로 들어가면 그래요. 시나 소설이 아닌 게 아주 많습니다. 예컨대 설화, 옛날이야기, 수수께끼 등을 다 문학으로 칩니다. 문학을 그냥 학문적인 의미로 정의하면 언어를 매체로 하는 예술이 된 거예요. 삼단논법으로 하면, 수수께끼는 문학에 속하고

문학은 예술에 속하므로 수수께끼도 예술에 속하는 겁니다. 이런 관점으로 보면 '남행열차'나 〈아내의 유혹〉이 예술이 아니라고 할 아무런 이유가 없는 것이죠.

김창남 —— 제가 조금 더 말씀드리면, 이영미 선생님은 국문학에서 출발해서 연구하는 경우고 저는 사회과학 쪽이기 때문에 패러다임의 차이가 좀 있긴 합니다. 저는 예술보다는 문화의 차원에서 문제를 보려는 쪽이고 이영미 선생님은 문학적 사유로써 대중문화 현상들을 보다 보니까 대중예술이라는 패러다임으로 문제에 접근하는 거죠. 그러니까 이영미 선생님이 설명해주신 것처럼 대중예술은 대중문화라고 하는 폭넓은 영역의 일부 현상으로 볼 수 있고, 대중적인 문화 현상들 가운데 전통적인 의미의 예술적 양식을 가진 것들을 대중예술이라고 부릅니다. 오래된 예술로 불리는 것들 있잖아요? 조각, 회화, 시, 문학, 연극, 춤 등이 전통적인 오래된 예술이라면 이들이 대중적이고 현대적인 양식으로 존재하는 것들을 대중예술이라고 부르는 거죠. 그래서 텔레비전 드라마와 대중가요가 대중예술이 되는 것입니다.

그리고 영상시대라고 흔히 이야기하는데 실제로 요즘 사회학적 입장에서는 영상의 폭발, 이미지의 폭발, 영상정보의 폭발과 같은 이야기를 많이 합니다. 우리 어린 시절에는 글씨를 통해 정보를 얻고 책을 통해 교육을 받는 것이 가장 크고 중요한 부분이었다면 요즘 세대에게는 영상이미지를 통해 정보를 얻고 교육받는 것이 더 큰 비중을 차지하는 부분입니다. 따라서 이들이 문화와 정보를 받아들이는 방식과 기성세대가 가지고 있는 방식은 매우 다릅니다. 이것이 영상세대와 문자세대와의 차이입니다. 이로 인해 기성세대들이 요즘 젊은 세대들의 문화를 이해하지 못해 둘 사이에 차이가 점점 벌어지기도 하고요.

그럼에도 불구하고 사회적으로 의미 있는 문화적 산물들을 들여다보면 역시 깊이 있는 인문학적 사유에 기반한 텍스트들이 상대적으로 더 높은 평가를 받는다는 생각이 듭니다. 그래서 영상이미지의 범람 속에서 문학과 텍스트와 책이라는 그 일차원적인 문화의 의미와 중요성이 다시 한 번 강조되는 것 같고요.

아까 질문 중에 드라마 〈대장금〉에 대한 말이 나온 것 같은데 이에 관련된 이야기를 잠깐 해볼까요. 교육체계나 이념적 차원에서 클래식이나 고급문화를 좋아하고 거기에 가치를 두는 것과 별개로 정책적·산업적 차원에서는 대중문화 쪽에 엄청나게 돈을 투자하고 있고 정책적 비중도 커지고 있습니다. 문제는 그게 잘못된 방향으로 가고 있다는 거예요. 한동안 한류다 뭐다 하고 떠들어댔지만 불과 몇 년 사이에 흔적도 없이 사라지고 말았는데 이렇게 된 원인 중 하나는 정부 정책이 대중문화예술을 철저하게 산업 논리로 보았기 때문이거든요. 이걸 동남아시아에 얼마를 받고 팔고 어떻게 수출하느냐는 식의 돈벌이 수단으로만 여겼지, 이것이 우리 시대의 삶과 의식에 얼마나 큰 영향을 주고 있는 문화인지는 몰랐던 것입니다. 그러다 보니까 돈을 투자해도 전부 그런 쪽으로만 투자하는 거예요. 당장에 돈 되는 일, 눈에 보이는 일, 기술 투자하고 장비 사들이고 건물 짓고 무슨 진흥원 짓고 이런 일에 돈 쓰면서 '문화산업에 투자하고 있다'라고 이야기해왔는데, 그게 아닙니다. 〈대장금〉 같은 괜찮은 대중예술 작품이 계속 나오려면 인간에 대한 투자, 창의적 자원들에 대한 투자, 문화적 환경에 대한 투자, 이런 것이 필요합니다.

실질적으로 대중문화가 상품인 것은 틀림없지만 좋은 상품, 정말 잘 팔리는 상품은 다양한 문화적 자원을 섭취한 창조적인 사람들로부터 나올 수 있는 거죠. 그러기 위해서 문화적 환경을 다양하고 풍부하게 만드는 것, 그 속에서 자유로운 상상력과 사고력을 가진 사람들을 키워내는 것이 가장 중요합니다. 하지만 알다시피 지금 우리 교육 시스템은 오히려 그런 부분을 억누르는 쪽으로만 가고 있고, 문화산업의 투자는 전부 돈 되는 시장에만 한정되어 있습니다.

청중 —— 일단 대중예술의 현상에 대해 왜 그럴까 분석해보고 이해하는 과정이 필요하다는 점은 충분히 이해하겠어요. 그런데 이렇게 생각에 그칠 것이 아니라 연구를 통해 어떤 대중예술이 바람직한지 기준을 제시해주면 더욱 명쾌하지 않을까요?

이영미 —— 학자가 점쟁이처럼 미래를 점치는 것은 굉장히 어렵습니다. 이렇게 가야 한다, 혹은 갈 수 있다고 말한다고 현실이 이대로 움직이는 것도 아니고요. 대중예술을 움직이는 힘이 무엇일까를 생각하는 게 가장 중요할 것 같아요.

대중예술을 움직이는 힘으로는 두세 가지 정도 꼽을 수 있습니다. 하나는 자본의 힘이에요. 돈이 얼마나 되느냐 하는 것이지요. 그다음 대중예술을 특정한 방향으로 끌고 가고 싶은 이 사회의 정치적·사회적인 권력체계가 있어요. 예컨대 무엇은 해도 되고 무엇은 하면 안 되고 하는 식의 통제도 있고, 적극적으로는 지배이데올로기로 어떤 형식을 만들어서 유포하기도 하지요. 작년 청와대에서 '힘내라, 대한민국' 같은 노래를 만들어서 인기그룹 빅뱅이 부르게 하겠다고 계획을 세운 것도 이 같은 발상에서 비롯된 것이지요. 마지막 하나는 바로 수용자입니다. 수용자는 대중예술 시장의 고객이기 때문에 무섭습니다. 그래서 직업 평론가 중에서도 수용자에게 영향을 잘 미치지 못하는 사람은 별로 힘이 없어요. 오히려 신문기자들이 힘을 가지는 경우가 많지요. 신문기자들이 수용자를 좌우할 힘이 있다고 보이기 때문입니다.

이 세 가지 중 보수적인 사회의식이나 지배이데올로기와 관련해서 움직이고 있는 건 정책이 잘 세워져야 합니다. 표현의 자유가 보장되도록 정책적 배려가 필요하다는 말입니다. 자본에 대해서는 수용자인 우리가 할 수 있는 일이 사실 거의 없어요. 자본은 이윤추구 방향으로 저절로 굴러가기 때문입니다. 인간이, 특히 우리 수용자가 제어하기 어렵습니다.

결국 대중예술을 올바른 방향으로 이끌 수 있는 가장 핵심적인 힘은 수용자가 가지고 있습니다. 수용자들이 자신이 보고 즐기는 대중예술에 대한 반성적 사고를 할 수 있을 때 대중예술을 바람직한 방향으로 움직입니다. 예컨대 '아, 너무 저속해', '무지하게 재밌네' 라는 식의 일차원적인 수용을 넘어서 '저게 도대체 왜 재미있을까', '모두가 재미있어 하는데 나는 왜 재미없게 느껴질까' 라는 질문을 해보며 좀 더 본질적인 삶으로 들어가 대중예술을 인문학적으로 깊이 있게 보기 시작하면 수용자들의 시청 방식이 달라지고 시청률에 변화가 온다는 것입니다.

이러한 점 때문에 예술에 대한 교육이 활성화되면서 드라마 제작에도 영향을 미치고 있는 측면이 있어요. 15년 전과 비교했을 때 지금은 작가주의라고 이야기할 수 있는 드라마들이 속속 나오고 있는데요, 이 드라마의 시청률이 10퍼센트도 안 넘고 심지어 5~6퍼센트에서 왔다 갔다 하는데도 시청자들이 프로그램 게시판에 '이거 시청률 낮다고 절대로 조기종영하면 안 돼' 라는 글을 엄청나게 올립니다. 이렇게 형성된 여론은 자본의 힘을 막기도 합니다. 방송사 입장에서 시청률 낮은 드라마를 내보내면 광고가 붙지 않으니 수십억을 까먹게 되거든요. 하지만 여론이 무서워서 좋은 작품을 조기종영하지 못하는 현상이 가끔 나타납니다. 이는 확실히 시청자의 성숙한 수용 태도 때문에 가능한 것이라 봅니다. 대중예술을 발전시키는 데에 수용자는 분명히 힘을 발휘할 수 있다는 겁니다. 평론가보다 훨씬 힘이 있어요.

제가 KBS 시청자위원을 2년 동안 해보았는데요, 회의에 가면 편성을 좌지우지하고 드라마를 만드는 사장, 본부장, 국장급들이 쫙 앉아 있습니다. 이런 자리에서 시청자위원들은 '이 프로그램은 너무 말이 안 된다, 이 드라마는 비윤리적이다' 하는 식으로 문제제기를 합니다. 사실 그 프로그램에 어떤 문제가 있는지 국장도 다 압니다. 알지만 할 수 없는 거예요. 집요하게 서너 번 반복해서 이야기하면 처음에는 '시정하겠습니다, 주의하겠습니다' 그러다가 그래도 몇 번 더 지적을 당하면 이렇게 이야기합니다. "그런데요, 위원님. 이게 시청률이 제일 높거든요." 말 많았던 드라마 〈아내의 유혹〉에 대해 SBS 사장님이 "상 주고 싶다. 이 드라마에 학점을 매긴다면 A+다"라고 했던 적도 있지요. 모든 방송사는 시청률을 기준으로 각 프로그램에 점수를 매겨서 승진이나 연봉 인상을 결정하는 체계입니다. 국장이든 사장이든 아무도 건드릴 수 없기 때문에 문제가 있는 프로그램에 제동을 걸기 위해서는 시청률을 떨어뜨리는 방법밖에 없습니다. 시청률을 떨어뜨리는 일은 시청자들의 자성적인 시청 태도가 있어야 가능합니다. 이것은 천천히 이루어지지만 가장 확실하고도 중요한 방법입니다.

김창남 —— 비평가로서 가끔 이런 고민을 합니다. 예컨대 〈아내의 유혹〉 같은 막장드라마에 대한 비평을 쓸까, 말까. 왜냐면 욕을 해주면 오히려 시청률이 올라가기 때문입니다. 그럴 바엔 차라리 침묵하는 게 낫겠다는 고민을 하는 것이죠.

아까 바람직한 문화에 대한 어떤 기준을 세울 수 없을까라는 질문하셨는데요, 저는 바람직한 문화에 대한 기준이 여러 가지 있을 수 있다고 생각합니다. 없는 것은 아니고 다만 그것이 한 가지여야 한다고 생각하는 태도가 문제 있는 거죠. 다양한 기준이 다양하게 공존할 수 있는 환경을 만드는 것이 중요합니다. 그런데 말씀드린 대로 정치적인 논리, 권력의 논리, 시장과 자본의 논리 때문에 다양한 것이 공존하지 못하고 돈 되는 것, 정치적으로 이로운 것만 남게 되었을 때 문제가 생깁니다. 이런 문제가 생기지 않으려면 시청자들, 수용자들, 대중의 역할과 목소리가 반드시 필요합니다.

대중문화에 대한 평가를 할 때 저질이라는 말을 흔히들 쓰는데 사실 어느 사회에나, 어느 문화에나 일정 수의 저질이 있을 때 좋은 작품이 나옵니다. 미국 영화가 세계를 장악하고 있다고 하지만 그 밑에 수많은 저질영화가 있기 때문에 좋은 영화들이 눈에 띄는 겁니다. 따라서 결국 중요한 것은 다양한 기준하에 다양한 문화 산물이 공존할 수 있는 구조를 만드는 일이라 생각하고요, 이러한 구조를 만들고자 할 때 가장 문제 되는 것이 권력의 논리와 자본의 논리라고 봅니다. 이를 어떻게 적절히 제어할 수 있을까, 어떻게 이를 제어하면서 궁극적인 문화 영역에서 다양한 문화적 창조성이 숨 쉴 수 있게 할 것인가를 고민하는 것이 지식인들의 가장 중요한 일이자 시민사회의 과제겠죠. 이런 이유로 새로운 차원의, 과거와는 좀 다른 차원의 시민적 문화운동이 필요하다고 생각합니다.

이영미 —— 저는 지방자치단체나 중앙정부가 어떤 식으로든 문화에 투자하겠다고 머리를 쓰기 시작했다는 것은 굉장히 발전된 모습이라 생각합니다. 문화부가 없었던 시절에 문화는 문화교육부 관할 사항이었어요. 그다음에는 문화공보부였지요. 즉 문화를 정부 홍보하는 '공보'의 차원에서 생각하고 있었던 셈이에요. 그러다가 나중에야 문화부로 독립되었지요. 이제는 각 지자체마다 문화에 대해 관심을 쏟겠다고 이야기하는 시대가 되었어요.

여기까지는 좋은데 저는 그 문화정책 수준에 문제가 좀 있다고 봅니다. 지금 지자체가 할 수 있는 일이 사실 많지 않아요. 경찰력을 가지고 있는 것도 아니고 세금이라고 해보아야 지방세 들어온 거 많지도 않을 거고요. 결국 할 수 있는 게 복지와 문화 부문의 일인데, 복지는 궁극적으로 모두가 잘 사는 좋은 환경을 만드는 일이지만 눈에 띄지는 않잖아요. 그래서 주민들에게 가시적으로 선보일 수 있는 확실한 일을 문화 부문에서 찾을 수 있다고 생각하는 듯해요. 이러한 사고가 과시적 문화행사와 문화행정을 하도록 만드는 가장 커다란 요인이 아닐까 생각합니다.

저는 지방자치단체의 문화관 수준, 문화정책 수준보단 그래도 중앙정부 문화부의 수준이 좀 높은 것 같아요. 중앙정부의 문화부에 비해 지방자치단체가 훨씬 더 과시적인 문화행사, 전시적인 행정에 집착하는 것을 많이 봅니다. 단적인 예로 서울시에서 하는 '하이서울페스티벌'이 있는데 이는 이전부터 서울시에서 열리던 여러 축제를 이명박 시장이 들어오면서 하나로 합친 것입니다. 크고 멋지게 통합한 거죠. 그런데 축제는 주민 참여가 중요하지 얼마나 크고 멋진가가 중요한 게 아닙니다. 크고 멋지게 통합해놓으니 언론에서 조명받기는 쉬었지만 실제로 주민 참여는 크게 떨어졌습니다. 오세훈 시장이 들어오면서 하이서울페스티벌을 다시 사계절 단위로 잘게 쪼개놓은 것도 아마 그런 이유 때문인 듯합니다. 크고 멋지게 보여야겠다는 생각은 이미 많이 비판받고 극복되었다고 여겼는데 서울시의 문화에 대한 관점, 문화정책의 수준은 여전했던 셈이에요.

김창남 —— 아까 제가 문화적 다양성이라는 말씀을 드렸는데 지금 이 시점에서 우리가 중요하게 생각해야 할 다양성을 억압하는 요소에는 크게 두 가지가 있습니다. 하나는 정치의 논리이고, 또 하나는 자본의 논리입니다. 지자체의 문화행사나 문화정책 등도 결국 이 두 가지 논리 때문에 획일화되고, 재미없어지고, 실질적으로 문화적인 의미를 전혀 가지지 못하고 있지 않은가 생각되네요.

2~3년의 짧은 임기 동안 뭔가 보여주지 않으면 안 되니까 결국 정치적 논리에 따라 움직일 수밖에 없어요. 가장 가시적인 게 건물 짓는 일이나 인기가수들 데려다가 쇼 해주는 거거든요. 그러다 보니 각종 지방자치 축제, 지자체 축제에 가보면 다 똑같이 포장마차 깔리고, 미인 뽑기 대회 하고, 몇몇 인기가수들 와서 공연하고, 이런 식인 거죠.

그리고 또 자본의 논리가 있다고 했지요. 당장 눈에 띄고 돈벌이가 되는 것을 먼저 정책 대상으로 삼기 때문에 차근차근 문화의 씨를 뿌려가면서 사람을 키우고 창조적 영역을 형성하는 장기적인 투자나 전략 등은 잘 이루어지고 있지 않습니다. 이 장기적인 투자나 전략이 이루어지려면 정치와 자본의 힘이 상대적으로 미치지 않는 공적인 영역을 풍부하게 만들어야 합니다. 그래서 정부가 추진해야 할 문화정책의 핵심이 바로 이러한 것이 되어야 하는데, 지금 다 거꾸로 가고 있어요. 모든 것을 시장의 논리, 자본의 논리에 맞추어서 바꾸는 것이 현 정부의 기본 철학이고 이는 우려할 만한 다양한 현상으로 나타나고 있습니다.

강성원 —— 두 분 말씀의 결론은 결국 수용자가 변해야 한다는 것이 아닌가 싶습니다. 이는 대중문화의 저열한 혹은 창의적인 부분에 대해 끊임없이 인문학적인 말 걸기를 하는 것이 대중문화와 인문학의 소통이라는 대목으로 이어지기도 하고요. 그리고 문화를 통제하는 자본과 권력에 우리는 비판적으로, 인문학적으로 어떻게 대응해야 하는가에 대한 이야기도 해주셨습니다. 이것으로 오늘 포럼을 마치겠습니다. 고맙습니다.

225

근대화는 지금 우리에게 어떤 영향을 미쳤는가?

-한국 사회의 근대화 과정과 한국 사회의 성립

김경일

서울대학교에서 사회학을 연구하고 현재 한국학중앙연구원 사회학 전공교수로 재직 중이다. 노동운동, 사회적 약자와 소수자에 대한 관심의 확장으로 《일제하 노동운동사》, 《한국 근대 노동사와 노동운동》, 《여성의 근대 근대의 여성》 등을 저술했다.

김동춘

서울대학교에서 사회학을 연구하고 현재 성공회대학교 사회과학과 교수로 재직하며 학생들을 만나고 있다. 저서로는 《독립된 지성은 존재하는가》, 《미국의 엔진 전쟁과 시장》, 《리영희 프리즘》(공저) 등이 있다. 오늘의 사회적 문제가 주는 굴레와 지성의 의무 사이에서 자발적 줄다리기를 반복하고 있다.

강성원 —— 오늘은 김경일 선생님과 김동춘 선생님을 모시고 우리 민족의 근대화 과정과 근대성 문제에 대한 이야기를 들어보도록 하겠습니다. 포럼이 점차 마무리를 향하고 있습니다. 저희는 이 자리가 인문학박물관이 앞으로 나아갈 방향을 모색해보는 계기가 될 것으로 기대하고 있습니다. 여러분께는 이 포럼이 우리가 그간 살아온 사회에 대한 인문학적 사유의 장이 될 수 있기를 바랍니다.

김동춘 —— '근대와 한국 사회'라는 주제는 굉장히 큰 주제지만 먼저 기술로서의 근대화, 해방으로서의 근대화 두 가지를 생각해보았습니다. 기술로서의 근대는 여러분께서 잘 아시는 찰리 채플린의 영화 〈모던 타임스〉에 나오는 한 장면으로 설명할 수 있습니다. 포드주의Fordism 생산방식, 즉 일관 조립공정, 인간이 기계에 종속되는 공정 등을 생각하시면 되겠죠. 포드Henry Ford의 손자가 포드에게 '할아버지 근대가 뭐예요?'라고 묻자 포드가 '할아버지가 근대를 만들었다'라고 대답했다는 일화도 전해집니다. 그다음 해방으로서의 근대화라고 했을 때 우선 떠오르는 것은 우리나라의 서구화 혹은 1930년대 모던보이, 모던걸 등입니다.

또 다른 측면에서 근대는 자본주의와 국민국가, 이렇게 두 가지로 생각됩니다. 자본주의로서 근대화는 합리성, 가능성, 자유로운 기업 활동, 자유계약, 시장경쟁, 재산권 등이 완성되는 것이라고 볼 수 있겠죠. 그리고 선거, 국민의 선택에 의한 지도자 선출, 법의 지배, 삼권분립, 헌법, 종교의 자유, 표현의 자유 등이 보장되는 새로운 공동체가 수립되는 것이 국민주권이 가장 중요한 근대 국민국가라고 볼 수 있을 것 같습니다.

우리가 알고 있는 근대와 근대의 개념은 그 자체가 서구에서 왔기 때문에 서구적 세계관이 반영되어 있습니다. 이 서구적 세계관은 일종의 단선적 역사 개념입니다. 저나 여기 계신 여러분이나 아직 이런 사고방식을 버리지 못한 것 같은데, 저는 전근대에서 근대로의 이행이라든가 후발 국가는 그 근대를 쫓아간다는 식의 사고가 반드시 적절한 것은 아니라 생각하고 있습니다.

그렇지만 박정희 시대의 근대화나 에드워드 사이드_{Edward W. Said}가 이야기한 오리엔탈리즘도 다 마찬가지로 서구적 세계관을 표준으로 삼고 이를 쫓아가는 것이 역사적인 발전의 과정이라 보고 있습니다. 이 점에서는 자유주의자나 시장경쟁주의자, 마르크스주의자도 다를 바가 없습니다. 물론 마르크스가 죽기 전에는 러시아혁명에 대해 조금 다른 생각도 했지만 마르크스도 일종의 오리엔탈리스트라고 볼 수 있겠습니다.

그럼 한국 이야기로 돌아와서 한 100년 혹은 120~130년 전 한국을 생각해보면 결국 근대를 어떻게 이루어나갈 것이냐 혹은 서구적인 근대를 어떻게 추구해갈 것이냐 하는 것들을 둘러싼 투쟁과 갈등이 심화된 세기였던 것 같습니다. 물론 서구에서도 봉건 말기부터 그랬지만 이 투쟁과 갈등 속에서 아주 유래 없는 참극, 비극적인 과정을 겪었다는 생각이 듭니다. 이 갈등이 단순한 생각의 차이로 끝난 것이 아니라 죽고 죽이는 과정이었기 때문입니다.

이와 관련해 얼핏 몇 가지가 떠오릅니다. 우선 김옥균과 그를 살해한 홍종우가 떠오릅니다. 대개 홍종우는 아주 나쁜 사람, 수구반동이라 알고 있고 김옥균은 개화파로 알고 있죠. 그런데 김옥균은 친일파적인 생각을 가지고 있고 외세의 힘을 빌려서 개화 개혁을 하려고 한 한계가 있었던 반면 홍종우는 수구반동으로 알고 있지만 실제로 조선왕조를 굳건히 지키면서 주체적 근대화를 하려고 했던 사람입니다. 그리고 김옥균은 외국 문물에 밝은 사람처럼 알려져 있지만 사실 외국이라고는 일본밖에 가보지 않았고 홍종우는 프랑스 유학까지 했던 사람입니다. 홍종우는 프랑스에서 3년 유학하는 내내 계속 한복을 입고 생활했고 《춘향전》을 불어로 번역하기도 하는 등 조선 문화를 세계에 알리려고 했습니다. 이런 사람이 김옥균을 저격했단 말입니다. 바로 이것이 우리가 근대를 어떻게 추구할 것인가를 놓고 첨예한 갈등을 했다는 증거 아닐까요?

만민공동회와 황국협회에 대해서는 교과서에서 많이 보셨을 겁니다. 만민공동회가 근대적 자유민권사상을 바탕으로 왕조체제를 무너뜨리고 지금으로 말해 자유민주주의 근대화를 하려 했던 세력이라면, 황국협회는 보부상들이 몰려가지고 만민공동회를 때려 부수려 했던 수구반동적인 성격을 지닌 세력으로 많이들 생각하지요. 마찬가지로 또 거꾸로 보면 만민공동회는 물론 지금 시민운동과 굉장히 유사하지만 개화파나 여기에 참가했던 사람들은 나중에 상당수 친일파가 됩니다. 이렇게 변신해가는 역설적인 현상을 우리가 볼 수 있습니다.

또 근대화를 이루는 과정에서 보면 조선시대 말기 한 200년 동안 지배했던 노론세력이 나중에 주로 친일파가 되죠. 일본으로부터 작위를 받은 76명 상당수가 노론이라고 이야기합니다. 그런데 노론에 속한 일부 세력 중에는 의병장이 되어 일본 침략에 반대하기도 했습니다. '어떻게 조선왕조를 개혁해서 새로운 나라로 만들 것이냐' 하는 큰 틀에는 대개 동의했지만 이 뜻을 이루는 방법을 둘러싸고 이런 갈등들이 있었습니다.

박정희 근대화론으로 연결이 된다면, 마찬가지로 최근에 저는 박세

일 교수 같은 사람의 선진화도 일종의 박정희식 근대화의 현대판 이론
이라 보고 있습니다. 신자유주의 이론도 어떻게 보면 MB정부와 연결
되는 것이고요. 또 식민지근대화론, 즉 일제식민지가 우리에게 억압만
준 게 아니라 상당 정도 문명개화 발전의 계기가 되었다는 주장도 100
퍼센트 틀린 이야기는 아니죠. 제가 처음 이야기했던 해방으로서의 근
대화보다 기술로서의 근대화만 본다면 그 말도 분명히 맞는 측면이 있
어요. 그러나 해방으로서의 근대 개념으로 본다면, 다시 말해 문화적
진보의 측면에서 근대를 생각한다면 재고해야 하는 부분이 있다고 봅
니다.

그래서 지금 한국 사회와 관련된 이야기를 조금 하고 싶은데요. 우리
가 1960~1980년대까지는 바로 이런 서구적인 근대화 이념을 가지고 사
고를 해온 것 같아요. 어떻게 하면 빨리 선진국을 따라가느냐, 어떻게
하면 자본주의와 국민국가를 좀 더 빨리 이룰 것이냐 하는 사고방식 말
입니다. 우리 사회 주류 세력이라고 할 수 있는 우파들도 마찬가지고
좌파들도 마찬가지였다고 생각합니다. 좌파들도 1980년대에는 러시아
혁명, 소련식의 사회주의 같은 것들을 근대로 여긴 것이죠. 좌파들은
마르크스—레닌주의 텍스트 읽고 공부하면서 우리도 혁명해서 사회를
이렇게 바꾸면 좋겠다고 생각하고, 우파들은 우리도 빨리 물질발전을
이루어서 서구를 따라가야겠다고 생각했다는 겁니다.

그런데 저는 한국이 100년 동안 가장 서구적인 과정을 겪으면서도
또 가장 전통적인 것이 공존하거나 부활하는 형태로, 혹은 결합되는 방
식으로 근대를 이루어온 것이 아닌가 합니다. 그러니까 문화적인 측면
에서의 전근대적 측면과 기술적 측면에서의 근대적 측면이 결합해서
한국적인 방식으로 어느 정도 정착되기도 하는 것 같아요.

예를 들면, 한국은 재벌체제죠. 21세기 문명사회에서 소유와 경영이 분리되어야 하는데 이런 식의 가족경영체제가 유지된다는 게 후진적이라고 보기도 합니다. 그런데 1997년 IMF 경제 위기를 겪었는데도 한국의 재벌체제는 와해되지 않고 더 강화되었습니다. 왜 그럴까. 일본에서는 1950년대, 미국에서는 1930년대에 재벌 가족기업체제가 무너져버렸는데 우리는 이것이 2대, 3대까지 내려오고 있습니다. 이게 단순히 후진적인 것인가. 그렇게 보지 않을 수도 있습니다. 세계일류기업 삼성이 가지고 있는 소유구조의 가족주의적인 측면들, 여기에 한국식의 어떤 자본주의 모습이 있는 것 같고요.

정당도 마찬가지입니다. 미국이나 유럽에서 정치학을 공부하고 온 사람들은 신문에 칼럼을 쓰면 만날 이런 이야기를 합니다. 한국 정당들은 조선조와 같은 사실상의 붕당과 같은 것이고 보스정당체제이기 때문에 이념이 없다고. 그럼 우리는 언제 서양처럼 발전된 민주주의 국가의 이념정당을 만들 수 있을까 생각해봅니다. 그런데 서구적 이념정당으로 가야 한다는 당위 자체가 틀린 것일지도 모릅니다. 그렇게 생각하는 것 자체가요. 한국식의 정당 혹은 일본식의 정당은 이 방식대로 역사적으로 굳어져왔기 때문에 결국 안 바뀔 수도 있다고 한번 생각해볼 수 있지 않겠습니까?

지금 많이 완화되긴 했습니다만 한국에서는 은행에서 돈 빌릴 때 일종의 신용보증, 연대보증을 하죠. 가족, 친척, 처가 등을 동원해 보증을 할 수 있습니다. 한 사람이 무너지면 온 가족이 망하는 체제죠. 객관적 방식의 신용평가를 하는 게 아니라 가족보증체제죠. 이 대인보증제도 사람들은 후진적이라고 말합니다. 은행 시스템이 IMF 이후 많이 변화되긴 했습니다만 지금도 여전히 객관적인 신용평가에 기초하지 않은 채 대인보증체제가 지속되고 있습니다. 취직할 때, 돈 빌려줄 때, 또 사람을 평가할 때 언제 누가 저 사람을 추천했는지 혹은 저 사람이 누구와 가까운지 따집니다.

그러면 이게 정말 후진적이라고 평가될까요? 그렇지 않습니다. 최근 미국에서 나오는 책들을 보면 우리가 나쁘다고 여기는 연고주의를 찬양하고 있습니다. 예를 들면 잘되는 기업의 경우 끼리끼리 하니 기업이 훨씬 잘되더라는 것입니다. 왜? 우수한 기업들이 효율적이니까. 미국에서 진짜 이런 주장이 나옵니다. 우리가 후진적이고 특수한 경우라고 생각했던 것이 사실은 그렇지 않을 수 있다는 겁니다. 지금은 거의 없어진 연좌제도 한 사람이 잘못하면 온 가족이 책임지는 제도입니다. 아버지가 잘못했으니 아들과 딸이 그걸 대물려서 책임져야 한다는 거죠. 이 연좌제는 조선시대에도 있었는데 약간 주춤한 다음 한국전쟁 때 다시 등장했다고 합니다.

교육이나 종교도 근대의 이중적인 모습을 하고 있습니다. 기독교는 서구에서 들어온 것이지만 한국 교회의 문화 자체는 유교적이고 봉건적이죠. 교회 내 집사, 장로, 목사, 신도 사이의 관계뿐 아니라 많은 것이 상당히 유교적이고 가부장적입니다. 인물들도 그렇습니다. 예를 들어 이승만 전 대통령은 미국에서 수십 년을 살다 와서 영어를 완벽하게 구사하기까지 했는데 완전 봉건군주처럼 행동했죠. 조선시대의 정신을 지닌 인물이면서 동시에 가장 미국적인 인물이기도 하지요. 정주영 회장 역시 가장 현대적인 기업가이면서 동시에 매우 가부장적인 인물입니다. 사람도 그렇고 제도도 그렇고 이런 것이 우리가 가지고 있는 근대의 이중적인 모습이라고 생각됩니다.

그럼 다시 외국의 경우를 이야기해볼까요. 미국은 근대국가입니다.

영국도 근대국가입니다. 일본도 근대국가입니다. 두바이를 한번 이야기해봅시다. 요즘 두바이는 망해갑니다. 세계 최고의 높은 빌딩이 있는 금융천국, 부자들의 천국, 최첨단의 문명을 자랑하고 있던 두바이. 두바이를 통치하는 CEO는 바로 아랍에미리트라고 하는 영광된 국가의 한 군주입니다. 이 군주 CEO가 모든 권력을 독점하고 있기 때문에 언론의 자유가 없습니다. 두바이에 사는 사람들 중 90퍼센트가 외국인이고 모든 노동자가 비정규직입니다. 1년에 800여 명이 건설 지역에서 죽어요. 이것이 최첨단 두바이의 모습입니다. 가장 봉건적이고 왕조적인 통치자와 최첨단의 자본주의 문명이 결합한 두바이가 지금 어떻게 되고 있나요? 망해가고 있죠.

우리가 민주주의의 표본이자 문명국가라고 알고 있는 미국 역시 지난 98년 동안 언론자유나 인권자유의 어떤 면에서는 한국보다 더 열악한 모습을 보였습니다. 테러리스트로 의심받는 사람들을 콴타나모 Guantanamo 기지라는 곳에 재판 절차도 없이 7년 동안 가두었습니다. 그리고 아까 제가 예를 들었던 가장 대표적인 근대사회의 지표가 정치와 종교의 분리인데, 가장 근대화되었다고 하는 미국의 부시 행정부에서 정치와 종교가 새롭게 결합되는 양상을 보였습니다. 여러 가지가 있겠지만 아주 보수적인 기독교의 원조가 미국이라고 알고 계실 겁니다. 근본적인 기독교, 종말론 같은 것들이 미국에서 나왔습니다.

그런데 우리가 근대 민주주의의 가장 중요한 지표로 알고 있는 정치와 종교의 분리 혹은 삼권분립의 원칙 자체가 틀린 것이라는 주장이 옛날부터 있었어요. 독일의 나치를 지지했던 유명한 정치학자 슈미트 Carl Schmitt가 정치신학이란 걸 이야기했는데 대략의 내용은 이렇습니다. '신학은 구시대의 것이 아니다. 지금 시대에 정치는 기본적으로 종교적인 것이다. 적과의 투쟁이 정치의 근본인데 이것이 근대라고 해서 없어진 것은 아니다, 그러니까 전근대―근대의 구분 자체가 틀린 것일 수 있다.'

저는 지금 정부 산하의 '진실화해위원회(진실화해를 위한 과거사 정리위원회)'에서 한국전쟁 때의 학살 사건을 조사하고 있습니다. 한국전쟁 때의 학살 사건은 굉장히 야만적인 일입니다. 1950년대 한국을 굉장히 후진적인 국가로 알고 계신지 모르지만 1950년대 한국은 일본으로부터 어느 정도 긍정적인 영향을 받아 상당한 문명국가의 면모를 갖추었습니다. 그런데 이런 나라에서 입에 담을 수 없을 정도의 야만적인 일들이 많이 벌어졌습니다. 한국전쟁 중 인민군에 의한 학살뿐만 아니라 한국 정부에 의한 학살까지 벌어졌는데 왜 이렇게 야만적이 일들이 벌어졌을까요? 이 문제와 관련해 유명한 사회학자인 바우만_{Zygmunt Bauman}의 책을 보면 이런 내용이 있습니다. '유태인 학살이 과연 전근대적인 야만성의 산물이냐? 그렇지 않다. 근대 기계문명이 바로 유태인 학살을 가져온 실질적인 이유다. 왜냐, 유태인 학살을 저지른 당시의 독일 관료들은 사람을 선별해서 가스실로 보내는 등의 일을 마치 기술자가 일 처리하듯 했다.' 아주 잘 짜인 근대 관료 조직이 바로 600만의 유태인을 학살한 것이지 독일의 후진성이나 야만성이 유태인을 학살한 게 아니라는 말입니다. 그래서 학살은 야만의 산물이 아니라 문명의 산물이라는 것이죠.

저도 한국전쟁의 학살을 보면서 똑같은 생각을 하게 됩니다. 당시 한국전쟁이 일어났을 때 군인과 경찰들이 사람들을 두들겨 패고 죽이는 걸 본 미국의 유명한 기자가 〈뉴욕타임스〉에 쓴 글이 있습니다. 이 글에서 기자는 '이러한 폭력은 오리엔탈 방식이다. 동양 사람들이 이렇게

근대화는 지금 우리에게 어떤 영향을 미쳤는가?

나 야만적이다' 라고 이야기했습니다. 저는 이 기사를 보면서 피식, 웃음이 났습니다. 미국은 이보다 훨씬 더 심하게 인디언들을 내몰고 학살한 역사가 있습니다. 또한 1900년대 초 필리핀을 침략했을 때 약 20만 명을 학살했습니다. 자국에 살고 있는 흑인들을 노예 취급한 스스로의 야만성은 모르는 겁니다. 그러고는 '동양 사람들 왜 이렇게 야만적이야' 하지요. 자기식 세계관을 가지고 본 겁니다.

사실 전쟁 중에 이런 학살이 가능했던 이유는 한국 사람들이 야만적이어서가 아니라 일본이 남기고 간 제도의 결과 때문입니다. 무슨 뜻이냐면 우리가 언뜻 생각하기에 학살을 당할 것 같으면 도망가면 되지 왜 거기서 죽나 싶은데, 도망을 못 갑니다. 경찰, 파출소 등 행정체계가 물 샐 틈 없이 짜여 있었기 때문에 바로 옆 동네로 가더라도 도민증이 필요해요. 도망을 갈 수가 없습니다. 이런 일들은 야만의 산물이 아니라 문명의 산물이기도 하죠. 문명의 이름으로 저질러진 폭력이 훨씬 더 무섭고 광범위하기도 합니다.

우리가 겪었던 근대 비극은 황석영의 소설 《손님》에 잘 나타나 있죠. 바로 기독교와 공산주의입니다. 이 둘은 모두 수입된 것입니다. 수입된 문명이 반도에 들어와 정면충돌해 수많은 비극을 낳았습니다. 지금도 이 비극은 계속되고 있습니다. 결국 문명과 야만은 같이 가는 것이고, 남북 분단의 현실을 볼 때마다 이것을 가장 극적으로 체험한 곳이 한반도라는 생각이 듭니다.

그러니까 제가 하고 싶은 이야기는 우리가 근대 완성을 추구하느냐, 아니면 근대라는 이 패러다임 자체를 완전히 넘어서는 것을 추구하느냐의 문제입니다. 저는 1989년 천안문사태가 일어났을 때 여러 가지 생각을 많이 했습니다. 이제 사회주의가 무너지고 중국은 자본주의로 가겠구나. 그래서 그때 어떤 사람은 우스갯소리로 '사회주의는 자본주의로 가는 멀고 먼 우회길'이라는 말을 했습니다. 그런데 이 말은 1980년대에 사회과학을 공부했던 우리들의 생각과는 완전히 반대입니다. 그때는 자본주의가 문명의 한계에 이르러 사회주의로 전환된다고 생각했는데, 반대로 사회주의는 자본주의로 가기 위한 우회로라는 것이죠. 1989년 직후에 후쿠야마 Francis Fukuyama 같은 사람도 이렇게 이야기했지 않습니까.

그럼 정말 자본주의가 문명의 정점이고 우리가 도달할 수 있는 근대의 정점일까? 그런데 바로 작년 말 미국 금융자본주의가 무너졌습니다. 저는 무너졌다고 봅니다. 소련이 먼저 무너지고 나서 20년 만에 오만한 미국이 무너지고 있습니다. 물론 미국의 체제 자체가 완전히 붕괴한 것은 아니죠. 그러나 소련이 무너진 후 20년의 시차를 두고 미국이 무너졌다는 것이 시사하는 바가 뭘까. 결국 냉전체제의 완전한 붕괴와 냉전의 이름으로 저질러진 폭력과 야만의 붕괴가 아니겠는가, 이렇게 생각이 듭니다. MB정부는 지금도 미국식 자본주의와 신자유주의가 최선의 대안이라 생각하고 있는 듯합니다만 그건 정말 헛발질하는 것이라고 봅니다.

중요한 사실은 소련과 미국이 무너지는 모습이 우리가 생각하는 근대와 우리의 근대를 돌이켜 볼 수 있는 좋은 계기가 되었다는 점입니다. 제가 아까 이야기했던 전통과 근대의 구분법에 대해 확실히 넘어설 수 있는 시야를 가지게 된 것입니다. 요즘 서점에 나가보면 조선시대에 관한 책들이 엄청나게 쏟아져 나오고 있지 않습니까. 저는 이 같은 현상이 우리가 겪었던 근대를 이제는 단절로 보지 않게 되었다는 증거라고 생각합니다.

사실 우리는 굉장한 단절 속에서 살지 않습니까? 저희 집에도 할아버지가 썼던 글들이 있는데 온통 한문으로 되어 있어서 읽지를 못해요. 이런 나라가 세상에 어디 있습니까? 그런데 이제는 이를 넘어설 수 있게 되었고 우리가 전근대라고 부르던 것들도 좀 더 냉정하게, 또 다른 한편으론 따뜻하게 바라볼 수 있게 된 것입니다. 이 시점에서 우리는 자본주의와 국민국가로 대표되었던 근대가 매우 많은 폭력과 억압, 야만을 동시에 불러왔다는 것과 더불어 이러한 근대가 이제 종착점에 다다랐다는 것에 대해 생각보아야 합니다.

바로 이 지점에서 우리가 추구해야 할 모델이 있을까요? 우리보다 더 근대적인 모델이 있나요? 없습니다. 미국? 아닙니다. 영국? 프랑스? 아닙니다. 그 나라 사람들이 지금 추구하려고 하는 새로운 문명과 우리가 지금 추구하는 것은 그 내용이 다르지 않을 것입니다. 어떻게 보면 이제 이 지구화된 문명 위에서는 서구나 한국이나 같은 지평에서 대안을 이야기할 수 있는 시점에 놓이게 되었다고 봅니다. 그렇다면 우리는 근대의 완성을 목표로 할 것이 아니라 근대를 확실히 넘어선 시야를 가지고 우리 사회의 문제를 보아야 하지 않을까 생각합니다. 이야기 마치겠습니다.

강성원 —— 오늘 저는 김동춘 선생님의 말씀을 통해 우리가 나름대로 근대에 대한 문제의식을 가지고 끊임없이 해결책을 고민해왔다는 것을 알 수 있었습니다. 또 근대가 야기한 일반적이고도 특수한 문제를 우리만 가지고 있는 게 아니라는 것도요. 그래서 포스트모더니티를 이야기하는 바로 지금이 오히려 더더욱 역사의 새로운 미래를 짜고 사회다운 사회건설을 해나가야 할 바로 그 시기가 된 것 아닌가 싶습니다. 이 시기가 후기 모던인지 탈모던인지는 중요하지 않습니다. 아니면 그냥 탈 조선을 비로소 새롭게 꿈꾸어볼 수 있는 최초의 근대기라 불러도 상관 없지 않을까요? 여하튼 저에게는 굉장히 희망적 이야기로 받아들여지네요. 이어서 김경일 선생님의 말씀도 들어보겠습니다.

김경일 —— 저는 그동안 묻혔던 역사에 관심을 가지고 연구를 진행해왔습니다. 주요 연구 대상은 노동자, 여성, 조선인, 이주민 등이었지요. 제 친구 중에는 노예를 연구하는 사람도 있는데 그 친구의 아버지께서 그러시더랍니다. "너는 이왕이면 양반을 연구하지 왜 다른 사람이 별로 찾아보지도 않는 노예를 연구하냐?" 정말 이 친구는 왜 하필 노예를 연구할까요? 우리가 근대인이라고 부르는 그룹 안에서 다양한 행위자들이 나타나는데, 이들 중에서도 근대의 전개에 의해 억압당하고 피해를 보았던 사람들이 생각하는 근대는 과연 어떤 것일까 하는 의문에서 지금까지 연구를 진행해온 것 아닐까요?

일단 이 주제에 대해 제가 가지고 있는 생각들을 말씀드리고 그다음 세 가지 차원에서 근대에 대한 이야기를 해보도록 하겠습니다. 이 세 가지 차원은 간략하게 말씀드리면 근대가 펼쳐지는 무대 혹은 배경, 근대를 이끌어온 주체, 근대의 목표 지향이 되겠습니다.

먼저 간단하게 이론적으로 정리를 하자면 근대란 사실 우리가 바람직하다고 여기며 지금까지 부단히 추구해왔던 과정이 아닌가 합니다. 그렇기 때문에 개화기 이래 우리는 부국강병이라든지 독립, 경제개발을 위한, 혹은 오늘날 지구화 시대의 경쟁에서 우위를 점하기 위한 노력을 해온 것이겠지요. 그런데 비단 우리만 이런 노력을 기울인 게 아니고 이는 기본적으로 근대 자체가 가지고 있는 어떤 하나의 틀인 듯합니

다. 서구는 18세기 이래 유럽에서 근대가 출현하면서부터 진보와 계몽 사상을 바탕으로 끊임없이 앞으로 나아갔고, 그 앞선 문명을 뒤처진 다른 지역에 전파하는 것을 사명처럼 여기기도 했습니다. 이러한 소위 '근대 따라잡기'가 계속 진행되다가 서구에서는 1960년대쯤, 우리나라에서는 1980년대쯤 이에 대한 본격적인 회의가 나타나기 시작합니다. 물론 이전에도 근대 따라잡기에 대한 반성이나 비판, 혹은 회의 등이 역사의 부분 부분에서 간헐적으로 분출해왔습니다만 이것이 하나의 유의미한 현상으로 나타난 시기는 1960년대 이후인 듯합니다.

저는 바로 이렇게 근대에는 앞선 것, 바람직한 것뿐만 아니라 전통적인 것, 후진적인 것, 우리가 아주 옛날 것이라 여겼던 부분이 겹쳐 있다고 생각하는 비판적 시선이 점차 등장하기 시작했다는 점을 말씀드리고 싶습니다. 이러한 주장을 최근에 펼친 서구의 이론가로는 마셜 버먼 Marshall Berman, 페리 앤더슨 Perry Anderson, 이매뉴얼 월러스틴 Immanuel Wallerstein 등이 있지요.

제가 구태여 이런 말씀을 드리는 이유는 우리 사회가 국가의 목표로서만이 아니라 일상생활을 하고 있는 우리의 심리적인 선택에까지 개입하여 근대를 온 힘을 다해 쟁취해야 하는 것으로 상정하는 측면이 있기 때문입니다. 하지만 근대는 절대적인 선도, 반드시 따라잡아야 할 무엇도 아닌 복합적인 것들로 구성된 모순 결합체라고 할 수 있습니다.

월러스틴은 자본주의 문명에 세 가지 제도가 나왔다고 이야기합니다. 첫 번째로 근대 이전에는 찾아볼 수 없었던 보수주의라든지 자유주의라든지 혹은 사회주의나 공산주의, 급진주의 등과 같은 이데올로기적인 형태의 것들이 근대와 더불어 출현했다는 점을 꼽습니다. 두 번째로는 사회과학입니다. 사회과학 자체가 어떻게 보면 근대의 산물이었다고 이야기합니다. 여러 측면에서 보았을 때 근대사회에서 가장 중요해 보이는 정치적인 것을 다루는 정치학, 경제적인 것을 다루는 경제학, 일상생활을 다루는 사회학으로 구성된 사회과학의 중요한 토대가 근대와 더불어 시작되었다는 것입니다. 마지막으로 반체제운동입니다. 전통시대에도 민란 같은 다양한 형태의 저항운동이 있었습니다만 그럼에도 불구하고 오늘날 우리가 알고 있는 시위운동이라든지 노동운동 같은 저항운동이 근대적이라는 겁니다.

그런데 저는 사회과학자로서 사회과학은 19세기 근대화와 더불어 출현했지만 궁극적인 지향점은 엄격한 자연과학적 모델이라고 봅니다. 뉴턴적인 세계관에 입각한 예측과 설명, 분석이라고 하는 인과관계에 의한 설명방식 같은 것이 사회과학이 추구하는 기본적인 지침이라는 것입니다. 그렇기 때문에 사회과학은 과학이라는 측면에 상당히 관심을 가지고 있습니다. 자연에 과학을 적용할 수 있는 것처럼 사회라는 영역에도 과학적인 방법을 엄격하게 적용할 수 있을 것이라고 생각합니다. 사회과학이 자연과학의 엄격성과 정밀성과 예측성 등을 닮으려할 때 치러야 하는 희생이 있습니다. 저는 사실 궁극적으로 사회공학적인 어떤 측면이라고 정리하고 싶은데요, 말하자면 자본주의 사회체제의 구축에 사회과학이 헌신하고 봉사하는 도구로서의 역할을 했다는 겁니다. 이에 대한 이데올로기적 비판은 1960년대 이후 서구사회에서 많이 등장하고 있습니다.

여기서 제가 말씀드리고 싶은 것은 인문학도 사회과학처럼 되고 싶어 했다는 겁니다. 어떻게 보면 인문학은 사회학과 다른 부분이 있는데도 사회과학은 자연과학을 따라가고, 인문학은 사회과학을 따라가 결국 자연과학적인 성격을 취하고 싶어 했습니다. 이런 이유로 인문학을

인문과학이라고 표현하는 경우도 많이 봅니다.

　인문과학이란 사실 조금 안 맞는 말인데요. 왜냐면 인문학은 일정 부분 상상 혹은 직관, 감각, 감정 등을 사용하는 학문인데 여기에 과학이 섞이면 계량하고 예측하고 설명해야 하는 엄격한 자연과학적인 모델을 찾아야 하는 경우가 생깁니다. 그런데도 지난 세기 근대화가 추진되면서 서구사회에 나타난 현상은 불행하게도 자연과학, 사회과학, 인문과학이 한 줄로 서서 연속적으로 근대적인 것을 추구하는 모습이었습니다. 엄격한 과학적 예측이나 설명을 추구하면서 인문학은 상상력이나 직관 혹은 역사에 대한 비전 등을 모두 상실해버렸습니다.

　그런데 인문학이 인문과학을 추구하는 시기에도 사회과학이 엄격한 자연과학적 모델을 추구했던 시기에 대한 비판이 나왔습니다. 여러분이 널리 알고 계신 것 중 하나로 포스트모더니즘을 들 수 있는데요. 저는 개인적으로 포스트모더니즘을 높이 평가하지 않습니다. 어쨌든 포스트모더니즘이 긍정적 역할을 했다고 한다면 그것은 바로 자연과학적인 엄격성을, 근대성을 추구했던 사회과학적인 모델에 대해서 일단은 비판적인 자세를 취했던 일이 아닌가 싶습니다. 그렇기 때문에 인문학 안에서도 문학 같은 분야에서는 사회과학에 대한 비판이 나올 수 있었다고 생각됩니다.

　전반적으로 인문학을 이야기할 때 저는 우선 이런 질문을 드리고 싶습니다. 지난 100년간 한국 학계라든지 학문적 추구 안에서 우리가 진리에 대한 진정성을 잃지 않으면서 동시에 사회가 필요로 하는 상상력이나 통찰, 비전을 아울러 가지고 진지하게 고민했던 적이 있는가? 있다면 어느 시기, 어떤 사람들에 의해서인가? 우리가 진리의 심층을 추구하며 진정 고민하려 했던 사례들로 뭐가 있을까? 이런 부분에 대해 한번 물어보게 되는 계기가 있지 않을까? 저는 그런 게 있다면 그게 바로 인문정신이 아닐까 생각합니다.

이제 한국 사회에서 구체적으로 이야기해야 하는 부분에 대해 말씀 드리겠습니다. 아까 이야기한 것처럼 제가 말씀드리고 싶은 것은 세 가지인데요. 하나는 근대가 어떤 조건에서 전개되었는가 하는 것입니다. 말하자면 근대 무대에서 제가 강조하고 싶은 것은 시간과 공간의 문제입니다. 이 시간과 공간은 공기처럼 분명히 존재하지만 일상에서 잘 의식하지 못하는 것과 같은 주제입니다. 그래서 근대가 펼쳐지는 무대가 시간적인, 공간적인 차원이 같이 얽히는 지점에서 전개된다는 점을 말씀드리고 싶습니다. 즉, 특정화된 무대에서 한국의 근대화가 전개되었다는 말입니다.

시간에 대해 생각할 때는 흔히 전통 문제가 나옵니다. 우리는 전통을 축적된 시간의 연속으로서 보게 되는데요. 전통과 근대가 어떤 식으로 상호작용하면서 한국의 근대를 형성해왔는가 하는 문제제기가 필요해 보입니다. 왜냐하면 1950년대 지식인들의 논의에서 전형적으로 나타나듯이 근대화를 추구하는 시각에서 전통은 일반적으로 거추장스럽고 방해되는, 뭔가 바람직스럽지 않은 것으로 여겨졌습니다. 전통적인 부분은 매우 악하기 때문에 다 버려야 한다는 식의 논의가 지식인들 사이에 많이 있었습니다. 〈사상계〉 같은 잡지들을 보면 여러분도 당시 지식인들이 정말 한국적인 전통을 이렇게 생각했나, 좀 놀라실 겁니다. 지금 생각하는 전통과는 상당히 다릅니다. 전통에 대한 인식은 지난 100년 동안 시기마다 조금씩 달랐습니다. 지금 우리가 생각하는 전통에 대한 개념은 1920년대에 달랐고 1950년대에 또 달랐습니다. 따라서 우리가 이런 사실을 인지하고 역사적인 시각을 재정립할 필요가 있지 않을까

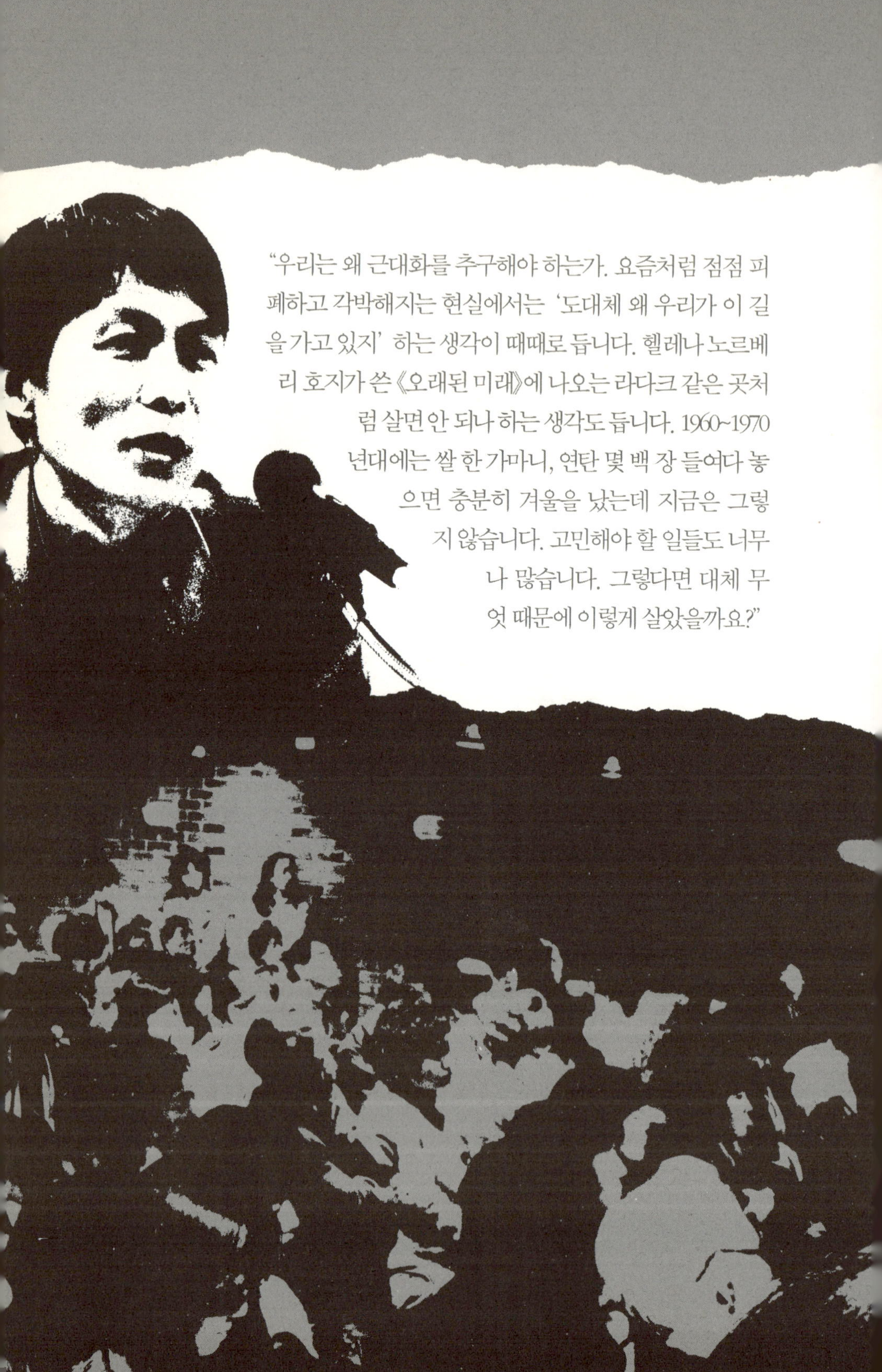

"우리는 왜 근대화를 추구해야 하는가. 요즘처럼 점점 피폐하고 각박해지는 현실에서는 '도대체 왜 우리가 이 길을 가고 있지' 하는 생각이 때때로 듭니다. 헬레나 노르베리 호지가 쓴《오래된 미래》에 나오는 라다크 같은 곳처럼 살면 안 되나 하는 생각도 듭니다. 1960~1970년대에는 쌀 한 가마니, 연탄 몇 백 장 들여다 놓으면 충분히 겨울을 났는데 지금은 그렇지 않습니다. 고민해야 할 일들도 너무나 많습니다. 그렇다면 대체 무엇 때문에 이렇게 살았을까요?"

생각합니다.

대개의 경우 전통이나 시간은 한국 사회가 가차 없이 추구해온 근대화 때문에 무시되어왔습니다. 지난 100년 동안의 역사를 보면 특히 1920년대와 1950년대, 1960년대에 전통의 문제나 시간의 문제가 경시되지 않았나 싶습니다. 근대가 강하고 새롭게 느껴지는 시대일수록 혹은 그것을 피상적으로 받아들인 시대일수록 전통이 무시되는 경향이 있는데, 1920년대가 바로 그렇습니다. 1950년대도 마찬가지입니다. 이승만 정권이 들어선 후 매우 물질지향적이고 피상적인 이른바 '양키문명'이 유입되면서 모든 사람이 서구적인 것을 좇았습니다. 이건 제 말은 아닙니다만 전통적인 것을 두고 심지어 '거지발싸개같이 한다'라고 표현했을 정도입니다.

이에 반해 전통의 문제가 심각하게 고려되거나 그 시대의 중요한 문제로 등장한 시기도 있었습니다. 1930년대와 1970년대, 그리고 1990년대 이후를 꼽아볼 수 있는데요. 물론 전통이 부각된다고 해서 반드시 좋은 것은 아닙니다. 이 같은 경우로 1930년대의 예를 들 수 있겠네요. 1920년대에 근대적인 것 혹은 서구적인 것의 영향을 지나치게 받다 보니까 여기에 대한 반발로 1930년대에 '그러면 한국적인 것은 무엇인가' 하는 관심들이 등장합니다. 그래서 이른바 조선학이라든지 최남선의 〈불함문화론不咸文化論〉 같은 것들이 나오게 되고요, 신여성에 대한 찬미도 1930년대 들어 한풀 꺾이면서 전통적인 한국 여성을 높이 평가하는 사회적 분위기가 조성됩니다.

그러나 불행하게도 이런 자기 전통에 대한 자각은 어떤 내재적인 추동력을 가지고 스스로 나온 것이 아니라 일본과 관련되어 있습니다. 일본에서 일본정신과 같은 일본적인 전통을 강조하자 이에 대한 반응으

로 식민지 조선에서 이 같은 현상이 생겨났다는 것이지요. 그리고 이 일본적인 것에 대한 강조 내지 일본 특수성에 대한 주목은 결국 일제의 대륙침략과 태평양전쟁으로 이어지게 됩니다. 당시에 유행했던 말로 '근대의 초극'이라는 표현이 있습니다. 이 말은 일본자본주의는 러시아적 사회주의도 아니고 미국이나 영국 같은 경쟁 위주의 자본주의도 아닌 제3의 문명을 만들었다는 측면에서 근대의 틀을 뛰어넘었다는 의미를 지닙니다. 일본은 근대의 초극이라고 하는 이런 이데올로기를 바탕으로 대륙침략을 하고 태평양전쟁을 일으킵니다. 그러면서 이른바 대동아공영권을 제창하게 되는데 이를 뒷받침해주는 맥락에서 바로 1930년대 전통에 대한 강조가 있었던 겁니다. 따라서 전통이, 우리 것이 좋다고 하지만 전통이 반드시 좋은 것만은 아닙니다.

1970년대에 마찬가지로 전통이 강조되고 중시되었습니다만, 아마 1970년대를 살았던 세대들은 기억할 겁니다. 국민교육헌장, 이순신 장군 동상, 고전 읽기 등 어떤 복구적인 것이 '10월 유신'이라는 이름하에 박정희 정권을 유지하기 위한 사회 메커니즘의 하나로 이용되었습니다. 반면 1970년대에는 시골에 남아 있던 초가지붕 같은 그나마 소소한 전통들이 남김없이 제거되었습니다. 그렇기 때문에 1970년대에 강조된 전통에는 바람직하지 않은 부분도 있지 않았나 싶습니다.

1990년대 이후 전통에 대한 관심에는 상당히 긍정적인 면이 있습니다. 전통과 근대 중 어느 한쪽이 일방적으로 작용하기보다는 양자가 상호작용한다는 점에서 바람직스러운 측면도 있습니다. 그러나 동시에 우리는 근대를 지난 100년 동안 몸에 익혀온 따라잡기식 근대화의 각도로 계속 조명하고 있는 것은 아닌지 생각해보아야 합니다. 사실 대부분이 시장이나 대중의 욕구에 초점을 맞추어서 '전통에서 이 부분을 빼서 이렇게 가공하면 많이 팔리겠구나' 하는 궁리를 하고 있지, 전통에 대한 인문적 관심은 상당히 적은 실정입니다.

이렇게 경쟁과 시장논리, 문화적인 것을 통해서 발전을 이루겠다는 의식은 전통을 보는 시각으로서 굉장히 위험한 부분이 있습니다. 그만큼 유혹이 강하니까요. 이 강렬한 유혹 속에서 우리가 무엇을 상실하고 있는지 생각해야 하는데, 이 같은 반성과 성찰의 재료를 공급해주는 일은 인문학자들의 몫이 아닌가 합니다. 이들이 인문학자라기보다는 인문과학자적인 행태를 많이 보이기 때문에 그런 부분이 좀 거슬립니다만……. 시간에 대해서는 일단 이 정도로 마무리 짓도록 하겠습니다.

이제 공간에 대해 이야기해보도록 하죠. 근대가 펼쳐지는 지리적인 배경으로서 공간이 있습니다. 근대적 학문체계에는 두 가지 중요한 것이 있는데, 한말에 국권상실의 위기에 처했을 때 그 당시 지식인들이 강조했던 두 가지 과목이 있습니다. 하나는 '역사학'이고 다른 하나는 '지리학'입니다. 하나는 '시간'을 다루는 것이고 하나는 '공간'을 다루는 것이지요. 시간을 다루는 역사학은 지금 많이 대중화되었습니다.

그런데 지리학에 대해선 고개를 갸웃하실 겁니다. GPS라든지 독도 문제 나올 때 정도의 상식은 알겠지만 지리학이 역사학처럼 대중성을 가지고 있지 않은 것은 사실인데요. 공간의 변수라고 하는 것이 근대를 볼 때 굉장히 중요한 문제인데 왜 이 부분에 대한 인식이 빠져 있나 하는 의문을 가져보아야 합니다. 왜 그럴까요? 그건 아마 근대가 발전해온 단위 자체가 민족국가이기 때문인 듯합니다. 오늘날처럼 세계화, 지구화라는 개념을 인식했다면 조금 달라졌겠습니다만 각각의 나라는 민족국가라는 개념 안에서 발전해왔기 때문에 지리적 범위를 간과한 거죠. 우리는 모든 것을 국토적 영토, 즉 주권이 미치는 범위 안에 있는 인

민과 풍토, 문화의 측면에서 사유하도록 길들여졌습니다. 결국 공간은 어떻게 보면 상수로서 나와 있기 때문에 별로 문제가 되지 않았던 게 아닐까 생각합니다.

공간에 대해 인문적인 자유 혹은 인문적 정신이 궁극적으로 추구하는 바는 공간인식입니다. 시간에 대한 인식과 마찬가지로 공간에 대한 인식인 거죠. 주어진 공간이 그냥 '내 공간'이라고 생각한다면, 예를 들어서 우리가 민족국가라는 틀 안에서 계속 생각하고 사회학으로 교육받아왔다면 여기서 바로 한계가 생깁니다. 그렇지 않을까요? 민족국가가 다양하게 충돌하고 서로 이해관계를 조정하는 어떤 국제적 무대가 있다고 생각해야 하는데……. 1950~1970년대 당시 지식인들의 발언이나 글들을 찾아보면 이 시기 한국 사람들에게는 한국밖에 없다는 것을 알 수 있습니다. 다른 나라가 없어요. 사실 지금도 그러잖아요. 우리나라는 세계에서 제일 오래된 역사와 가장 화려한 금수강산을 가지고 있다, 우리 조상들은 누구와 비교할 수 없을 만큼 뛰어난 지혜를 가지고 있었다는 이야기를 자꾸 하지요. 저는 이런 부분이 공간적인 측면에서 우리가 한 국가 단위에 얽매어 살며 알게 모르게 키워왔던 습성, 또는 사고방식의 편린들이 아닌가 싶습니다. 이제는 이런 방식에서 벗어나 우리 자신을 상대화해야 합니다. 우리나라뿐만 아니라 다른 나라도 똑같이 잘났고, 자기 문화에 대해 긍지를 가지고 있는 다른 민족들, 다른 나라들과 이 지구상에서 함께 살고 있다는 것을 항상 생각해야 합니다.

그러면 이 공간인식이 어느 시기에 가장 집중적으로 나타났을까요? 바로 식민지 시기입니다. 식민지 시기에는 분단도 되지 않았고 사람들은 만주, 일본 등에서까지 활동했습니다. 적어도 다른 지역과 다른 지역의 사람들에 대한 상상이 가능했던 시기였다는 말입니다. 그리고

1990년대 이후는 지구화라는 개념이 생겼기 때문에 공간인식이 상당히 보편적인 형태로 주어질 가능성이 있었던 시기였습니다. 하지만 근대 이후 우리는 분단체제 안에서 살고 있습니다. 이 때문에 우리가 착각하기 쉬운 것들이 몇 가지 있습니다. 예를 들어 1938년과 1958년 한국의 인구는 각각 얼마인가라고 물으면 우리는 흔히 1938년에는 3,500만 명이었고 1958년에는 3,200만 명이었다고 대답합니다. 그런데 생각해보세요. 1958년 한국의 인구는 남한만의 인구입니다. 그러지 않아요? 북한은 빼버린 거예요. 1938년의 인구는 전국의 인구입니다. 공간이 줄어든 거예요. 우리의 사고가 남한에 국한되어 우리도 모르는 사이에 이같이 인식하게 됩니다. 냉전체제의 해체는 동구권의 몰락이나 소련의 해체를 지칭하는 말이지만 한국 영토 내에서의 분단의 역사는 여전히 지속되고 있기 때문에 우리가 가지고 있는 공간의 인식은 여전히 이러한 한계를 안고 있습니다.

이제 누가 이 근대를 주동하는가 하는, 근대의 주체에 대해 말씀드리겠습니다. 저는 근대의 주체라는 측면에서 보았을 때 한국 근대에서 가장 특징적인 것은 개인이 없다는 점이라 생각합니다. 말하자면 전제적이고 봉건적인 지배와 전통적인 것으로부터 해방된 자율적인 개인, 스스로 사유하고 행동하는 주체로서의 개인이 없다는 점에 한국적인 근대가 가진 특수성이 있다는 것입니다. 왜 그렇게 되었을까? 근대로 이행하면서부터 한국은 이른바 '서세동점西勢東漸'의 측면에서 제국주의 국가들과 끊임없이 부딪혔기 때문에 이러한 상황에서 자기를 주장할 수 있는 여유가 거의 없었습니다. 따라서 집단적인 단위로서의 대응이 불가피했고 더불어 국가적인 독립 같은 절박성이 있었기 때문에 개인이 들어설 여지가 없지 않았나 합니다. 그 이후의 역사적인 과정을 보

더라도 마찬가지입니다. 1945년 이후 우리는 겨우 국권을 찾았습니다만 이번에는 분단과 군사독재의 시기를 맞이해야 했습니다. 그리고 군사독재에 맞서서 민주주의를 쟁취해야 한다는 기치 아래 계급 혹은 민중과 같은 집합적인 단위가 또다시 필요하게 되었습니다. 이 같은 점에서 한국의 근대에는 원천적으로 개인이 들어설 여지가 없었다는 생각이 듭니다.

1997년 이후에는 '한국 사회가 민주화되었다, 정치적인 민주주의를 쟁취했다'라고 하면서 한국은 근대화와 민주화를 아주 집약적으로 단시간에 달성한 대표적인 나라라고 이야기하기 시작합니다. 이에 대한 자부심을 가지기도 하고요. 정부도 그렇게 선전하고 싶어 할 때가 있는 것 같습니다. 그런데 상당히 재미있는 일이 벌어집니다. 1997년 이후 민주주의가 정착되고 나서 개인이 민중과 계급에 대한 헌신으로부터 해방되었는데 이 시기가 어떤 시기와 맞아떨어졌을까요? 저는 세계가 지구화되는 과정에서 소비문명이 대중적으로, 전 세계적으로 범람했던 시기와 딱 맞아떨어진 부분이 있다고 생각합니다. 자기 자신의 성찰과 주체적인 인격 같은 내면의 성숙이 이루어지기보다는 개성을 중시하거나 소비적인 측면에서 자기를 드러내고 싶어 하는 부분들이 많은 진전을 보였다는 것입니다. 물론 우리가 사회 전반에서 이룬 인권의 발전이라든지 민주화의 효과를 부정하는 것은 아닙니다. 이런 것들을 충분히 음미를 하고 있지만 동시에 거시적인 측면에서 보면 또 다른 부분도 있지 않나 생각하는 것입니다. 그렇기 때문에 한국이 가지고 있는 근대성의 측면에서 개인 혹은 사적인 것이 굉장히 약하다는 말이고요.

마지막으로 무엇을 위한 근대인가라는 점에 대해 이야기해보겠습니다. 우리는 왜 근대화를 추구해야 하는가. 요즘처럼 점점 피폐하고 각박해지는 현실에서는 '도대체 왜 우리가 이 길을 가고 있지' 하는 생각이 때때로 듭니다. 헬레나 노르베리 호지가 쓴 《오래된 미래》에 나오는 라다크 같은 곳처럼 살면 안 되나 하는 생각도 듭니다. 1960~1970년대에는 쌀 한 가마니, 연탄 몇 백 장 들여다 놓으면 충분히 겨울을 났는데 지금은 그렇지 않습니다. 고민해야 할 일들도 너무나 많습니다. 그렇다면 대체 무엇 때문에 이렇게 살았을까요? 크게 세 가지 정도가 있지 않나 싶습니다.

첫 번째는 정치적인 것입니다. 궁극적으로 민주화, 민주주의와 통하는 부분입니다만 한국은 이러한 측면에서 보면 정치적인 것에 대한 관심이 많은 부류에 속한다고 봅니다. 대개 사회가 발전하면 발전할수록 정치적 무관심이 증대하는데 한국 사회는 정치적 무관심이 증대하는 것 같으면서도 사실은 그렇지 않아요. 누구나 정치적 의견을 가지고 있고 정치 과잉이라고 할 수 있는 부분도 있습니다. 민주화가 되었지만 무언가 여전히 부족하다는 느낌을 받습니다.

두 번째로는 부의 증대라는 경제적 목표를 꼽을 수 있습니다. 즉 산업화와 경제 발전인데요. 경제 성장에 대한 집착이 정말 매우 강한 것 같습니다. 서구선진사회의 경우에는 일반적으로 경제가 어느 정도 발전하면 그다음 인간적인 가치들에 관심을 가집니다. 산업화와 경제 성장을 어느 정도 이룬 한국 사회에서도 이러한 경향이 보이는 것 같지만 꼭 그렇지만도 않아요. 여전히 경제적인, 물질적인 가치에 대해 강한 의미 부여를 합니다. 옛말에 의식이 족해야 예절을 안다고 했는데 바로 이 예절을 아는 또 다른 가치의 추구가 필요한 시점인 오늘날조차도 물신성으로부터 헤어나지 못하고 있습니다. 이는 어떻게 보면 한국이 가지고 있는 근대적인 특징이라고 할 수도 있겠죠. 따라서 한국은 산업화와 근대화라는 업적을 이루었으면서도 왜 여전히 이에 대한 갈증을 느끼는지 생각해볼 필요가 있는 것 같습니다.

마지막으로 세 번째는 아까 말씀드린 개인의 문제인데요. 우리는 소비사회라든지 경쟁, 효율 같은 것을 중요시하지만 그 과정을 보지는 않잖아요? 결과만 보고 판단하는 이런 물신적인 사고가 여전히 지배적으로 한국 사회에 나타나고 있습니다. 이런 현상은 지난 100년 동안 전반적으로 나타났다고 일률적으로 말할 수 없는 것이죠. 서로 음영을 달리하면서 어떤 시기에는 어떤 주제가 강하게 나타났고 또 어떤 시기에는 어떤 주제가 부각되었는지 눈여겨보아야 합니다. 그래서 오늘날 우리가 서 있는 근대의 자리가 어떤 부분인지 깊이 생각해볼 수 있는 계기를 만들어야 하고요. 저는 이 계기를 제공해줄 수 있는 것이 바로 인문정신이 아닐까 생각합니다. 이상으로 마치겠습니다. 감사합니다.

강성원 —— 제가 듣기에는 김경일 선생님과 김동춘 선생님의 의견이 접근 방식은 달랐지만 거의 동일한 결론에 다다른 것 같습니다. 김경일 선생님께서는 근대성이 인문과학과 사회과학을 보편주의로 빠뜨렸다고 말씀하시면서 우리의 근대성에 대한 이해도 알고 보면 보편주의에 빠져 있고, 그간 이런 현상에 주목하지 못했다고 결론 내신 듯합니다. 그리고 보편주의로 근대성을 이해한 것이 우리 근대사회 형성에 가장 중요하게 작용한 부분이라고 지적하셨는데, 저는 이 문제를 이번 강의의 핵심주제로 삼고 싶네요.

청중 —— 강의 재미있게 잘 들었습니다. 두 분께서 자세히 말씀해주셔서 미처 생각하지 못했던 부분들을 많이 발견했습니다. 제가 대학 입학 면접시험을 볼 때 받은 질문이 '근대화란 무엇인가' 였는데 그때는 이 질문에 담긴 의미를 눈치 채지 못해 '발전하는 것이다, 서구화되는 것이다' 와 같은 단순한 대답만 하고 말아 낙방했던 기억이 납니다. 저는 근대화된 나라라고 하면 미국과 일본이 먼저 떠오릅니다. 우리나라는 이 두 나라를 쫓아가고 있는 느낌이고요. 그러면 교수님들께서 생각하시는 근대화의 개념에서 근대화된 나라 혹은 근대화되고 있는 나라는 어떤 나라인지 궁금합니다. 더불어 인문학의 중심은 지금 어떤 나라가 가지고 있다고 생각하시는지 그 이유와 함께 간단히 말씀해주시면 좋겠습니다.

김경일 —— 말씀하시니까 제가 생각나는 게 하나 있어서 먼저 이야기하도록 하겠습니다. 미리 말씀드리면 지금 하려는 이야기는 질문하신 분을 무안하게 만들려고 드는 예가 절대 아닙니다. 제가 평소 민망하게 생각하는 경우가 있습니다. 외국의 유명한 학자가 내한을 하면 한국 학자들이 기본적으로 묻는 게 있는데 바로 이런 질문입니다. "당신의 이론이나 식견에 비추어 볼 때 한국의 현실에 대해서 어떻게 생각하십니까?" 대개는 자신의 생각을 간단하게 이야기해주지만 그중 한 학자가 이런 대답을 했습니다. "한국의 문제는 한국인 여러분이 스스로 고민해야지 왜 저에게 물어봅니까?" 이 말을 듣고 저는 민망함을 느꼈지만 동시에 깊은 인상도 받았습니다.

우리 스스로 고민할 수 있는 부분이 있는데 우리는 대부분 우리보다 발전된 다른 나라의 경우에서 어떤 것을 찾을 수 있지 않을까 궁리합니다. 하지만 뭘 찾아야 할지에 대한 합의 자체가 힘들고 찾아야 될 것이 과연 있는지에 대한 지식도 없습니다. 그러니까 우리는 우리 안에 있는

것을 찾아야 합니다. 왜냐하면 근대라는 것은 다양하고 길이 각각 다릅니다. 내가 다르고 여러분이 다르듯이 살아가는 방식이 모두 다르다는 겁니다. 우리는 지금까지 GNP나 연간 총경제성장률 같은 것에 근거한 근대만을 생각해왔기 때문에 미국이 1위고 일본이 2위라고 무의식중에 떠올립니다. 그러나 다른 기준을 가지고 보면 전혀 다른 결과가 나옵니다. 예를 들어서 파키스탄과 터키, 티베트 같은 경우는 어떻습니까? 이 나라들의 삶에 대한 만족도, 행복도는 미국이나 일본에 비해 훨씬 높습니다. 타인에 대한 배려, 행복한 삶의 측면에서 본다면 이 나라들이 미국, 일본보다 더 높은 가치를 지니고 있다고 할 수 있습니다.

우리의 삶은 사실 어떻습니까? 지금 사회가 정상적으로 돌아갑니까? 하나의 가치·기준에 따라서 모두가 무작정 그리로 가고 있잖아요. 1970~1980년대 우리나라 군대에서는 무조건 '하라면 해, 한국인은 하라고 하면 하는 거야' 라고 했다며 경멸적으로 이야기합니다만 사실 지금도 그때와 별반 다르지 않습니다. 문화적으로 잘 포장되어 있고 개성을 중시하는 것 같지만 우리 안에 그런 부분들이 본능적으로 작용하고 있지 않나 싶습니다.

그래서 제가 말씀드리고 싶은 것은 이 근대의 길이 다양하다는 점입니다. 우리의 생김새만큼이나 다양해요. 근대화는 이 영역을 공유하며 서로 부대끼고 살아가는 사람들 사이에서 생겨난 공감대를 통해 만들어내는 것, 한민족과 같은 핏줄 개념이 아닌 우리 구성원 안에서 어떤 합의를 통해 끌어갈 수 있는 것입니다. 물론 이것을 어떻게 정치적으로 조직화하고 사회적으로 편제해야 하느냐는 문제는 별개입니다만 근본적으로 저는 우리 시대에 이 같은 생각에 대한 인식이나 제안이 너무 부족하지 않은가 의구심이 듭니다. 어떻게 보면 인문정신의 죽음이라고 말할 수 있다는 생각도 듭니다.

김동춘 —— 질문하신 분의 이야기대로 대학 입학 면접에서 지금 미국이 1위고 일본이 2위라고 대답하면 시험에 또 떨어질 겁니다. 그건 국가의 경제력과 군사력을 기준으로 매긴 순위인 것 같습니다. 그러면 그 나라에 살고 있는 국민들도 근대문명의 혜택을 가장 많이 누린 사람들이냐? 그렇지 않습니다. 일본에 가보면 일본 사람들이 얼마나 자기 삶에 대해 비관적으로 생각하는지 느낄 수 있습니다. 한국 사람들보다 더 비관적입니다.

그렇다면 모든 것을 서열화해서 볼 수 있느냐? 국가 간의 절대 비교는 불가능하고 완전히 상대적인 문제냐? 반드시 그렇지는 않습니다. 하지만 적어도 지금 한국처럼 800만의 비정규직이 일자리 불안정에 시달리는 나라는 문명사회라고 볼 수 없죠. 청년 백수들이 넘쳐나는 나라는 문명사회가 아닙니다. 그럼 독일은 문명사회인가? 독일의 메르켈 총리가 보수적인 인물이죠. 독일은 사회민주당이나 공산당이 상당히 힘이 센 나라인데 메르켈 총리가 당선되면서 독일의 사회, 경제를 근대화하겠다고 이야기했어요. 웬 근대? 독일이? 어떻게? 그 사람이 말하는 근대는 미국화, 영국화, 앵글로색슨화를 가리킵니다.

조금 더 발전된 나라를 크게 본다면 보통 미국식, 영국식 체제와 독일식, 프랑스식, 스웨덴식 체제가 있겠지요. 결국 메르켈 총리가 말한 독일의 근대화는 노동시장을 유연화하겠다는, 해고를 자유롭게 하겠다는 의미를 담고 있습니다. 독일 노조가 너무 힘이 세서 실업률이 높고 사회와 경제가 경직되었다는 이야기입니다. 그렇기 때문에 저는 발전된—물론 여기에도 여러 가지 가치가 들어갑니다만—나라에서 이런 사회를

운영하는 시스템에는 차이가 있다고 봅니다. 이 같은 점에서 본다면 지난 20년 동안은 근대화의 기준으로서 미국식, 영국식 모델이 지배하던 세상이었죠. 그런데 앞으로의 시대도 그렇게 될 것인가? 저는 반드시 그렇게 보진 않습니다. 조금 더 많이 진보된 사회와 덜 진보된 사회가 그 사회의 구성원 가운데 얼마나 많은 사람이 좀 더 자유롭고 전쟁이나 빈곤의 공포로부터 해방되어 있느냐에 따라 나누어질 것이라 생각해요. 따라서 미국에서 일본, 한국으로 이어지는 이런 시스템보다는 상대적으로 유럽적인 시스템이 조금 더 나은 게 아닌가 싶습니다.

청중 —— 말씀 잘 들었습니다. 요즘 노숙인이나 재소자, 임대주택 주민들을 대상으로 한 인문학 강좌가 복지관에서 자주 열리고 또 좋은 호응도 얻고 있습니다. 두 분 선생님께서는 가난한 자들에게 인문학은 어떤 의미가 있다고 생각하시는지요?

김경일 —— 글쎄요, 어떤 말씀을 드릴 수 있을지 모르겠습니다. 일단 '가난한 자들에게 인문학'이란 것은 구호도 좋고 그 정신도 좋다는 생각이 듭니다. 인문학도 사회적인 자원의 하나라고 한다면 이 또한 힘 있고 돈 있는 사람들뿐만 아니라 사회적 약자들에게도 골고루 분배되어야겠지요. 사실 인문학이 그런 부분이 있지 않습니까? '지식인 취향의 문화 highbrow culture'라는 말에서 보듯 인문학이나 고고학, 인류학 같은 학문은 전통적으로 상류계급의 일정한 돈이 있어야 누릴 수 있는 호사가적인 취미라고 생각하는…… 이러한 점에서 인문학을 접할 수 있는 기회가 가난한 사람들 혹은 사회적 혜택으로부터 배제된 사람들에게 돌아갈 수 있다는 것은 학문의 민주화라는 측면에서도 긍정적인 변화라고 생각합니다. 가난한 사람들을 위한 인문학 교육으로 대표적인 것이 클레멘트 코스Clement Course가 있지요.

그런데 제가 그 깊은 영역까지 관여를 해보지 않아서 잘 모르겠습니다만, 그게 혹시 자칫 잘못하면 일종의 근대주의적 산물이 되지 않을까 하는 생각도 드네요. '백인의 사명Whiteman's Burden' 이라는 게 있습니다. 경험과 지식을 가지고 근대화를 먼저 성취한 백인이 이를 다른 지역에 전파해야 할 사명이 있다는 것을 이른바 백인의 사명이라고 하는데요. 이 이름하에 백인들은 전 세계적인 약탈과 정복을 자행했고, 어떻게 보면 제3세계 지배에 대한 야욕을 드러냈습니다. 그래서 이렇게 직접적 비유를 드는 것이 굉장히 미안합니다만 가난한 자에게 인문학을 전파하는 것도 마찬가지로 먼저 배우고 갖춘 사람들이 뭔가를 나누어준다는 자세로, 대등하지 않은 입장에서 이걸 가르쳐준다는 태도로 접근하게 된다면 조금 힘든 부분이 있지 않을까요. 막연하게나마 저는 이런 생각을 하고 있습니다.

그렇기 때문에 가난하고 억눌린 자들에게 인문학을 전할 때는 그들이 가진 인문학적 소양이나 기질을 깨워주려는 의도로 다가가야지, 일방적으로 내가 가진 지식을 당신에게 전해줄 테니 이걸 통해 위안 삼으라는 식이 되어서는 안 된다는 겁니다. 왜냐면 위안을 받을 게 없잖아요, 가난한 사람들은. 호사가들이 가지고 있는 자본을 가지고 있지 못합니다. 따라서 이런 부분에 대한 근본적인 인식이 없다면 '가난한 자에게 인문학을' 이라는 구호가 통하지 않을 때가 오지 않을까 생각됩니다. 그리고 잘은 모르겠습니다만 저는 '가난한 자에게 인문학을' 이라고 하는 것이 그렇게 대중화되고 있는 것 같지 않아요. 소수의 뜻있는 사람들이 현장에서 여러 가지로 애쓰고 있다는 것은 알지만 근본적인

파급력은 지니지 못한 것 같습니다.

김동춘 —— 제가 지금 학교에서 강의를 하고 있지 않아서 잘 모르겠는데, 저희 학교 교수님들이 노숙인들을 대상으로 인문학 강의를 하고 있는 걸로 알고 있습니다. 경험이 없어서 말씀드리기 힘들지만 몇 가지 이야기해보겠습니다. 영등포에 가면 성공회에서 만든 노숙인들의 쉼터가 있습니다. 그런데 노숙인들에게 쉼터로 오라고 아무리 이야기해도 오지 않습니다. 몇 걸음만 가면 편안한 잠자리와 따뜻한 밥이 있는데 왜 오지 않는 걸까요? 결국 자기 신원과 자존심 문제 아니겠습니까?

이런 와중에 노숙인 대상의 인문학 강좌가 상당히 성공했다는 소식을 전해 들었습니다. 왜 그럴까? 저는 아마 이런 이유인 것 같아요. 우리가 가난한 자들을 보는 시선이 있습니다. '자기가 못나서 저렇게 되었지, 저 사람들은 밥 먹는 것 외에 다른 생각은 못할 거야.' 그런데 노숙인 대상의 인문학 강좌가 성공했다면 그 사람들에게 배고픔뿐만 아니라 채우지 못한 다른 무언가에 대한 갈망이 있다는 의미일 겁니다. 이 갈망이 바로 사회에서 묵살당한 나 자신의 존중감 아닐까요. 노숙인 중에는 옛날에 중소기업 사장이었던 분도 있고 배울 만큼 배운 내로라 할 만한 분도 있습니다. 노숙인들 모두 생각이 있고 고민이 있습니다. 이들을 단지 가난한 자로만 보지 않고 이러한 사실들을 인정해주며 인간적인 열망이나 삶에 대한 대답을 어느 정도 보여주고자 했기 때문에 인문학 강좌가 성공할 수 있었지 않았나 생각합니다.

기독교 쪽에서도 아프간 사람들을 선교할 때 이들을 기독교 문명의 세례를 받지 못한 배고프고 불쌍한 자들로 취급하여 실패한 경우가 있는데, 이 같은 시선은 우리가 외국인 노동자들을 대하는 시선과 별로 다르지 않죠. 그러나 외국인 노동자 중에는 정신세계가 일반적인 한국 사람들보다 한 수 위인 사람도 있을 수 있습니다. 이를 파악하지 못하고 물질적인 잣대로만 사람을 보니 안 보일 수밖에요. 바로 이러한 정신세계를 발견해주었기 때문에 노숙인들을 대상으로 한 인문학 강좌가 성공할 수 있었던 게 아닐까요? 사실 삶에 대한 본질적인 질문을 던지는 것이 인문학 아닙니까. 그 질문은 누구나 다 던지는 것이고 이에 대한 답을 고민하고 체계적으로 사유하는 건 학자들만의 특권이 아니라 모든 사람의 권리죠. 그런 점에서 저는 이 같은 인문학 프로그램이 잘 되었으면 좋겠습니다. 또 이를 통해 우리 사회의 강자 중심의 시선이 좀 바뀔 수 있다면 더욱 좋겠습니다.

강성원 —— 강자 중심의 시선이 바뀌었으면 좋겠다는 말씀에 대해서 조금 더 구체적으로 듣고 싶습니다.

김동춘 —— 이른바 한국 사회의 주류를 이끌어온 사람들의 시각이죠. 그러니까 제국주의의 시선으로 식민주의를 보는 것과 똑같습니다. 서양 제국주의 침략 국가들이 조선에 왔다가 무엇에 제일 놀랐는지 아십니까? 시골 다 찌그러진 초가집에 노인네가 앉아 있는데 거기에 책이 수백 권 있더라는 겁니다. 제국주의자들이 수백 권의 책을 가지고 있는 지지리 가난한 노인의 모습을 보고 놀란 것처럼 우리 사회 주류의 천박성이란 그런 겁니다. 돈이 있으면 최고인 줄 알고 이 같은 시선으로 우리나라 못사는 사람들 참 불쌍하다고 보죠. 불쌍하니 도와주자라는 생각으로는 절대 세상이 달라지지 않습니다. 그 사람들이 스스로 깨우쳐서 일할 수 있도록 하는 것이 진정한 의미의 복지인데 나누어주는 것만

으로는 되지 않죠. 그래서 한국의 주류 사회가 지닌 이러한 시선, 천박성이 외국인 노동자들에 대한 탄압이나 한국으로 시집온 외국인 신부에 대한 차별, 중국 교포들의 남한에 대한 극도의 분노 등을 부르는 요인이 되는 것입니다.

청중 —— 몇 년 전에 K대학에서 오늘날 복제하고 싶은 인물에 대한 설문조사를 했는데 1위로 박정희 전 대통령이 꼽혔습니다. 그래서 K대학 최장집 교수 등에게 이게 어떻게 된 일인지 물었는데 우리 교수들 책임이라며 대답을 얼버무렸습니다. 김동춘 선생님께서는 과연 이 책임을 누구에게 돌려야 한다고 생각하시는지요? 그리고 최근 식민지근대화론이 계속 이야기되고 있지 않습니까? S대 이영훈 교수라든지 S대 안병직 교수, S대 박효종 교수 등이 뉴라이트로서 언론에 많이 오르내리고 심지어 서울시교육청도 지배하고 있습니다. 그런데 한편으로는 이 현상이 게으른 진보, 분열된 진보에게 경각심을 불러일으키는 좋은 효과도 있지 않느냐 하는 생각도 듭니다. 김경일 선생님께서는 우리 젊은 세대들이 이러한 현상을 어떤 시각으로 보는 것이 현명하다고 생각하시는지 듣고 싶습니다.

김동춘 —— 제가 게으른 진보라는 이야기죠?

청중 —— ······.

김동춘 —— 박정희 전 대통령이 1위로 나온 것은 글쎄요, 그러니까 박정희 시대 경험했던 사람들도 이 시대를 다르게 기억하고 있는 거 아니겠습니까? 기성세대들, 그 시대를 경험했던 사람들도 박정희 시대에 대해서 제한된 정보를 가지고 있습니다. 그 시대에 어떤 일이 일어났는지에 대해서도 충분히 알려져 있지 않습니다. 어쨌든 이러한 시스템으로 우리 사회가 지금까지 굴러왔기 때문에 국민들이 과거를 객관적으로 알고 판단하는 데 여러 가지 한계가 있다고 생각합니다. 물론 우리 사회가 균형 잡히게 볼 수 있도록 되어 있지도 않다고 보고요.

그동안 일제식민지 시대를 노골적으로 찬양한 사람은 없었습니다. 그런데 훨씬 더 노골적으로 일제식민지 시대가 우리 문명에 기여한 측면을 찬양하는 사람들이 생겨났다는 게 과거와는 다른 점인데요. 바로 이게 박정희 정권 평가에도 동일하게 작동하는 경제주의적인 사고가 아닌가 싶습니다. 저는 일제식민지가 우리나라의 문명화에 기여한 점이 분명히 있다고 생각합니다. 제가 처음에 이야기했던 해방으로서 근대가 아니라 기술로서 근대의 측면에서 말입니다. 하지만 사회 도처에 있는 권위주의 잔재들, 군대 문화, 권력에 대한 불신, 사법체계에 대한 기본적인 불신, 강자가 존경받지 못하는 문화도 일제식민지 체제에 뿌리를 둔 게 아닌가 합니다. 왜냐면 식민지 법체계와 이를 그대로 이어받은 대한민국의 법도 그러한 한계를 가지고 있으므로 국민들이 법을 불신하는 것이 당연하지요.

이 부정적 유산의 측면은 경제적으로는 계산되지 않습니다. 계산된 경제로만 그 시대를 보니까 그렇게 보이죠. 박정희 정권의 성장주의가 초래한 여러 경제적 손실, 사회갈등비용, 노동탄압비용, 부패비용 등은 전혀 고려하지 않은 채 가시적인 성과만 주목하는 것은 문제가 있습니다. 그 계산된 경제 자체도 사실은 문제가 있고요.

어쨌든 박정희 지지는 일종의 이데올로기라고 생각합니다. 현재의 신자유주의의 자본주의를 정당화하는 논리를 거꾸로 거슬러 올라가서 역사를 다시 지금 식으로 해석하려고 하는 것은 일종의 권력투쟁이라고 봅니다, 학문적 입장이 아니라.

김경일 —— 하나는 '박정희' 문제고 다른 하나는 '뉴라이트' 문제로 집약할 수 있을 듯한데요. 저는 개인적으로 박정희에 대해서 질문하신 분과 우리 관계를 좀 바꾸어보고 싶어요. 정치가나 선동가가 아닌 인문정신에 입각해 사유하는 학자로서 제 생각을 말씀드리면 이렇습니다.

예를 들어 박정희가 친미적이냐, 반미적이냐 묻는다면 각각의 국면에서 그런 부분들이 있거든요. 초기에 어떻게 보면 자주적인 노선을 내세웠다가 1963년 이후에 월남 파병하고, 또 1970년대 이후에 미국과 갈등을 빚게 되면서 반미적인 성격을 띠었는데 그게 또 자주적이었느냐하면 꼭 그렇진 않았거든요. 그럼에도 불구하고 독자적인 핵개발 때문에 반미라고 하는 박정희의 이미지는 사람들에게 나름대로 받아들여지는 부분이 있습니다. 그렇기 때문에 저는 그 사람이 역사적인 어떤 국면에서 어떤 출발을 했고 어떤 계기를 통해 어떤 과정을 거쳐 그러한 삶을 살게 되었나 종합적으로 보게 됩니다. 이렇게 봄으로써 그 사람을 더 잘 알 수 있고 역사를 더 잘 이해할 수 있다고 여기는 것이지요. 정치가나 선동가는 박정희는 반미적이었다, 친미적이었다 혹은 자주적이었다라고 말할 수 있겠지요. 하지만 사실 어떻게 보면 이러한 대답은 가능하지 않습니다. 역사적인 맥락 안에서 각각의 시기에 따라 변화해왔기 때문이죠.

박정희가 가장 높이 평가받는 것 중의 하나는 보릿고개를 넘기게 해주었다는 것, 이른바 경제성장의 측면입니다. 이것도 마찬가지라고 생각됩니다. 박정희가 5개년 계획을 처음 시작했다고 하는데 사실은 그렇지 않거든요. 장면 정권에서 이미 5개년 계획을 세워서 추진하려고 했던 것을 쿠데타를 일으켜 막아놓고 집권 후 다시 시작했습니다. 중화학 공업화 역시 마찬가지고요. 이 같은 사실들이 여러 가지 있는데도 우리는 그냥 피상적으로 이해하고 있거든요. 그런 부분을 말씀드리고 싶습니다. 일률적으로 뭐라고 이야기하기 힘든 부분이고요.

그다음 뉴라이트 문제는 이렇습니다. 제 생각에 뉴라이트와 식민지 근대화론이 어느 정도 오버랩되어 있느냐 하는 건 약간 별개의 문제인 듯해요. 물론 두 부분이 상당히 친연성이 있긴 합니다. 입장에 따라 다른 부분이기는 하지만 적어도 뉴라이트라고 일컬을 수 있는 공통된 하나의 이념이나 근거를 가지는 부분들이 있을 겁니다. 왜냐하면 이 둘이 전체적인 체계에 따라 이루어지는 것이라기보다는 여기에 대한 반대, 여기에 대한 도전, 이런 식으로 성립이 되는 측면이 강하거든요. 그래서 매스컴에서도 그렇고, 또 자의 반 타의 반 그렇게 이야기하는 부분이 있긴 합니다만 이 둘을 같거나 유사하게 바라보아도 되는지는 의문입니다. 사실 식민지근대화론을 주장하는 분들에게 물어보면 상당히 많은 분이 '나는 뉴라이트가 아니다' 라고 이야기하거든요. 그런데도 많은 사람이 뉴라이트와 식민지근대화론을 오버랩시키고 있어요. 그만큼 겹쳐 보이는 부분이 많은 거죠. 물론 뉴라이트에 자체에 대한 비판에 대해서는 저도 의견을 같이합니다만 그럼에도 불구하고 이런 부분이 있지 않나, 이런 생각을 하고 있습니다.

청중 —— 제가 다니는 회사에는 경제학을 공부하는 분들이 많이 있는데요. 최근 미국발 금융위기가 오자 그분들이 내가 여태까지 배웠던 것

은 무엇인가 하는 회의에 빠지더라고요. 저도 이런 고민을 많이 하다 보니까 내 삶의 문제와 주체의 회복 사이에 엄청난 괴리감을 느끼기도 합니다. 이런 맥락에서 조직의 구성원들이 어떻게 해야 제대로 된 사회의 주체로 살아갈 수 있을지 조언을 듣고 싶습니다.

강성원 —— 이런 질문과 대화를 주고받으며 인생의 행로 결정에 일말의 도움이 되고 싶은 것이 인문학박물관의 설립 취지입니다. 인문학의 추상적 담론과 사상을 위한 박물관이기보다는 마음과 몸이 도움을 청할 때, 세상살이에 대해 묻고 알고자 할 때, 생각한 바를 행동으로 옮기고자 할 때 풍부한 체험 사료와 판단을 위한 기준자료들을 공공심에서 전달하고 이에 대해 말을 전하는 박물관이 되기를 원합니다. 저희 박물관에서 준비하고 있는 인문학아카이브는 이런 자료들을 인문학 유물로 수집하고 정리하기 위한 아카이브입니다. 그래서 저에게는 우리 강의에서 나오는 이런 뜻있는 질문들이 매우 소중합니다.

김경일 —— 예, 그러네요. 어떻게 보면 인문학적 질문이기도 하지만 또 다른 측면에서는 참 막연한, 다시 말하자면 점집에 가서 물어볼 수 있는 질문이네요. 이건 농담으로 하는 말입니다. 사실 방금 질문하신 부분에 대한 답변을 대학에서 찾기는 굉장히 힘들지 않나 싶어요. 대학 구조 자체가 사회공학social engineering적인 부분도 있고 경쟁성과 효율성, 일정한 가치 기준만을 내세우고 있기 때문에 질문에 대한 긍정적인 대답을 해줄 수 있는 주체들도 대학 내에서 살아남기 힘든 상황인 것 같습니다.

　사실 전임교수로 충원되는 사람들 대부분은 전문적인 지식을 갖추고 있느냐에 따라 선발되지 인문정신이 투철한가를 기준으로 선발되지는 않습니다. 시대와 역사에 대한 나름의 통찰력을 가지고 있는 이른바 1970년대 대학 교수상, 예를 들면 리영희 교수와 같은 분들은 이제 앞으로 대학에서 찾아보기 힘들 겁니다. 힘든 게 아니고 불가능하다고 말씀드릴 수도 있을 것 같은데요. 제가 속한 세대만 하더라도 이 같은 문제에 대한 위기의식을 상당히 많이 느끼고 있습니다. 표현이 좀 막연합니다만 대학이 점점 상업적 동기라든지 신자유주의에 포위되고 있는 판국이기 때문에 이런 문제들 자체가 이제는 학문적 영역이나 제도적 영역이라기보다는 오히려 굉장히 사적인 문제로 지구화되고 있지 않나 싶습니다. 그렇기 때문에 사실은 시대가 엄중하고 어려울수록 우리 깨달음의 강도는 더 강해진다는 생각이 들거든요. 제가 아까 우리 근현대사에서 시간과 공간이라는 본래 인간의 제약을 끝까지 밀고 나가서 진리라고 하는 것에 한번 도전해보자라고 했는데, 이런 사례로 무엇이 있는지 말씀드리고 싶어요.

1930년대 후반 말에서 1940년대 초반까지 일본이 대동아공영권 안에서 근대초극이라는 이데올로기를 내세워 조선 사람들에게 완전한 일본 사람이 되기를 강요한 때가 있었지요. 우리가 신사참배 강요나 창씨개명 등으로 흔히 알고 있는 그 시기입니다. 정확히 1938년부터 1945년까지는 굉장히 어두웠던 시기입니다. 이 어두웠던 시기에 역사철학자 서인식이라는 분이 있었습니다. 서인식은 우리가 지니고 있는 민족적 혹은 이념적 표지를 모두 씻어버리고 완전한 일본 사람이 될 것을 강요당했던 이 시기에 일본정신, 제국주의 같은 것 자체가 시간과 공간상에서 진리가 아니라는 것을 알고 있었습니다. 우리는 지금 그걸 일방적으로 일본 파시즘이라고 매도하고 있습니다만 당시 일본은 우리야말로 정말 보편주의적인 길로 나아가는 첨단을 가고 있는 것이라고 이야기했습니다. 앵글로색슨적인 자본주의 길도 아니고 러시아적인 사회주의 길도 아니었기 때문에 여기에 붙지 않으면 너 죽으라 하는 거거든요. 이런 상황에서 서인식은 자신이 시간적이고 공간적인 측면에서 어떻게 진리에 도달할 수 있을까 치열하게 고민하며 살아갔던 것입니다. 그렇기 때문에 시대가 엄혹하고 어려울수록 더 높은 차원에 도달할 수 있는 기회는 오히려 많이 주어지지 않을까 생각합니다.

강성원 —— 인문학박물관은 우리 사회 구성원들이 갈구하는 어떤 대답에 대해서 같이 고민하는 곳이거든요. 아까 질문하신 것처럼 어떻게 살아야 좋을지, 누가 잘 사는 건지, 누가 출세하는 건지, 나름대로 성실하게 살면 잘 사는 건지 그런 고민들이 다 있잖아요. 그래서 우리들이 갈구하는 어떤 롤 비전role vision, 개인적인 롤 모델role model 혹은 아까 선생님이 하신 이야기인데요, 근대성의 비전이라고 할 만한 내용에 대해서도 좀 더 같이 듣고 싶습니다.

김동춘 —— 글쎄요, 조직과 공존하면서 어떻게 자기실현을 할 수 있는가에 대한 질문인 것 같은데요. 저도 대학에 있다가 최근 3년 동안 공직에 있으면서 사람들을 만나보니 직원들 중에 민간에서 사회운동을 하다가 온 사람들이 많더라고요. 이 사람들이 어느 날 사표를 들고 와서 '내가 계속 타협을 하게 된다. 타협을 하다 보니 나 자신이 마모가 되는 것 같아 못 견디겠다' 라고 이야기를 했습니다. 그래서 제가 이렇게 말했습니다. '타협을 한다. 나도 타협을 하고 너도 타협을 하는데 우리가 내리는 결정은 공식결정이 된다. 정부의 공식결정이 되어서 교과서에

수록된다. 역사를 바꾸는 작업이 된다. 그런데 이것은 여러 정치적 성향을 가진 15인의 위원들이 모여 합의를 보는 과정에서 이루어진다. 그럼 너는 계속 너의 주장을 선명하게 펼칠래, 아니면 여기에 와서 공식적인 타협을 통해 공식적인 결정을 하는 데 기여할래?'

어떤 선택을 하겠습니까? 조직은 힘이고, 그 조직을 통해 가시적이고 물질적인 결과를 가져올 수 있는 데 비해 그 속에 있는 개인은 자기의 주장을 충분히 펼 수 없는 한계가 있는 것이 아니겠습니까. 내가 이 부분은 도저히 용납 못 하겠다고 생각하는 사람은 개인적으로 선택할 수밖에 없습니다. 자유롭게 살아야죠. 프리랜서로 살아야 합니다. 그리고 나는 타협을 해서 이 목표에 한 단계 더 근접하게, 최종목표까지는 못 가지만 한 단계 정도 가는 데까지는 가고 싶다고 생각하면 조직을 선택해야지요. 영원히 풀 수 없는 딜레마입니다.

그러나 한편으로는 재능 있는 많은 젊은이들이 상급자의 능력에 따라서 자기 생각을 펴지 못하고 복종만 하는 관리조직이 과연 제대로 역할을 할 수 있을까 하는 생각도 듭니다. 기업의 경우에도 마찬가지입니다. 여러 가지 재능이 있는 사람이 오로지 기업에서 필요로 하는 성과의 창출, 즉 이윤 확보에 기여하는 쪽으로만 능력을 발달시키도록 훈련된다면 그 기업이 과연 얼마나 생산성을 올릴 수 있을까. 결국 가장 이상적인 것은 개인의 자발성이나 창의성을 살려주면서 조직의 목표를 향해 나가는 조직이겠지만 현실은 그렇지 못하기 때문에 이 과정에서 계속 갈등할 수밖에 없고, 한국의 공직사회나 기업은 더욱 그렇다고 생각됩니다.

그런데 한 단계 더 올라가서 어떤 사람이 한 기업의 CEO가 된다든지 중요한 결정을 하는 자리에 오르게 되었다고 가정해봅시다. 이때 그 사

람은 밑천을 충분히 가지고 있어야 하는데 저는 그 밑천이 바로 인문학이라고 봅니다. 투자의 귀재이자 전 세계 해지펀드의 원조라 할 수 있는 조지 소로스George Soros의 전공이 뭔지 아십니까? 철학이에요. 옥스퍼드대학의 칼 포퍼Karl R. Popper 밑에서 철학을 공부한 사람입니다. 이 사람이 쓴 책을 보면 자신이 투자를 잘하게 된 건 경제학 공부를 열심히 했기 때문이 아니라 칼 포퍼 밑에서 배운 철학 덕분이라고 나와 있어요. 칼 포퍼에게 배운 불안정성의 원리, 반증이론이 자기 투자의 기본이라는 겁니다. 소로스의 예가 아주 적절하지는 않지만, 더 큰사람이 되고 더 중요한 의사결정을 하는 위치에 서게 되었을 때 이를 뒷받침해주는 것은 인문학입니다. 해방 후 우리나라의 재능 있는 학생들이 무수히 많이 유수의 대학에 진학해 공부를 했는데도 노벨상 수상이나 학문적인 성과를 거둔 사람이 거의 없는 이유도 여기서 찾을 수 있습니다. 그러니까 이런 점에서 인문학의 가치가 있다고 생각되고요.

두 번째 이야기하신 부분에 대해서는 아직 막연합니다만 좀 더 발전된 사회, 선진사회를 나타내는 지표를 한번 만들어볼까 생각하고 있어요. 우선 억울하게 죽거나 다치거나, 부당하게 해고된 사람의 비율이 어느 정도인가에 따라 그 사회의 발전 정도를 가늠할 수 있지 않을까 싶습니다. 예를 들어 전쟁 상황은 가장 비참한 상태입니다. 최악의 상태, 개죽음이죠. 그래서 전쟁 상태에 있는 나라는 최악의 상황에 있다고 볼 수 있습니다.

저는 사람의 가치를 평가하는 정도가 발전된 사회의 지표라고 봅니다. 서유럽의 여러 나라를 여행해보시면 좀 느낄 수 있을 거예요. 길거리에서 도열한 경찰을 볼 수 없는 사회, 그리고 그들에게 불심검문 당하는 일이 발생하지 않는 사회와 우리 사회를 비교해보면 어떨까요? 힘없

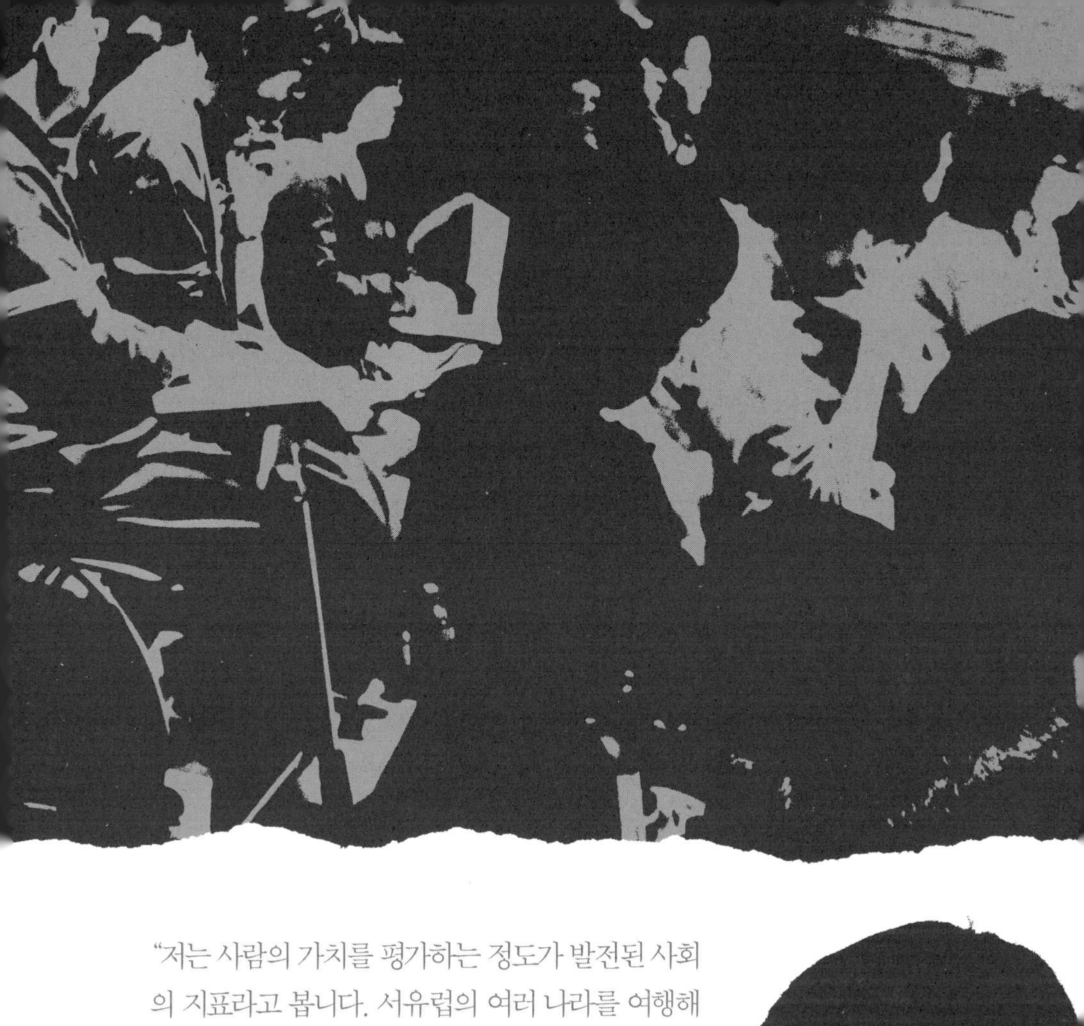

"저는 사람의 가치를 평가하는 정도가 발전된 사회의 지표라고 봅니다. 서유럽의 여러 나라를 여행해 보시면 좀 느낄 수 있을 거예요. 길거리에서 도열한 경찰을 볼 수 없는 사회, 그리고 그들에게 불심검문 당하는 일이 발생하지 않는 사회와 우리 사회를 비교해보면 어떨까요? 힘없는 개인이 인간으로 대접 받을 수 있는 정도만큼 그 사회는 발전된 사회다, 힘없는 사람이 짓눌리는 사회일수록 더 참담한 사회다, 이렇게 저는 지표를 만들어볼 수 있다고 생각해요."

는 개인이 인간으로 대접받을 수 있는 정도만큼 그 사회는 발전된 사회다, 힘없는 사람이 짓눌리는 사회일수록 더 참담한 사회다, 이렇게 저는 지표를 만들어볼 수 있다고 생각해요. 우리 사회는 어떤가요? 치료를 못 받아 죽은 사람이 몇 명인가, 입시나 학업 부담으로 자살한 학생이 몇 명인가, 이렇게 보면 되지 않겠어요?

제가 한국전쟁을 공부하다 보니까 자꾸 이런 생각이 드는데, 전쟁 당시 남북한 3,000만 중에서 10퍼센트가 죽었습니다. 300만 명이 최악의 상황, 개죽음을 당했습니다. 그리고 이 죽은 300만 대부분은 사회적 약자입니다. 이 300만 중에는 군대 가서 죽은 사람이 포함되어 있어요. 군대에서 장교들은 안 죽습니다, 졸병이 죽어요. 물론 소위들 가끔씩 죽습니다. 말단 지휘관들은 가끔씩 죽지만 소령, 중령, 대령 별자리들 거의 안 죽습니다. 주로 죽는 사람들은 병사들입니다. 이 병사들은 누구입니까? 가난한 집, 농촌 집, 노동자의 자식들이에요. 그래서 가장 밑바닥에 있는 사람들이 억울한 죽음을 당하지 않고 억울하게 해고당하지 않는 정도가 이른바 이 금융자본주의를 넘어서는 새로운 대안을 만드는 사회의 지표가 될 것이라고 봅니다. 이런 점에서 미국은 지금 심각한 병에 걸려 있습니다. 우리 사회도 마찬가지 아니겠습니까? 미국은 새 대통령이 들어서서 다 바꾸려고 하는데 우리는 지금 이 미국을 모델 삼아 그대로 쫓아가려고 하잖아요.

청중 —— 저는 우리가 지정학적으로 아주 힘든 위치에서 살아왔다고 생각합니다. 근대를 살아오면서 우리 조상들도 아주 고생을 하셨고요. 만약 이런 처지를 초등학생들에게 인문학 소양으로서 교육시킨다면 어떤 식으로, 어떤 부분을 강조해야 할지 말씀해주셨으면 합니다.

김동춘 —— 글쎄요, 초등학생들의 인문학은 한 번도 생각해보지 않았는데……. 그래도 제 생각을 이야기해보면, 우선 한국이 영어 빨리 배우라고 어린 아이들의 혀를 수술하는 엽기적인 일이 벌어지지 않는 사회가 되었으면 좋겠고요. 자기 언어를 잘 구사할 수 있도록 훈련받은 것이 그 이후에 다른 언어를 배우는 데 기초가 되는 거 아닙니까? 그러니까 초등학교 때 아이들에게 국어를 잘 가르치는 게 제일 기본이라 생각하고, 그게 인문학의 기초라고 생각합니다. 그다음 역사와 철학 아니겠습니까? 역사와 철학은 제가 막연하게 이야기할 수밖에 없는데, 철학의 종점은 종교입니다. 철학의 최고 형태가 종교니까 여러 종교가 지향하고 있는 가치들이 어떻게 다른지, 그리고 사람들이 부딪치는 문제에 대해서 각각의 종교들이 어떤 답을 주고 있는지, 이런 아주 초보적인 걸 아이들에게 이야기해주고 또 생각하도록 도와주어야 한다고 봅니다. 역사도 마찬가지로 한 사건을 이렇게도 볼 수 있고 저렇게도 볼 수 있다는 것을 자꾸 알려주어서 그 역사를 통해 지금 진행되고 있는 일이 옛날의 사건과 어떻게 관계를 맺고 있는지, 이런 현상이 또 옛날에는 어떻게 해석되었는지 생각하는 힘을 길러주어야 한다고 생각합니다. 평소에 이런 것들이 아이들을 위한 초보적인 인문학이 아닐까 생각해왔는데, 앞으로 좀 더 고민해보도록 하겠습니다.

김경일 —— 아이들을 위한 인문학이 절실하게 필요한 것임에도 불구하고 저희가 이런 대중적인 작업을 하지 못했기 때문에 답변을 드리기가 상당히 힘든 면이 있네요. 이를 계기로 학문이 조금 더 대중적인 지향을 가져야 한다는 반성도 해봅니다. 일단 직접적인 처방을 드린다기보다 제 개인적인 생각을 두 가지 말씀드리고 싶습니다.

하나는 초등학생의 경우에도 한국에서 강조되는 지배적인 가치들에 너무 매몰되어 있지 않나 싶습니다. 경쟁과 효율성만을 지나치게 강조하는 그런 부분들이죠. 대표적으로 최근에 논란이 된 일제고사를 들 수 있겠는데요. 경쟁을 통해 전국의 학생들을 일렬로 세우는 방식을 통해 뭔가를 이루겠다는 것도 나름대로 효과가 있을지 모르겠습니다만, 문제는 자기 자녀의 성적이 좀 낫기를 바라는 학부모들이 이러한 제도를 암묵적으로 지지한다는 겁니다. 사실 보다 좋은 직장에 취직해서 잘 살고 싶어 하는 것이 보통 사람들의 생각이니까요.

그게 이제 우리 사회의 지배적인 분위기가 되었는데요. 저는 1980년대에 30대를 살았던 사람의 입장에서 우리 사회가 커다란 변화를 했다고 생각하거든요. 정말 짧은 시간에 사회가 어떻게 그렇게까지 변화할 수 있을까? 사회와 다른 사람에 대한 배려, 이 나라의 역사를 사랑하고 있다는 느낌까지 들었던 그런 사회에서 일방적으로 경쟁과 효율만을 장려하는 이런 사회로 어떻게 그렇게 순식간에 변화할 수 있었는가? 그래서 이런 측면에서 아이가 가질 수 있는 하나의 정향이 있을 수 있지 않을까 싶고요.

또 다른 하나는 이런 겁니다. 한국은 민족에 대한 집착이 매우 강한 나라인 듯합니다. 저는 집에서 아이를 가르칠 때 되도록 한국과 다른 나라를 구별하지 말아야겠다는 생각을 가지고 대했는데, 아마 유치원에서 그런 걸 배운 것 같아요. 제 아이가 여섯 살 때 제가 미국에 교환교수로 갔던 적이 있거든요. 아이가 처음엔 한국에 대한 자부심이 굉장히 강했어요. 그러다가 학교에 입학했는데 학교에 들어가니까 한국이 어떤 위치인지 알게 되잖아요. 처음에 아이가 가지고 있던 한국에 대한 자부심이 꺾이기 시작했습니다. 이렇게 아이가 변해가면서 한국은 별

거 아니라고 서슴없이 말하고 재패니스 클럽 같은 곳에 가입해서 아이들과 어울리더라고요. 이 모습을 지켜보면서 여러 가지 착잡한 생각을 많이 했습니다. 우리 것이 제일 좋다고 자부심을 불러일으키는 것은 좋습니다만 그것이 상대적이고 모든 사회가 다 그 나름대로의 합리성과 우수성을 가지고 있다는 인식도 함께 심어주어야 합니다. 이 같은 교육이 이루어지지 않으니 아이가 그런 식으로 반발하게 되는 것입니다.

1980년대 학생운동 때도 이런 경우가 상당히 많았던 것 같습니다. 고등학교까지는 공부해라, 공부해라 하는 소리만 듣다가 대학에 오면서 학생들이 갑자기 돌아버렸습니다. 전혀 다른 가치관이 된 겁니다. 사실 이런 부분은 기성세대가 책임을 져야 한다고 생각해요. 기성세대가 제대로 교육을 못 시켰기 때문입니다. 문화에 대한 폭넓은 이해, 인문학적 성찰을 배재하고 당장 눈앞에 닥친 시험 성적 올리는 것만 강조해도 학생들이 잘 적응하는 것 같지만 나중에 부모가 치러야 하는 대가는 정말 클 수 있습니다.

강성원 —— 오늘 두 분 선생님의 아주 성심 어린 이야기 잘 들었습니다. 감사합니다. 이것으로 마치겠습니다.

근대화는 지금 우리에게 어떤 영향을 미쳤는가?

신자유주의 시대에 인문학의 역할

신승철

동국대학교에서 철학을 연구했고 현재 '노동자의 책' 공동대표로 활동하고 있다. '생명인권운동본부', '정보트러스트운동' 등에서의 활동에 힘입어 생명윤리와 사회비평에 관한 글쓰기를 하고 있다. 저서로 《에코소피》, 《눈 밖에 난 철학, 디지털로 본 철학》, 《대한민국 욕망공화국》 등이 있다.

우기동

성균관대학교에서 철학을 연구했으며 현재 경희대학교 교수로 재직 중이다. 실천인문학의 의미를 마음에 새겨 '노원성프란시스대학', '성동지역자활센터', '관악인문대학' 등에서 일반인을 상대로 철학 강의를 이어가고 있으며 이러한 경험을 바탕으로 《행복한 인문학》(공저)을 썼다.

우기동 —— 안녕하십니까. 우기동입니다. 신자유주의 시대에 인문학의 역할과 더불어 오늘날 신자유주의에 대한 여러 가지 논란이 있습니다. 신자유주의 시대에 인문학의 역할이 오늘의 주제지만 저는 어떤 측면에선 인문학의 역할이라고 하는 것은 특정 시대의 일이 아니라고 보고 있습니다. 그러니까 인간이 학적 체계, 학문 체계를 갖춘 이래로 '인간 삶을 말하는 것을 통상 인문학이다'라고 이야기되어왔기 때문에 어느 시대에나 인문학이 역할을 해왔고 또 해야 한다고 생각합니다. 말하자면 인간의 삶이 있는 한 인문학의 역할이 있을 수밖에 없고, 그래서 엄밀한 의미에서 인문학의 위기라는 말이 성립하지 않는 것이지요. 다만 신자유주의 시대에 인문학이라고 하는 것이 최근 우리 사회에서 조금씩 부각되는 이유는 말 그대로 인문학이 추구하는 인문정신이 신자유주의 시대에 특히 상실되어 인문학적인 가치, 인문학적인 정신을 회복할 필요가 있기 때문인 것으로 파악됩니다. 그래서 크게 네 가지 주제를 가지고 말씀드려보겠습니다. 제가 생각하는 이 시대의 인문학의 역할에 대한 이야기를 먼저 하고 그것을 바탕으로 이야기를 주고받는 게 훨씬 생산적일 수 있을 것 같군요.

대체로 학문이라는 것은 기능성을 지니고 있습니다. 어떤 학문이 어떤 기능을 수행함으로써 인간이나 사회에 유용성, 효용성을 가져다주게 됩니다. 이를 대개 학문의 기능이라고 이야기합니다. 과학은 우주 자연의 질서에 관한 궁금증을 풀어주고 이를 응용하여 생긴 공학은 기술로 인간 생활을 편리하게 하며 사회과학은 인간의 사회적 현상을 연구하여 인간이 좀 더 편안하게 살아갈 수 있도록 돕는 기능이 있습니다. 이것이 통상 삶이나 사회관계에서 정상적 방식의 기능인데 자본주의 사회에서는 '이 학문의 기능이 철저히 경제적 효과를 내는 기능으로 변질되었기 때문에 '자본주의에서 학문은 자본주의적 기능을 수행할 때 가치가 있다' 라고 평가를 받아왔던 것입니다.

그런데 인문학은 자본주의적 기능성이 없습니다. 말하자면 돈이 안 된다는 것입니다. 왜냐하면 인문학은 삶 자체를 이야기하기 때문입니다. 대개는 철학적·존재론적으로 그렇게 분류하지만, 인간이 고민하고 서로 이야기하며 고민했던 문제를 풀어내고 관계를 맺는 삶 자체를 학적체계로 분류해보니까 인문학이 되는 것입니다. 그래서 정리를 하면 인문학은 자본주의적 기능이 없는 삶 자체를 다루고 있기 때문에 자본주의에서는 별로 가치를 지니지 못합니다. 그런데 우리는 자본주의적 가치에 의해서만 살아가는 것이 아니라는 점을 누구나 잘 알고 있지 않습니까? 따라서 인문학이 다시 거론되기 시작하는 것입니다. 특히 돈에 의해, 경제에 의해 인간의 삶의 가치가 철저히 왜곡되고 있는 이 시점에서 왜 인문학인가라는 의문은 간단한 이야기가 됩니다. 바로 우리의 삶이 정말 가치 있는 삶인가 질문하게 되기 때문에 이 시대에 인문학을 다시 검토해야 한다는 이야기가 나오는 겁니다.

그다음 마르크스의 말을 조금 가지고 와서 빈곤의 철학, 빈곤의 인문학, 철학의 빈곤, 인문학의 빈곤에 대한 이야기를 해보죠. 바로 같은 맥락의 이야기입니다. 자본주의적인 기능에 의해서 인간의 삶이라든지 학문 등이 평가를 받게 되니까 철학과 인문학이 스스로 기능성을 상실하면서 위축된 것입니다. 다른 학문은 기능을 통해서 자본주의적 생산성을 가지게 되는데 인문학은 이를 가지지 못하다 보니 상대적으로 상실감이 커지게 되었고, 그러다 보니 결국 자본주의 위력 앞에 스스로 위축되었다는 말입니다. 게다가 양극화, 80 대 20의 사회 등을 이야기하는 속에서 소위 사회적 약자층을 위한 철학도 가치 정리가 제대로 되어 있지 않았고 철학이나 인문학이 사회에서 어떤 역할을 해야 할지도 별로 고민하지 않았습니다. 그런 의미에서 역사적인 관점으로 볼 때 우리 사회는 특히 빈곤에 대한 인문학적 정신이 부재되어 있었습니다. 마르크스의 말을 적극적으로 가져오려고 앞서 빈곤이라는 말을 썼는데, 즉 '철학과 인문학이 빈곤할 수밖에 없었다' 고 말할 수 있지요.

우리에게는 인문학적 정신이 자연스럽게 드러나는 생활의 모습이 있었고 아주 뿌리 깊게 내재되어 있는 전통적 가치가 많았습니다. 우리 어른들이 이야기하고 생활에서 보여주었던 모습을 떠올려보면 저처럼 책을 보며 철학을 공부하는 것보다 훨씬 더 의미 있는 인문학적 정신을 바탕으로 관계를 맺으면서 살아오셨다는 것을 알 수 있습니다. 삶의 인문학을 실천하신 것이지요. 그분들의 삶의 역경을 정리하면 곧, 인문학이 되는 겁니다. 저 어릴 때도 할머니께서 이웃 사람들과 함께 잘 살아가기 위해서는 "사람이 중요하다, 사람이 중요하다, 내 한 숟가락 덜 먹어도 다른 어려운 사람에게 나누어줄 수 있어야 한다"라고 하셨거든요. 이것이 바로 인문학의 핵심 아닙니까? '나 자신의 삶이 가치 있으면 타인의 삶도 가치 있고, 우리 모두의 삶이 가치 있다' 는 공동체적 의식을 지니고 살아오신 우리 어른들의 모습을 쭉 한번 떠올려보세요. 우리 선조들은 살아 있는 인문학적 정신을 실현하고 있었던 겁니다. 그런 뜻에서 우리의 내재된 가치, 전통적 가치를 회복하는 작업이 인문학이지요. 우리의 삶과 관련해서 인문학을 어떻게 정리해야 할지 새삼 고민할 필요 없습니다. 우리 사회는 실제로 공동체적 사회의식을 강하게 가지고 있지 않았습니까? 계, 두레, 품앗이, 향약 이런 것들이 인문학적 정신을 바탕으로 한 공동체적 사회의식의 표현이라고 할 수 있지요. 결국 경쟁으로 대표되는 신자유주의를 극복하는 인문학의 역할은 삶의 형태로 보면 전통적인 내재적 가치를 회복하는, 곧 사람의 가치를 회복하는 것이고 나아가 공동체적 사회의식을 가지고 공동체 사회를 꾸려가고자 하는 정신을 회복하는 것이라고 할 수 있습니다.

이렇게 전통적인 내재적 가치가 붕괴되고 공동체 의식이 사라진 과정이 곧 우리 사회의 근대화 과정이라고도 할 수 있는데, 이는 1970년대 초 박정희 정권의 강남 개발에서부터 확연하게 나타났다고 봅니다. 이른바 투기의식으로 대표되지요. 사실 여기 계신 분들이나 인문학을 공부하는 저나 암암리에 투기꾼 내지는 잠재적 투기꾼이 되어 있습니다. 저는 실제로 결혼을 하는 순간 우리나라 국민은 전부 투기꾼이거나 잠재적 투기꾼이라고 규정을 합니다. 그렇지 않고서는 정상적 방식으로 집을 살 수가 없지 않습니까? 저는 누가 어떤 평가를 하더라도 압축된 근대화 과정 속에서 1970년대 초반에 강남 개발로부터 시작된 부동산 투기 붐이 역사적 원흉이라고 생각합니다. 역사적으로 재현되면 안 되는 일이었는데 이것이 우리 사회에서 고착화된 사회의식으로 자리 잡았고 한 30년 만에 이 엄청난 동물사회를 만들어냈다고 평가합니다. 삶의 터전인 집 때문에 어려운 사람들이 얼마나 고통을 받는지, 사회가 얼마나 험악해지는지 아랑곳하지 않고 오히려 집을 몇 채, 몇 십 채 가지고 있으면 존경과 부러움의 대상, 배움의 대상, 벤치마킹의 대상이 되는 사회입니다. 이는 이전투구의 동물사회와 다르지 않다고 생각합니다. 이미 우리 선조들이 알려주지 않았습니까? 세 끼를 굶어도 손님이 오면 밥 한 끼 주는 것이 인문정신 아닙니까?

그래서 이 같은 정신을 모조리 상실케 만들었던 원인을 생각하고 다시 회복해가는 방법의 하나로 4~5년 전부터 시민인문학강좌를 진행하게 되었지요. 시민인문학강좌를 진행하면서 고민하는 게 몇 가지 있습니다. 하나는 인간의 권리, 즉 인권입니다. 이 인권 문제는 사회정치적인 영향을 많이 받고 또 정치적 이슈가 되었을 때 심각한 문제를 야기하기 때문에 상당히 조심스러울 수도 있습니다만 그런 것은 사회과학적 입장이나 정치적 발언들이기 때문에 저는 그냥 좀 무시하는 편입니다. 인문학적 입장에서 과감하게 이야기합니다. 인권을 전면적으로 내세울 필요가 있다는 겁니다. 자유권이나 시민권을 회복하고 정상화시키는 것도 중요하지만 오히려 그다음의 권리를 문제 삼는 것이 더 중요하다고 생각합니다. 자유권, 시민권은 다 가지고 있잖아요? 투표권 하나씩 다 가지고 있지 않습니까?

그리고 경제권이나 문화권을 포함하는 사회권에 대한 것도 전면적으로 주장해야 합니다. 헌법, 법률의 차원을 넘어서서 인간의 보편적 가치의 측면에서 과감하게 주장해야 한다는 겁니다. 인간의 보편적 가치를 담고 실현하지 못하는 헌법과 법률이 무슨 의미가 있습니까? 인권의 보장은 이유가 없습니다. 오로지 인간이라는 이유 하나만으로 마땅히 보장받고 보장해야만 하는 것입니다. 그래서 사회권도 인간의 보편적 가치의 측면에서 과감하고 전면적인 보장을 받아야 합니다. 아마 그럴 때 다시 우리의 전통적인 내재적 가치를 현대적 의미로 복원할 수 있을 겁니다. 그것이 인문학적인 가치를 실현하는, 말하자면 이 시대 우리 인문학의 역할이라고 봅니다.

그리고 세 번째 남아 있는 연대의 권리, 즉 연대권까지 포함해야 합니다. 인간이면 혼자서는 힘이 약하잖아요. 용산참사에서 보았듯이 정치권력은 '왜 외부에서 간섭했는가. 그래서 그들이 배후세력이다' 라고 하면서 처벌하고 공권력을 행사합니다. 그러니까 힘이 없는 개인들은 연대해야죠, 당연한 이야기 아닙니까? 그래서 사람의 가치를 근원에서부터 고민하고 함께 문제를 풀어가는 공동체적 의식에 뿌리를 두는 연대권도 인문정신에서 찾아보아야 한다고 생각합니다.

저는 개인적으로 소외계층, 흔히 사회적인 약자들과 더불어 인문학을 이야기하면서 자유권, 시민권뿐만 아니라 경제권, 문화권, 연대권까지 포함해서 인권 활동을 또 다른 인문학적 차원에서 진지하게 논의할 기회가 오겠다는 생각을 많이 했습니다. 쉽게 말해서 우리가 정치적으로는 동등한 시민이니까 일인일표를 당연히 받아들이고 있지 않습니까? 이 땅에 태어나서 한평생 사람답게 살다 가려고 한다면 경제적 권리와 문화적 권리를 누리는 것도 당연하다는 겁니다. 그런데 사회구조가 이런 권리를 보장해주지 않으니까 당연히 연대해서 그 권리를 쟁취해야죠. 인간이면 서로 힘을 합치는 것도 당연히 인권입니다. 보장해야지요. 이 같은 측면에서 인문학을 통해 많은 사람을 만나면서 인문학의 주제가 상당히 개발되었다는 사실을 느끼고 있습니다. 그래서 '인권 문제를 인문학적 측면으로 확대해 논의하는 기회를 자주 가져야겠다'고 생각하게 되죠.

인문학과 민주주의라는 주제로 보면 민주주의는 '사회과학적·정치적 의미를 가지고 있지만 삶의 가치의 측면에서 인문정신이 실현되는 것을 인정하는 제도' 입니다. 달리 표현하면 형식적 절차로서의 민주주의가 아닌 실질적 민주주의가 구현되어야 한다는 것입니다. 이는 조금 전에 말씀드린 '연대권까지 포함하는 인권을 전면적으로 보장받고 있는가' 하는 문제를 인문학적 가치와 민주주의라는 제도의 관계로서 생각해볼 수 있다는 의미입니다.

문화도 마찬가지입니다. 문화는 포괄적인 의미에서 인간 삶의 방식 아닙니까? 그래서 다양한 문화 형태들이 있지만 그 문화의 핵심은 아시

다시피 인문학적인 상상력, 인문학적인 가치를 표현하는 것입니다. 인간 삶을 논하는 것들이죠. 그래서 인문학과 문화입니다. 또 우리 사회는 이른바 투기꾼 내지 잠재적 투기꾼 의식을 가지고 있다 했는데 이는 시민사회에서 윤리가 없는 거 아닙니까? 말하자면 공동체 의식을 바탕으로 만들어진 시민사회에 인간이 마땅히 갖추어야 할 윤리적 의식이 부재하거든요. 그래서 인문학 가치를 사회 윤리의 측면에서 논의하는 것은 인문학이 이 땅에서 인간다운 가치를 실행하는 일이기도 합니다.

또 우리 사회는 말도 안 되는 좌·우와 보수·진보를 가지고 있습니다. 이 이념을 과감하게 깨버려야 합니다. 이렇게 하면 좌, 저렇게 하면 우, 이건 진보, 저건 보수 하는데 저는 이것이 별로 중요하지 않다고 생각합니다. 보편적인 인문가치를 실행하는 것, 사람의 가치를 실현하는 것, 이것은 보수도 진보도 찬성해야 하는 문제입니다. 이를 굳이 구태의연한 좌우이념의 시각으로 나누는 것은 옳지 않습니다. 극좌가 될 수도 있죠. 극좌라도 좋다는 거죠, 다만 그것은 정말 보편적 가치를 가지고 있어야 합니다. 이념이 무엇을 추구하느냐는 사람 사는 방법입니다. 그런 의미에서 지금 우리 사회에서 좌·우와 보수·진보 등의 이야기를 하고 있는데, 저는 그렇게 보지 않습니다. 상식과 몰상식의 관계라고 봅니다. 즉, 인간의 보편적 가치를 추구하고 실현하기 위해 고민하는 것은 상식이고 그렇지 않으면 몰상식입니다. 지금 정치권력도, 재벌도, 언론도, 교육도, 종교도 전부 몰상식하죠. 달리 표현하면 이들은 보편적 가치라는 것을 전혀 모르고 있습니다. 그래서 이념을 뛰어넘는, 좌·우를 뛰어넘는 보편적 가치를 추구하는 것이 이 시대 인문학의 역할이라 봅니다.

이렇게 인문학의 가치와 역할을 이야기하고 나면 철학적으로 인간의

"우리 사회는 말도 안 되는 좌·우와 보수·진보를 가지고 있습니다. 이 이념을 과감하게 깨버려야 합니다. 이렇게 하면 좌, 저렇게 하면 우, 이건 진보, 저건 보수 하는데 저는 이것이 별로 중요하지 않다고 생각합니다. 보편적인 인문가치를 실행하는 것, 사람의 가치를 실현하는 것, 이것은 보수도 진보도 찬성해야 하는 문제입니다. 이를 굳이 구태의연한 좌우이념의 시각으로 나누는 것은 옳지 않습니다."

욕망 문제를 잠시 언급하지 않을 수 없습니다. 저는 욕망이 얼마큼 건강성을 회복하고 있는가, 바꾸어 말하면 천박한 우리의 자본주의가 우리의 욕망을 얼마큼 병들게 만들었는가를 좀 고민해야 한다고 생각합니다. 이때 정신적 가치차원과 물질의 가치차원이 함께 고민되어야 하고요. 특히 물질가치는 그 가치가 어떻게 발휘되느냐에 따라서 굉장히 다릅니다. 17세기 이후 과학혁명이 일어나면서부터 자연질서를 정량적인 방식으로 양화하기 시작했고 그 후 인류역사가 모두 수치로 양화되기 시작했죠. 그 결과 오늘날 우리 삶까지도 수치화 혹은 양화되고 있습니다. GDP가 얼마니, 국민소득이 얼마니, 그래서 잘사니 못사니 이렇게 나누고 평가하죠.

저는 가치개념을 전혀 새롭게 정리하고 싶은데요. 몇 년 전 이야기로 잠시 예를 들어보겠습니다. 이는 물질 고유가치의 의미를 설명하기 위한 예일 뿐입니다. 청와대에서 예산 관련 업무를 보는 어떤 분이 약 4조 원 정도를 복지비로 돌리고 싶은데 고민이라고 이야기하더군요. 수치나 여러 가지가 정확하지 않습니다만, 그 돈을 복지비로 돌려서 쫙 나누어주면 한 가구당 평균 월 10만 원 정도 돌아간다고 하면서 어떻게 방향을 잡아야 할지 고민을 한참 하더라고요. 그래서 제가 몇 가구 정도 줄 수 있느냐고 물었는데 기억이 정확하지 않으니, 예를 들어서 1만 가구라고 해봅시다. 그런데 이 상황에서 그나마 조금 진보적이라고 하는 사람들이 4조를 잘 키우면 장기적으로 좀 더 많은 혜택을 줄 수 있지 않겠느냐고 한다는 겁니다. 제가 그랬죠, 참 어리석은 사람들이라고. 제가 지금 말씀드리는 것은 물질의 가치를 설명하기 위한 극단적인 예입니다. 경제학적, 경영학적 시각과는 전혀 상관없고 오로지 인간 삶의 가치와 물질의 고유한 가치 사이의 관계를 말하고자 하는 것입니다. 예를 들어 종합부동산세 깎아주어서 강남의 부자들에게 1억, 2억씩 돈이 더 돌아갔다고 합시다. 그거 아무 의미 없습니다. 100억 있는 사람에게 1억 더 있으면 뭐 합니까? 아무 가치 없거든요. 있으나 없으나 합니다. 한 달에 100만 원 버는 사람에게 10만 원은 엄청난 가치를 지닙니다. 그래서 제가 그랬습니다. 1만 명에게 한 달에 10만 원 주면 4조 원이라는 하나의 물질적 가치가 1만 명에게서 발휘된다고.

말도 안 되는 것처럼 들릴지 몰라도 물질에는 고유한 질적 가치라는 게 있습니다. 물질은 필요한 사람에게 필요한 때 그 진정한 가치를 발휘합니다. 인간이 양화하기 좋아하는 그런 틀 속에서 하찮게 보일지 모르겠지만 저는 그 4조 원의 가치가 1만 명에게서 나타난다고 봅니다. 밥알이 밥그릇에 있을 때는 허기도 채워주고 영양분도 공급하지만 옷에 붙어 있으면 떼어버려야 하지 않습니까? 인간의 보편적 가치와 인문학적 가치의 측면에서 사회적으로 볼 때 부자들에게는 떼어버려야 할 돈이지만 가난한 사람에게는 정말 필요한 돈입니다. 그래서 물질은 어디에서 역할을 하느냐에 따라 가치가 완전히 다르다는 것, 이게 소위 말하는 인문학적 가치이고 철학적 가치입니다. 물질의 가치를 이렇게 이해하기 위해서는 사회적으로 건강한 욕망이 우리 모두의 바탕에 깔려 있어야 하는 겁니다.

우리에게는 물질의 가치를 이렇게 이해하는 정신이 분명히 있었습니다. 그래서 제가 자꾸 전통적인 내재적 가치의 회복이라는 말을 하고 있습니다. 내 한 끼 덜 먹어도 손님에게 한 숟가락 더 주고 싶은 그 심정 속에 인간을 사랑하는 가치가 있습니다. 물질의 온전한 쓰임새를 삶 속에서 자연스럽게 체득한 것이지요. 내가 다음에 갔을 때 대접받는다는 걸 염두에 둔 행동이 결코 아닙니다. 그게 인간의 마땅한 도리라고 보

는 겁니다. 사회적 의식의 차원에서도 마찬가지입니다. 국민소득 몇 만 달러가 중요한 게 아니라 그 돈이 제자리에 가서 짜임새 있게 사용되어 고유한 물질의 가치를 제대로 발휘하는 것이 중요합니다. 이러한 것이 역사의식을 성찰하는 과정 속에서 우리가 되새겨보아야 할 소재들이라고 생각합니다.

마지막으로 제가 조금 전 몇 가지 추출해서 말씀드렸는데, 사람의 가치를 실현하는 새로운 사회적 관계라고 하는 것은 지금부터 만들어가는 길밖에 없음을 다시 한 번 강조합니다. 이런 이야기를 가끔 주고받고 생활 속에서 시도 읊어보고 문학 가치도 이야기하고 철학적 고민도 함께 나누는 과정이 작고 더디지만 물질가치도 정신적 가치에 준하는 정도로 고쳐서 생각해볼 수 있는 그런 관계를 만들어낸다고 봅니다. 그것이 곧 이 시대 인문학의 역할이고 세계사적인 측면에서 볼 때 신자유주의 시대에서 있어서의 인문학의 역할입니다.

신승철 —— 신승철입니다. 저는 신자유주의 시대에 인문학의 역할에 대해서 논의하기 전에 '인문학이란 무엇인가?' 부터 고민했습니다. 그리고 인문학은 무작정 여행을 떠나는 일과 같으며 그 여행에서 광대한 무의식의 지평과 접속하는 일과 같다고 생각했습니다. 또 '신자유주의 시대에 인문학은 어떤 역할을 할 것인가' 하는 부분에 대해서는 경쟁과 경제논리가 자리 잡고 있고 모든 사람이 이 경제논리에 의해서 움직이는 시대에 인문학은 여백과 생산의 의미를 가질 것이라고 대답하고 싶습니다. 쉽게 말해서 새롭게 생각할 여지를 준다는 것이죠.

경쟁의 논리 속에서 사회는 분열되고 분열된 사회 속에서 사람들은 각박해지고 있습니다. 그러나 인문학을 봄으로써 새로운 사고의 여지를 제공하는 느림과 여백의 시간을 비로소 가질 수 있다고 생각합니다. 자본주의 시장논리와 경제논리는 사회 분열적 양상으로 드러나고 있고 지금도 분열적 환경을 조성하고 있습니다. 사회 분열적 욕망이 이른바 암적인 욕망입니다. 투기하려는 욕망이 있고, 중독에 걸린 욕망 있는 데 반해 한편으로 이와 다른 욕망, 치유하고 창조하고 생성하는 욕망이 있습니다. 인문학은 바로 후자일 것이고 우리에게 "과연 우리가 행복한가?"에 대한 질문을 던집니다. 이런 속도전의 사회에서 헤밍웨이의 《노인과 바다》를 읽고 사르트르의 《존재와 무》를 읽을 여유가 있는지 묻는다면, 그런 시간은 만들어내야 하는 것이지요. 이러한 이유로 우리는 인문학자들을 지적 한량이라고 부르기도 합니다. 마땅히 그래야 한다고 생각합니다. 한량적 행동은 인문학의 원천입니다. 인문학은 지금도 충분히 마이너리티minority적이고 그 자체가 부랑아 되기, 유랑인 되기, 소수자 되기를 감행하는 과정입니다. 이 욕망은 자본주의 망상, 도착, 분열, 광기, 욕망으로부터 치유되어서 새로운 수준의 욕망과 접속하는 것입니다. 그래서 인문학은 신자유주의의 경쟁논리에 대해서 질문을 던지고 치유하는 역할을 합니다. 또한 동시에 이런 경쟁 속에서 '죄수의 딜레마'처럼 획일적 표준에 의해 서로가 서로를 밟아야 승리와 성공이 가능한가라는, 홉스Thomas Hobbes의 '만인에 대한 만인의 전쟁' 상태와 같은 상황에 대해 문제를 제기합니다.

경쟁에 의한 균형이 최선의 선택이라고 하는데 이건 최선의 선택이 될 수 없습니다. 경쟁 당사자인 기업조차 블루오션을 이야기하며 경쟁을 회피하려 합니다. 그러나 어떻습니까. 진정한 블루오션은 틈새를 찾아다니는 것이 아니라 연대 나눔, 협력의 가치와 같은 새로운 지평에 접속하는 것이 아닐까요? 이 속에서만 심리적, 정서적, 사회 역학적으로

여백과 생성의 영토가 가능합니다. 신자유주의 사회는 미래세대를 고려한 지속가능성보다는 성장주의와 개발주의와 같은 자본주의적 진보라는 계속적인 맹목적 충동의 상황에 놓여 있습니다. 하지만 사실은 지속가능한 사회의 구성에 대해서 질문을 던져야 하죠.

그렇다면 미래적 대안은 무엇일까요? 바로 인문학이 미래 진행형으로서 의식과 무의식을 구성하고 있는 토대입니다. 체 게바라가 이야기했듯이 인간은 꿈으로부터 내려오는 존재입니다. 그것도 미래를 향한 꿈에서 내려오는 존재입니다. 인문학 위기담론은 '자본주의 실질적 포섭단계'에서 모든 것이 시장적 논리에 의해서 개편되기 때문에 '그 자율성이 존재하지 않을 것이다' 라는 논리적 함정을 가지고 있습니다. 그런데 이런 인문학 위기담론과 동시에 논의되었던 것이 '학문후속세대론' 입니다. 학문후속세대는 해외로부터, 외부로부터 학문을 도입했던 세대와는 다르게 내재적인 삶의 언어, 탈근대사회에 대한 삶의 언어를 발굴하는 역할을 했습니다. 학문후속세대는 대학원생, 강사, 그리고 세미나 다니는 직장인들, 아줌마, 아저씨 등 다양한 층으로 이루어져 있는데요. 여기에는 자율적이고 독립적인 연구를 하는 대안공동체도 포함됩니다.

학문후속세대론의 연장선을 이루는 것이 촛불집회에서 보여준 다중지성, 떼 지성, 집합 지성의 상황이라고 보입니다. 이 학문후속세대는 다중 지성의 영토 속에서 새로운 나침반의 역할을 하고 있습니다. 그래서 삶의 언어와 사랑의 언어를 만들어냄으로써 공동체 내에서 미시정치를 하는, 어떻게 욕망을 재배치해야 할 것인가에 대해서 귀담아듣는 귀중한 집단이 되고 있습니다. 또 인문학은 단순히 정보지식 기반이라기보다 복잡해진 탈근대사회의 차이와 다양성의 문제에 응답해야 합니다. 여기서 다채로운 욕망과 삶의 형태를 주목해야 합니다. 인문학은 기존의 정상과 다수자라는 어떤 이성적이고 합리적 인간에 주목할 것이 아니라 그 외부에 있는 아이, 광인, 동물, 소수자에 대해서 사고해야 합니다.

지금은 합리적 진리명제를 정당화이론의 테제로 해결할 수 없습니다. 지식권력의 계몽적 언어에 의해서 대중들이 움직이지도 않습니다. 인문학이 제시했던 낮은 곳에서 살아가는 사람들은 민중, 계급, 대중이라는 개념으로 존재했습니다만 현재는 민중의 수동성, 계급의 획일성, 대중의 동일성과 패권과 같은 편향이 나타나고 있는 시점입니다. 그래서 낮은 곳을 향하는 인문학의 정신이 다시 부활함으로써 새로운 되기, 즉 생성이 이루어져야 한다는 것이 새로운 인문정신에 대한 진단입니다. 낮은 곳을 향하는 인문학의 정신은 기존에도 분명히 있었고 이제는 새로운 인문학의 출발점으로서 존재합니다. 광인, 수감자, 노숙인과 대화하며 인문학을 가르치는 클레멘트 코스와 같은 프로그램이 제시되고 있는 것도 인문학이 '가르침으로써 누군가를 깨우치게 만든다는 계몽'의 개념이 아니라 '이미 알고 있는 것을 사회관계 속에서 촉발시킨다'라는 개념으로 바뀌었다는 증거라고 생각합니다.

저는 계몽주의를 넘어선 '아이 되기'에 주목합니다. 아이가 욕망을 통해서 완결되어 있듯이 모든 사람은 이미 충분히 진실을 알고 있으며, 그 모두가 아는 것을 끌어내 삶의 대안을 모색하는 시간이 인문학과의 접속을 의미한다고 생각합니다. 원래 인문학이라는 개념은 계몽주의로 시작한 진보적 삶의 모습인 인문주의, 인간중심주의에서 출발했습니다. 그러나 지금은 생명공영주의, 꽃과 새와 나비와 바람이 보내는 무언의 메시지에도 감응할 수 있는 새로운 감수성을 요구하고 있습니

"인문주의가 다시 인간에 대한 가치에 대해
서 이야기하려면 어떤 인간이 배제되었으며
그들의 가치와 삶의 욕망과 삶에 대해서 귀
기울여야 할 부분은 어떤 것인가에 다
시 접근해야 될 것입니다."

다. 이것은 생명과 욕망을 가진 모든 존재에 대해서 상호주관성의 영역을 확장시키는 것을 의미합니다. 그래서 인문학은 바로 '소수자와 낮은 곳에서 맨 몸뚱어리로 살아가는 들꽃과 같은 미물의 존재에게도 희망을 이야기할 수 있는 역할을 해야 한다' 라는 것입니다.

사실 1980년대의 민중 개념은 주권체제에 종속되는 것이고 계급도 생산관계에 위치한 집단이라고 할 수 있습니다. 노동 속에서 그 하나의 역할을 하는 인물들이 노동자계급으로 등장합니다. 대중도 문화생산자가 아니라 문화소비자로서의 집단으로 존재하고 있습니다. 그러나 지금 상황은 많이 달라졌습니다. 사실 노동은 계급의 특권이 되고 있고 민중이란 개념도 주권질서를 넘어선 다문화사회에 진입하고 있는 상황을 설명해내지 못하는 현상이 생기고 있습니다. 그래서 낮은 곳에서 살아가는 소수자의 영역을 생각하지 못하는 이러한 개념들은 낡은 것이 되고 있습니다. 노동자계급이라는 언어가 혁명적일 때가 있었지만 지금은 체제에 포섭항으로서 나타나고 있습니다. 쉽게 이야기해서 자본주의는 우리 내면에까지 깊숙이 들어와 있습니다. 적은 외부의 실체가 아니라 바로 우리 자신일 수도 있습니다. 자본주의적 욕망의 형태는 우리들의 삶에 침투해 들어옵니다. 이런 상황에서 오히려 맨 몸뚱어리로 살아가는 소수자 되기 즉, 소수자의 입장이 되지 않으면 우리는 다시 하나의 권력이 되어버린 노동자계급이나 대중의 수동성을 숙명처럼 받아들이게 됩니다. 그래서 저는 탈근대사회는 변화를 했으며 주체성에 있어서도 어떤 변화가 분명히 있다고 생각합니다. 이것으로 제 이야기를 마치겠습니다.

강성원 —— 그 변화란 저희에게 희망적인 변화인 거죠?

신승철 —— 그렇죠. 기존 인문학이 사실 계급, 대중, 민중이라고 이야기했던 것도 낮은 곳에서 살아가는 사람들에게 다가가기 위함이었습니다. 그런데 그것이 이제는 소수자의 부분으로 바뀌었습니다. 그래서 원래 인문학의 정신이었던 낮은 곳을 향하는 정신은 여전히 살아 있는 것이죠. 그것은 소수자, 사회적 약자, 주변인, 부랑아, 아이, 광인과 같은 새로운 주체성과 접속합니다.

청중 —— 제가 외국에서 어떤 사람과 이와 관련된 주제로 이야기한 적이 있는데 그 사람이 한국은 인문주의 토양이 가장 강한 나라가 아니냐는 말을 했어요. 이것에 대해 어떻게 생각하시는지 먼저 묻고 싶습니다. 그리고 아까 실질적 민주주의를 말씀하셨는데 선생님은 지금 지구상에서 가장 민주적인 나라, 비교적 민주적인 나라, 실질적인 민주주의라는 게 좀 갖추어진 나라는 어디라고 생각하시는지 궁금합니다. 마지막으로 자본주의가 발전해서 신자유주의까지 왔는데 자본주의와 인문주의가 반드시 반비례 관계에 있는지 아니면 그렇지 않은 예외가 있는지 말씀해주시기 바랍니다.

우기동 —— 저에게 하신 질문 같습니다.

강성원 —— 두 분 모두 답변 부탁드립니다.

우기동 —— 제가 머리가 좀 더 희니까 먼저 하겠습니다. 우리나라 인문학 토양은 대단하죠. 조금 전에 신 선생님께서 인문학이 낮은 곳으로 가는, 즉 클레멘트 코스에 대해 이야기하셨는데요. 2005년도에 우리나라에서도 이를 벤치마킹해 노숙인들과 인문학으로 만날 수 있는 자리를 만들었습니다. 제가 그때 철학 강좌로 처음 참여하게 되었는데 이후에 특정 소수계층에 국한할 것이 아니라 우리 사회 주민들을 향해 전면적으로 나갈 필요가 있다라는 생각을 했습니다. 그래서 자활후견센터의 자활사업 참여주민이라든지 임대아파트 주민 그리고 재소자들과 인문학으로 만나고 있지요. 지난여름 철학과 학생 몇 명을 미국 대학의 클레멘트 코스를 탐방하고 오라고 보내기도 하고, 그 코스 책임자를 초청해 한국에서 세미나도 하면서 교류를 하고 있습니다.

클레멘트 코스를 벤치마킹할 수 있도록 좋은 역할을 해준 얼 쇼리스 Eart Shorris 선생을 개인적으로는 존경하지만 최근 저는 시민인문학 과정의 내용과 방법의 측면에서 단절을 좀 하고 있습니다. 그래서 클레멘트 코스라는 말을 쓰지 않고 있죠. 사실 조그마한 사무실 공간 이름이 클레멘트였거든요. 얼 쇼리스 선생의 활동은 참으로 존경할 만하고 특히 소외계층 인문학을 시작한 발상은 대단한 것이었습니다. 그런데 제가 좀 실망을 하게 된 계기가 있었습니다. 2006년 초에 한국에서 얼 쇼리스 선생을 모시고 워크숍을 했는데 그때 클레멘트 코스의 성공 사례에 대한 질문을 했습니다. 이 질문에 대한 대답으로 '치과의사 2명이 나왔고 신문사 편집장이 나왔고 박사과정을 다니는 졸업생이 나왔다' 는 이야기를 하더라고요.

저는 갑자기 의아스러운 충격을 받았습니다. 집에 가서 잠이 안 오더라고요. 이런 식이면 또 다른 엘리트 교육일 수 있다는 생각이 드는 겁니다. 졸업생이 개인적으로 새로운 길을 모색하고 새로운 직업을 찾는건 당연히 격려해주어야 할 일이지요. 그런데 교육의 전체 차원에서 성공 여부는 다르다고 생각합니다. 자본주의 사회에 정상적으로 적응하

신자유주의 시대에 인문학의 역할

지 못해서 일탈된 사람들을 다시 집어넣는 과정인데, 사회에서 통념상 가치 있다고 생각하는 직업군을 성공케이스로 보아야 하는지 저는 받아들일 수가 없었어요. 만약 인문학 과정을 졸업한 그분들이 서로 사랑할 줄 알게 되었고 주체성과 자신감을 가지고 당당하게 살아가려는 자세를 갖추었다는 식의 대답을 들었다면 지금도 그 뜻을 공유하고 클레멘트 코스라는 명칭도 계속 썼을지 모릅니다. 하지만 저는 그걸 원하지 않거든요.

저는 시민인문학강좌에서 노숙인이나 재소자처럼 특정 계층의 교육도 필요하지만 중요한 것은 지역주민운동이라 보고 있습니다. 그리고 교육의 의미도 일방적인 것이 아니라 삶을 놓고 상호적으로 보아야 한다고 생각합니다. 제가 이야기하려는 교육은 국민교육과 같은 제도교육을 염두에 둔 게 아니라 사람 관계에서의 교육, 사람이 살아가는 방식에서의 교육입니다. 지금 여러분과 만나지 않습니까? 이 만남이 교육적이어야 한다는 거지요. '그 사람 만나보니까 정도 있고 배울 것도 있더라', 그러고 만나서 같이 일하고 대화하는 속에 끊임없이 서로가 서로에게 힘이 되는 교육적 방식, 그게 사람 삶의 방식이 되어야 합니다.

그런데 지금 우리는 대단히 정치적 방식, 계산적 방식으로 살고 있거든요. 나에게 이익이 되나 안 되나, 다음에 만날까 말까 등의 정치적, 계산적 방식. 이 같은 삶의 방식은 세계사적 흐름에서는 자본주의가 낳은 모습이고 우리 사회에서는 제가 아까 말씀드린 역사적으로 형성된 사회의식이거든요. 그런데 교육적 방식이라고 하는 것은 사람 사는 속에서 나오는 것이란 말입니다. 일부러 가르치지 않아도 시집 한 권 읽고 와서 '내가 어제 이 시집 읽었는데 재밌다, 너도 한번 읽어봐' 할 수 있는 따뜻하고 훈훈한 관계, 그래서 끊임없이 사람이 사람을 보고 싶어 하는 관계. 가르치고 배우는 일방적인 게 아니라 관계 속에 교육적 방식이 있습니다. 저는 이것을 교육적 방식으로 사는 삶이라 봅니다.

저는 클레멘트 코스라는 이름을 쓰지 않을 뿐만 아니라 인문학을 매개로 만난 각 지역의 주민들이 비록 가진 게 없어도 좋다, 그래도 인문학적인 정신으로 서로 조금이라도 이해할 수 있고 비록 사회적 환경이 열악하지만 많이 가진 사람보다도 당당하게 살 자신감이 있다면 인문학적 가치는 충분히 가능하다고 생각합니다. 그걸 우리 사회에서 자꾸 펼쳐보니까 전통적인 내재적 가치가 아직까지 말살되지 않고 살아서 잠재하는 것을 발견했습니다. 이런 이유로 역사적으로 그리고 현재에도 우리의 인문학적 정신의 토양이 대단하다는 것입니다.

클레멘트 코스를 벤치마킹한 시민인문학강좌에 대한 내용이 신문이나 잡지, TV에 나오는데 저는 전혀 원하지 않습니다. 어쩌다 저도 약간 노출이 되어 오늘 인문학박물관까지 와서 강의를 하고 있지만 시민인문학강좌를 진행하면서 느낀 점 일부를 담은 《행복한 인문학》을 쓰면서도 주변 사람들에게 이런 이야기를 많이 했고 지금도 하고 있죠. 그리고 책을 쓰는 것도 굉장히 조심스러워야 한다고 말합니다. 시민인문학강좌를 진행하면서 만났던 많은 사회적 약자층의 사람들, 노숙인, 재소자, 수급자, 자활사업 참여주민 등의 인상에서부터 강의와 관련된 느낌 등을 술회하면 아마 몇 년 간의 경험으로도 전집을 쓸 수 있을 겁니다. 하지만 그 짓을 왜 하려고 하느냐, 그들을 대상화시키지 마라, 지식 조금 가지고 있는 게 뭐가 그리 잘났다고 그걸 소재로 글을 쓰고 싶어 하느냐고 말합니다. 그것은 교육을 애초에 하지 않는 것만 못한 일입니다. 필요할 때 그분들과 함께하는 것이 무엇보다 중요합니다.

그래서 신림동 난곡 사람들 이야기, 중계동 임대아파트 주민들의 이야기, 수원 노숙인들과 함께 한 시간들 등등의 형태로 하되 교수도 참여하고 지역 활동을 하는 목사나 신부, 실무활동가들도 참여해서 인문학 공부하면서 느낀 이야기 등을 쓴다면 그때는 나도 적극적으로 찬성하고 글을 쓰겠다고 했습니다. 모두가 함께 주체가 되고 공동저자가 되고 공동 대상이 되는 방식으로 그 시절의 삶을 담는 글이면 받아들이겠다는 겁니다. 인문학을 공부하고 가르쳤다고, 철학 좀 했다고 시민강좌 수강생들을 대상으로 삼아 글을 쓰는 건 반대합니다.《행복한 인문학》을 보신 분은 아시겠지만 저는 그런 내용 거의 없습니다. 지난 제 경험을 바탕으로 인문학이 왜 필요한지, 철학의 어떤 부분을 가르쳤는지에 대한 내용 등을 의무적으로 썼습니다. 이렇게 모든 관계자 구성원들이 참여하는 삶의 토양을 새롭게 만들어야 합니다. 그리고 이 토양이 어떤 계기가 주어져서 회복되기만 하면 될 정도로 역사적으로는 이미 우리에게 인문주의가 내재되어 있다는 겁니다. 인문정신을 바탕으로 하는 삶의 뿌리가 있다는 겁니다. 어쩔 수 없이 개인적으로 말씀드릴 수밖에 없지만 저는 이런 맥락에서 우리 사회가 가지고 있는 인문학 토양은 대단하다고 봅니다.

한편에서는 인문정신의 회복이나 확산 가능성이 굉장히 높고 또 상당히 빠른 속도로 갈 수도 있습니다. 조금 비약해서 말하면 오히려 가진 사람에게 "여러분, 돈도 많고 권력도 있으니 좋지요? 그런데 한번 곰곰이 생각해보세요. 얼마나 불쌍해요? 이렇게 잘살아보려고 여러 사람 무시하면서 인간관계 다 놓쳤습니다"라고 이야기하는 사회풍토가 나타날 수 있다는 의미입니다. 그런 사회적 의식이 가능할 것이라는 말이지요. 그래서 아까 말씀드렸듯이 인간의 보편적 가치를 '이념을 뛰어넘는 일상적 의식'으로 만들어갈 수 있다고 생각하는 것도 우리 사회가 인문학적 토양이 매우 강하다고 보기 때문입니다.

　두 번째 질문과 관련해서는 정치사회적 의미에서의 민주주의보다 교육적 측면에서의 민주주의를 잘하고 있는 나라에 대해 말씀드리겠습니다. 교육과 관련해서는 정말 진지하게 함께 고민했으면 좋겠습니다. 교육이 제도교육뿐만 아니라 삶의 교육으로까지 연장되어 자리를 잘 잡은 나라로 저는 핀란드를 꼽습니다. 핀란드 교육협회장이 우리나라에 다녀가면서 "스포츠에나 있어야 할 경쟁이 왜 교육에 있지? 도저히 상상이 안 돼. 스포츠는 경쟁이 있어야 재미있지만 왜 대한민국에는 교육에 경쟁이 있지? 도저히 이해할 수 없다"라고 했습니다. 저는 그의 말이 실린 신문기사를 보고 충격을 받았죠. 교육이란 바로 이것이다. 그래서 자료를 찾아보니까 핀란드에서는 시험을 칠 때 선생님이 학생들에게는 답을 찾아내는 법을 가르쳐주기도 하고, 이 문제 다시 생각보라고 말하기도 한답니다. 시험지를 내고 가는데 불러서 이 문제 다시 생각해보라고 합니다. 옆에 있는 학생도 이 상황을 당연히 받아들이고 어떤 학부모도 이에 대해 항의하지 않습니다. 우리 같으면 그날부로 선생님 목 날아가고 온 나라가 난리날 겁니다. 핀란드는 학생 개개인의 능력을 중심으로 절대 평가를 합니다. 학생의 소질과 능력을 한 개인의 성장사로 키워주는 겁니다. 학생의 능력에 맞게 하나라도 더 가르쳐주고 싶은 거지요.

　페스탈로치 이후 오늘날과 같은 이른바 국민교육이 정착되기 시작했는데 어떤 측면에서는 세계사적으로 불행한 일입니다. 특히 우리처럼 교육이 철저한 경쟁과 한 줄 세우기로 가는 경우 이건 교육이 아닙니다. 지식 암기 기계로 만드는 일이지요. 교육이란 기본적으로 다양한 개성을 가진 여러 사람이 함께 어우러져 살 수 있게 만드는 과정입니다. 이러한 가운데 지식도 필요하고 지혜도 필요하고 그리고 어쩌다 간혹 비교도 필요할 수 있겠지요.

　핀란드 교육협회장 말마따나 교육은 경쟁이 아닙니다. 교육은 함께 하는 것입니다. 인디언들에게 국민교육을 시킬 초창기에 있었던 일입니다. 공부를 가르친 뒤에 시험을 치는데 애들이 다 모여서 의논을 하는 겁니다. 그래서 선생님이 막 야단을 쳤죠. 그런데 애들이 항변을 합니다. '우리 어른들은 마을에 어떤 문제가 생기면 모여서 의논해 해결한다. 그런데 지금 시험 문제가 너무 어려우니 당연히 의논해서 해결해야 하지 않느냐.' 이게 교육의 기본 정신 아닙니까? 바로 이것이 교육입니다. 이 안에서 영재교육도 가능한 겁니다. 따로 떼어다가 교육시키면 그 영재가 불쌍합니다. 보편교육 속에 독특한 능력을 발휘하는 아이가 있을 수 있습니다. 그런데 그 능력이 어디 갑니까? 보편교육 속에서 어울렸던 친구들, 그 가운데 특정 분야의 영재가 있는 거지요. 그런데 따로 떼어가지고……. 아이고, 불쌍하지 않습니까? 영재가 불쌍합니다. 권력을 가진 자가 불쌍하고 돈 가진 사람들이 불쌍합니다. 그래서 저는 이런 가치를 사회적으로 확산시키는 게 실질적인 민주주의라고 봅니다. 기본적으로 인문학적 가치에서 말입니다.

　그다음, 자본주의와 인문학은 배치됩니다. 배치 안 되고 잘할 수 있으면 좋겠는데 제가 주장하는 인문정신의 경우에는 아까 4조 원의 예를 든 것처럼 양화되지 않는 철학적, 인문학적 가치가 있습니다. 자본주의는 철저히 양화시키거든요. 그래서 저는 자본주의와 인문학의 본래 정신이, 더구나 우리 사회처럼 천박한 자본주의적 삶의 방식에서는 절대 같이 있을 수 없다고 봅니다. 그리고 핀란드 같은 경우는 우리와 상당히 다른 형태의 자본주의입니다. 이전의 사회주의적 요소가 들어 있는 민주적 복지사회라 할 수 있지 않습니까? 민주와 복지는 모두가 주인이면서 서로가 서로를 위하는 인문정신에 바탕을 두고 있지요. 용산참사를 떠올려보세요. 누가 잘했니, 잘못했니, 화재 원인이 뭐니 하고 권력과 언론이 떠들며 야단이었습니다. 가진 자들이 조금만 양보했으면 그런 일 안 생기잖아요? 많이 가진 사람들, 몇 십억씩 가진 조합원들이 조금만 양보해서 그분들 임대료 들어간 것과 권리금 1,000만 원, 2,000만 원 인정해주면 간단하잖아요. 누가 잘했니, 누가 불 질렀니 따지기 전에 근본 원인, 즉 사람 도리에 맞는 접근 방식이 필요한 거 아닙니까? 없어서 불쌍하고 죄인 되어서 불쌍하고 감옥 가서 불쌍하고 그런 사회 아닙니까? 그래서 거꾸로 '그렇게 한 정치권력 참 불쌍하다, 그게 사람으로서 할 짓이니?' 라고 끊임없이 소리 지를 수 있는 사회의식이 필요한 겁니다. 강남 부자들에게 하듯이 어려운 사람들을 왜 사람으로 대하지 못하나요? 인간의 보편적 가치를 모르기 때문이지요. 돈의 가치밖에 모르기 때문이지요. 역사에 자본주의밖에 없는 줄 알고 있는 것이지요.

바로 이런 대목에서 계급적 특성이 작용하는데, 사실 이제는 이런 계급과 계층을 넘어서는 인문학적 가치를 쭉 확산시켜나갈 필요가 있다고 봅니다. 인간 삶의 보편적 가치라는 측면에서……. 그래서 원래 인간이 가지고 있는 것, 우리가 전통적으로 가지고 있는 내재적 가치의 복원이라고 하는 것은 자본주의적 요소를 제거해가는 길일 수밖에 없습니다. 경쟁 덕분에 자본주의가 생활의 편리함이나 물질의 풍요함을 가져올 수 있었는지 몰라도, 어쩌면 자본주의는 인간이 만든 가장 비인간적 사회일지도 모릅니다.

신승철 —— 근대 인문학이 표상하던 인간이라는 것도 사실 정상인, 다

신자유주의 시대에 인문학의 역할

수자, 성인, 백인이라는 상을 가지고 있습니다. 여성이 참정권이라는 권리를 가진 지도 얼마 되지 않았습니다. 여전히 장애인들은 인간의 범주에서 누락되는 경향이 있습니다. 또 아이들, 특히 아이들의 욕망은 이성이 통제할 수 없는 광기를 가지고 있다는 혐의 때문에 끊임없이 교정의 대상으로 간주되고 있습니다. 제가 난곡에 있는 대안학교에서 강의를 한 적이 있는데 아이들과 만나면서 아이들의 욕망이 참 다양하다는 생각을 했습니다. 현행 자본주의는 성적이라는 획일적인 잣대로 아이들을 재단하고 있습니다. 그러다 보니 왕따 당하고 이탈하는 아이들이 많습니다. 대안학교에 참여하면서 우리가 생각하는 인간이라는 범주에 아이가 있을까라는 생각이 다시 들더군요. 이 아이들은 그저 인간이 되어야 할 대상으로 여겨지고 있을 뿐입니다. 그리고 인간의 범주에 광인도 있느냐? 물론 없다고 생각이 듭니다.

근대에서 인문학은 인간다움에 대한 가치를 이야기하지만 소수자의 영역, 아이나 광인, 장애인을 배제한 인간중심주의를 이야기해왔던 경향이 있습니다. 그렇지만 탈근대사회가 시작되면서 배제했던 낮은 곳에 있는 소수자의 목소리에 다시 귀 기울이지 않는다면, 자본주의를 겉으로는 비판할지 모르지만 자본주의가 만들어놓은 차별에 공모하게 될 것이라고 생각합니다. 그렇기 때문에 인문주의가 다시 인간에 대한 가치에 대해서 이야기하려면 어떤 인간이 배제되었으며 그들의 가치와 삶의 욕망과 삶에 대해서 귀 기울여야 할 부분은 어떤 것인가에 다시 접근해야 될 것입니다.

생명이라는 영역, 욕망이라는 영역이 사실 신자유주의에서 다시 화두가 되고 있습니다. 이를테면 과학기술만능주의에 입각한 황우석 사태만 보더라도 파시즘 상황은 매우 가까이에 있습니다. 이 파시즘의 욕망은 정상인 다수자의 욕망에 관련된 것이라고 할 수 있습니다. 용산사태도 사실은 자본주의의 속도전적 사회에서 빨리빨리 개발하면 된다는 식의 부동산 열풍과 뉴타운 개발, 즉 성공주의와 개발주의 같은 자본주의 논리가 빚어낸 참극이라고 생각합니다. 그 속에 자본주의적 욕망이 있습니다.

자본주의가 만든 욕망과 우리가 살면서 생명에너지로 쓰는 욕망은 구별된다고 생각합니다. 인문학의 욕망은 바로 생명에너지인 욕망, 삶의 욕망입니다. 제가 아는 분 중에 이동권 쟁취를 위해 싸우는 분이 계십니다. 우리는 자동차나 세탁기, 텔레비전 같은 것을 소비하고 싶은 욕망은 잘 알고 있지만 장애인들이 이동하고 싶어 하는 욕망에 대해서는 전혀 귀 기울이지 않고 있습니다. 우리 사회의 시스템과 신자유주의는 그 소수자의 욕망을 배제하고 있는 것이지요. 이동하고 싶다, 집에서 나가 돌아다니고 싶다는 욕망과 더불어 시설에 있는 장애인들은 특히 독립해서 살고 싶다는 생각을 많이 한다고 합니다. 인문주의가 다양한 소수자의 욕망에 귀 기울이지 않는다면 근대적 계몽주의적 인간, 즉 완성되어 있고 합리적이고 이성적인 인간 범주를 넘어설 수 없다는 생각이 듭니다. 자본주의는 착취와 더불어 소수자에 대한 차별로 유지됩니다. 신자유주의는 경쟁을 부추기면서 차별과 배제를 수행합니다. 현재 인문주의가 자기 발언권을 다시 가지려면 신자유주의의 성공과 승리의 역사 뒤편에 존재하는 차별받고 배제당한 다른 주체성에 대해 귀 기울여야 합니다. 신자유주의는 자본이 만들어낸 기괴한 사회지만 자본과 더불어 우리 내면까지 들어와 있습니다. 그렇기 때문에 우리는 우리 안까지 들어온 미시적인 파시즘에 맞서기 위한 투쟁과 삶의 욕망을 해방시키기 위한 투쟁을 끊임없이 감행해야 합니다.

청중 —— 먼저 우기동 선생님께 질문하겠습니다. 전통문화의 복원에 의한 공동체적 사회의식의 회복이라고 이야기하셨는데, 예를 들면 유교에 대해 모르는 우리 젊은 세대에게서 인문정신이 구체적으로 어떻게 드러날 수 있는지 말씀해주셨으면 합니다. 그리고 신승철 선생님께 드릴 질문은…… 저는 학문후속세대라는 개념을 오늘 처음 들었는데, 이 학문후속세대가 현재의 제도 안에서 어떻게 확산될 수 있을까요? 또 학문후속세대가 확산될 수 있도록 그들이 추구해야 하는 어떤 전망이 있다면 구체적으로 말씀해주시면 좋겠습니다.

우기동 —— 저는 전통문화라기보다 전통적인 내재적 가치, 인간의 가치를 말했지요. 그런데 굳이 말하면 문화가 될 수도 있죠. 저는 문화를 사람의 삶의 방식으로 볼 수 있다고 생각하기 때문에 전통적인 내재적 가치를 기준으로 삼아 살아가는 방식을 전통문화라고 표현할 수 있을 겁니다. 아까 말씀드린 그대로입니다. 한자, 유교문화와 같은 게 아니고 이런 문화 속에 들어 있는 삶의 가치를 말하는 거지요. 전통적으로 동아시아권에서 여러 가지 문화를 이야기할 수 있을 텐데, 1990년대에 중국에서 한참 인문정신에 관한 논쟁이 있었지요. 장이모우 감독의 영화가 중국 국민들에게 커다란 영향을 주면서 인문학자들 사이에 인문정신에 관한 논쟁이 붙었습니다. 제가 이 논쟁을 쭉 정리해보니까 우리 어른들이 살았던 그 삶의 방식을 이야기하는 것이더라고요. 어른들은 왜 그때 그렇게 살았는가. 그렇게 산 이유는 인간에 대한 가치를 알고 있었기 때문이라는 것입니다. 말하자면 거기에서 나온 삶의 지혜들을 이야기하는 겁니다. 제가 시민인문학강좌를 진행하면서 그 가치를 새삼 느껴 이걸 전면적으로 복원하는 작업을 해야겠다고 결심한 것인데,

구체적으로 어떠어떠한 특성이 그러하다는 게 아니고 우리 어른들이 살아왔던 모습을 좀 보고 배우자는 겁니다. 여기에는 사람을 생각할 줄 아는 가치가 있습니다. 이론적으로 정리된 게 아니라 그리 살아온 모습을 보고 '우리 어머니들은 이웃을 참 아끼고 사랑하더라', 그걸 그냥 배우는 거죠. 이것이 바로 교육적 방식의 삶입니다. 그럼 나도 이웃을 아끼게 되고, 그렇게 안 하는 부자들을 보고서는 '인간아, 인간이 되어라'라고 말할 수 있게 되죠.

이 같은 의미에서 아까 말씀드린 것은 이론이 아니고 실제 사람 속에서의 이야기입니다. 그리고 보편적 가치라고 하는 논리에서는 민중이나 노동자계급의 개념을 떠나서 생각하고 있습니다. 경제적으로 어려우니까 사회가 도와주어야 하고, 나쁜 짓만 해서 부자가 되었으니 감시해야 한다는 시각으로 보면 안 되나 하는 생각이 드는 거지요. 조금 전에 이야기했던 가치 문제도 마찬가지입니다. 이론이 아니라 우리 이웃이, 내 친구가 보니까 참 따뜻하더라, 이것이 바로 끊임없이 확산시켜나가야 할 삶의 중심 가치입니다. 이런 맥락에서 우리의 삶 속에 인간의 보편적 가치가 내재되어 있다고 말한 것입니다. 사실 저는 굉장히 무식하게 이야기하고 있죠.

청중 —— 전통적인 삶을 복원해야 한다는 그런 말씀을 하시는 것 같은데요. 지난날에는 분명히 남성과 여성, 반상의 차이가 있었는데 그렇게 쉽게 말씀을 꺼내시니 조금 생각해보게 되네요. 저는 옛날에 대한 향수를 불러일으키는 드라마나 영화도 약간의 역기능을 가지고 있다고 생각하거든요. 그 시절에는 양반이 10퍼센트가 안 되었던 것으로 알고 있습니다. 많은 사람이 핍박받았던 사회인데 너무 쉽게 접근하시는 게 아닌가 생각합니다.

우기동 —— 저와 같은 생각을 하고 계신 겁니다. 지금 제 이야기를 약간 잘못 받아들이신 것 같은데요. 저는 양반이나 유교 가부장제와 같은 전통을 이야기하는 게 아닙니다. 사람이 사람을 대하는 관계에 대해 이야기하는 겁니다. 저는 양반제도는 물론 가부장제도 부정하는 사람이고 페미니스트는 아니지만 페미니즘이 굉장히 필요하다고 보는 사람입니다. 제가 말하는 건 가진 사람이든 못 가진 사람이든 간에 사람이 사람을 대할 때는 사람답게 사랑으로 대하고 일을 할 때는 정직하게 해야 한다는 정말로 쉬운 이야기입니다.

청중 —— 저는 여성과 남성이 분명히 차별받았던 사회에서 산 사람이거든요. 아들은 대학을 보내도 딸은 대학을 안 보내는 것이 당연하고 대학 가는 남동생 학자금 버느라 누이는 공장에 취직해야 했던 세대가 우리 세대였는데, 이런 전통사회에 대해 너무 뭉뚱그려 말씀하시는 게 아닌지요. 조금 더 디테일한 설명이 필요한 것 같습니다.

우기동 —— 제가 굳이 더 설명 안 드리겠습니다.

강성원 —— 우기동 선생님이 방금 질문하신 분들이 지적하신 그 부분에 대해 모르고 말씀하신 건 아니라는 생각이 듭니다. 그러한 사실은 기본으로 하되 오늘 우리 주제가 '신자유주의 시대에 인문학은 어떻게 할 것인가' 하는 것이기 때문에 굳이 어떤 대안을 찾아야 한다면 우선 가시화될 수 있는 가장 가까이에 있는 것에서부터 찾아야 한다는 것이죠. 그래서 전통사회에서 확인할 수 있는 인륜적, 보편적인 가치를 다시 회복하는 일에 대해 말씀하신 게 아닌가 합니다.

청중 —— 저도 그런 차별의 시대를 살았던 사람이지만 자본주의에 대해서는 약간 긍정적인 생각을 가지고 있습니다. 왜냐면 기차를 탈 수도 있고 자가용을 탈 수도 있고 버스를 탈 수도 있는, 즉 선택의 가능성이 훨씬 많아졌다는 측면에서요.

우기동 —— 제 이야기는 이겁니다. '내 삶이 제일 가치 있는 삶이다. 내 삶은 무엇과도 바꿀 수 없다.' 우리 삶은 정말 일생 동안, 한평생 무엇과도 바꿀 수 없지 않습니까? 그래서 '살아 있는 동안 사람답게 살아야겠다. 가치 있게 살아야겠다. 그게 곧 내 삶이다' 라고 생각하면 된다는 말입니다. 그러면 다른 사람도 그렇게 생각합니다. 똑같은 인간이니까. '내가 한평생 살아가는 동안 내 삶이 가장 가치 있다고 생각하는데 저분도 그렇게 생각하겠지.' 그걸 인정해주는 거죠. 그래서 '나도 가치 있고 저 사람도 가치 있고 우리 모두의 삶이 다 가치 있구나' 라는 생각을 보편적 의식으로 갖는 사회를 염두에 두고 하는 이야기들입니다. 우리의 전통적인 삶 속에는 더불어 살아야 한다는 내재된 가치가 있다는 것이지요. 어떤 문화 형태나 가부장제 속에 이런 것이 있다고 말하는 게 아닙니다. 제가 이야기하는 건 간단합니다. '내가 사는 삶이 가치 있고 상대도 가치 있고, 그래서 서로 인정하고 더불어 살아야 되겠구나' 라고 생각하는 가치, 그게 다 입니다.

강성원 —— 신승철 선생님에 대한 질문도 있었습니다.

신승철 —— 기존 학문체계는 '대중은 더 배워야 하며 지식인에게 지식을 전달받아야 한다' 는 생각을 하게 만들었습니다. 외국으로 유학 가서 외국서적을 수입하고 번역하는 것이 학문세대의 임무라고 할 수 있습니다. 이에 반해 학문후속세대는 그것을 삶의 언어로 채워가고 삶의 내재적인 언어를 찾아가는 세대라고 할 수 있습니다. 또한 학문세대와 학문후속세대의 차이점은 학문세대가 대부분 대학이라는 공간에서 움직이는 데 반해 학문후속세대는 대학을 넘어서 있고, 그 외부에 있다는 점입니다. 그들은 대학이라는 공간에 속한 사람들이라기보다는 대안연구기관을 형성하고 있는 비정규직 강사와 대학원생들 그리고 가정주부들이기도 합니다. 학문후속세대 논의에서 제가 주목하는 점은 학문후속세대로 이행하면서 더 이상 지식권력이 작동하지 않게 되었다는 것입니다.

지식권력은 더 이상 대중에게 매력적으로 어필되지 않습니다. 대중들은 학문이 단순한 지식이 아니라 삶으로서 실천하기를 요구합니다. 이런 경향이 정점에 도달한 것이 바로 촛불집회라고 생각합니다. 촛불집회 때 어땠습니까. 다중 지성적 상황, 집합적 지성적 상황이 연출되었습니다. 모든 사람이 자신이 아는 것을 솔직하게 이야기했고, 모두가 하나의 신경망처럼 연결되어 있었습니다. 네트워크 속에서 한 사람이 울림을 가지면 다른 사람이 떨림을 갖게 되는 식으로 많은 사람이 울림판으로 반응했습니다. 인터넷으로 연결되었다는 점도 관련이 있다고 생각합니다. 학문후속세대도 이러한 집합 지성, 떼 지성, 다중 지성의 일부 기능이거나 이를 통해서 자신의 목소리를 확산할 수 있을 것입니다. 그리고 학문후속세대는 다중 지성의 일부로서 기능해야지만 자신의 목소리를 사회에 투영할 수 있을 것입니다. 또한 삶으로서 인문학을 좋아하기 때문에, 인문학을 사랑하기 때문에 인문학을 공부하는 것일 뿐입니다. 예전에는 인문학을 통해서 지식권력을 추구하는 사람—지금 그런 사람은 없겠지만—이 있었다면 지금은 재밌어서, 즐거워서, 그리고 행복하기 위해서 인문학에 접근하는 세대가 되었다는 것입니다. 이런 것들이 학문후속세대의 새로운 모습이며 다중 지성과의 관계 속에서 학문후속세대는 새로운 전기를 맞이하고 있다고 생각합니다.

청중 —— 좀 전에 우리나라가 인문주의적 입장이 강하다고 했는데, 작금의 사람들은 어쩌면 미국보다 더 많이 척박해졌다는 생각이 들거든요. 하지만 결국엔 이게 미국식 자본주의가 아니겠습니까? 만약 이 미국식 자본주의를 배제할 수 있다면, 미국의 힘이 퇴조하게 된다면 좀 사람답게 살 수 있는 괜찮은 사회가 될 수 있을까요? 어떻게 생각하시는지 궁금합니다.

우기동 —— 자본주의 이후 사회는 글쎄요. 저는 미래학자가 아니지만, 만약 그렇게 된다면 새로운 사회를 모색해볼 수 있다고 생각합니다. 과도기적인 모습을 하고 있는 나라의 예로 영국을 들 수 있겠는데요. 영국 같은 경우는 아마 올해 이후 GDP의 20퍼센트 정도가 사회적 기업에서 나온다는 이야기를 하더라고요. 이렇게 선발자본주의 국가들이 또 다시 문제점을 보완하는 형태를 사회적 기업에서 찾아볼 수 있을 겁니다. 그리고 공동체 일자리와 공동체 의식에 대한 노력이 좀 더 활성화되지 않겠는가 생각합니다.

근대에서 하나의 중심축이었던 개인주의와 달리 오늘날의 개인주의는 거의 이기주의 수준인데요. 이 개인주의가 얼마큼 비인간적인가 하는 것은 우리가 일상생활 속에서 이미 느끼고 있습니다. 정신없이 살다

가 잠자리에 누워서 내가 이렇게 살아도 되는가 하고 한 번만 돌아보면 그런 걸 쉽게 느낍니다.

인문학의 역할에 대해 이야기하고 있기 때문에, 또 제가 인문학자이기 때문에 말씀드릴 수 있는 점은 새로운 공동체적 사회관계에 대해 끊임없는 시도를 해가는 과정 속에서 전망이 나올 수 있다는 것입니다. 왜? 인간은 모두 성찰할 줄 아는 능력을 가지고 있기 때문입니다. 그래서 인문학이 보편적 가치를 실현하는 사회구조에 대해서 끊임없이 떠들고 다녀야 하고 좀 어려운 분들에게도 이야기해 자신감을 가지도록 도와주어야 한다는 것입니다. 그분들도 충분히 갖출 수 있는데 기회가 없었을 뿐이거든요.

그리고 자기중심적으로만 사는 가진 자들에게는 '야, 네가 인간이냐?' 하고 끊임없이 이야기하는 것이 이 시대 인문학의 역할이라고 봅니다. 말하자면 대중화된 인문학의 역할은 '사람 사는 가치가 어디에 있느냐?'를 끊임없이 묻고 답하는 것입니다. 강좌 형식이라도 좋고 다양하게 책으로 내도 좋습니다. 이런 인문정신을 쉼 없이 떠들어야 합니다. 저는 미래사회는 잘 모르겠습니다만 인간의 가치를 가장 소중히 여기는 사회가 틀림없이 오리라고 믿습니다. 영국의 어떤 미래학자가 미래에 최고로 각광받을 학문으로 인문학을 꼽았죠. 자본주의 사회에서 충격을 받았다는 사실은 누구나 다 알거든요. 아마 인간 삶의 가치를 염두에 두고 한 이야기겠지요.

청중 —— 우기동 선생님께 질문하겠습니다. 저는 아이 셋을 키우고 있는 잠재적 투기꾼인데요. 아이 셋을 키우다 보니까 투기꾼으로 점점 더 변하는 것 같습니다. 선생님 말씀이 굉장히 많은 자극이 되고 다시 한

번 사람에게 정성을 다하는 삶을 살고 싶다는 생각이 들긴 하지만 그래도 투기꾼으로 살아가야 하는 현실에서 고민하는 일이 많습니다.

　무엇보다 아이들을 교육적 방식이 아닌 경쟁적 방식으로 키우게 됩니다. 아이들에게 인문학적 소양을 길러주기가 너무 힘들고 경쟁체제에 내던져진 아이들이 삶의 실체감을 느낄 수 있도록 도와주지 못해서 자꾸 공부를 강요하게 됩니다. 그리고 경쟁에서 이겨야 한다고 강요하게 되고요. 이러다 보니 일단 아이를 경쟁체제에서 성공시키고 난 후에 조금씩 인문학적인 소스를 주면 된다고 저 혼자 생각하고 위안을 삼는 상황까지 왔습니다. 선생님께서는 아이를 어떻게 키우셨는지 궁금하고요, 이렇게 현실과 타협하며 아이를 키우고 있는 제 모습이 어떤지 묻고 싶습니다.

우기동 —— 제일 힘든 질문입니다. 철학을 하면서 삶의 문제에 관심을 가지다 보면 개인의 측면과 사회의 측면이 따로 노는 경우를 많이 목격하는데 그중 가장 첨예하게 드러나는 것이 자식 문제 같습니다. 제가 한 가지 예를 들어볼게요. 지금 질문하신 분은 제 심정 상태를 이해하실 겁니다.

　저는 아이가 둘인데, 큰아이는 대학에 다니고 작은아이는 중학교 3학년입니다. 지난 12월 작은아이가 중학교 2학년 때 일입니다. 저는 집이 우면동인데 그 아이가 돌 때 공동육아를 하러 들어갔다가 계속 그 동네 눌러살고 있습니다. 그러다 보니 아이가 강남구 소속 중학교를 다녔지요. 그런데 일제고사라는 게 있지 않습니까? 일제고사 시험을 치는 날 아침에 아이가 저에게 '아빠, 오늘 시험 치러 안 가면 안 될까?' 하고 물었습니다. 왜 그러냐고 했더니 며칠 전 뉴스를 보니까 초등학교 일제고사 때 시험을 거부하고 아이들과 체험학습을 다녀온 선생님들이 파면을 당했더라는 겁니다. 거부한 선생님들을 파면시키는 그런 시험을 정말 쳐야 할지 며칠 동안 고민했다는 거예요. 처음에 저는 '네가 알아서 해라'라고 했어요. 그런데 아이가 '아빠, 시험 칠 때보다 더 떨려, 어떡하지?' 하면서 괴로워하는 거예요. 그 순간 정신이 번쩍 들었어요. 그리고 아이와 대화를 좀 더 해보고 학교에 보내지 않았어요. 얼마 후 담임선생님에게 전화가 왔는데 얼핏 아이가 '제 의견이었을 뿐만 아니라 부모님이 동의를 해주셨다'고 대답을 하는 것 같았어요. 제가 아차 싶어서 애를 데리고 우면산에 올라갔어요. 두 시간 정도 등산하면서 그런 결심을 하게 된 과정을 아주 자세히 물으면서 진지한 대화를 했지요. 저는 아이의 정신적·육체적 성장에 상당한 충격을 받았습니다.

그리고 내려와서 제 제자가 아이 학교 도덕 선생님으로 있어서 전화를 했습니다. 자초지종을 말했더니 제게 잘하셨다면서 교무실 분위기도 나쁘지 않았고 내심 잘했다라는 의견이라는 겁니다. 그리고는 '선생님께서 살아오신 환경 아니겠습니까. 아이를 키워온 환경 아니겠습니까?' 이래요. 그래도 사실 보내고 싶은 마음도 좀 있었기 때문에 학교에 보냈어야 하는 게 아니었냐고, 내가 잘못한 거 아니냐고 하니까 '아니, 잘하셨어요' 그러더라고요. 솔직히 전화를 끊고 저는 보내야 했던 게 아닌가 하면서도 한편으로는 잘한 일이라고 생각했습니다. 자녀 교육에 대해서는 이렇게밖에 드릴 말씀이 없네요. 죄송합니다.

강성원 —— 아까 신승철 선생님께 질문하신 내용으로 이어지는데요. 학문후속세대가 구체적으로 할 수 있는 것들에 대한 답변을 다시 부탁드립니다.

신승철 —— 저는 지금 박사과정 다니고 있습니다. 박사수료를 하고 강의하러 다니는데 강사생활이 굉장히 어렵습니다. 힘들고 어려운 비정규직 상황이고 몇 번 잘려도 봤고……. 이런 생활을 하다 보니까 학문후속세대의 현실을 느꼈던 것 같습니다. 학문후속세대 논의에서는 상당히 낙관론적인 면이 있습니다. '우리 사회에서 학문후속세대가 새로운 세대가 될 것이다'라고 이야기하지만 학문후속세대의 현재 모습은 박봉의 비정규직 강사, 한국학술진흥재단 프로젝트에 마구 동원되는 대학원생들이 보여주고 있습니다. 프로젝트에 동원되어 공부하는 시간은 적어지고 경제적으로도 어려워진 것이 학문후속세대들이 지금 처한 상황이라고 생각합니다. 그럼에도 여기 모이신 분들과 같이 대안적인 인문학과 미래의 대안을 고민하는 분들에게서 희망을 발견합니다. 인문학이야말로 미래의 대안을 고민하고 미래세대에 대해서 생각하는 역할을 해야 한다고 생각합니다. 인문학은 미래진행형이라고 할 수 있습니다. 하지만 현재 학문후속세대들은 인문학을 통해서 미래를 꿈꾸기에는 여유가 많이 없는 세대이기도 합니다.

아까 이야기했던 다중 지성에서 새로운 활력을 찾는 학문후속세대의 경우도 많습니다. 제가 만난 촛불집회 참가자는 택시기사, 평범한 가정주부, 가게 점원 등이었습니다. 이들은 어느 날 갑자기 촛불집회에 나왔습니다. 그리고 인생을 다시 시작하는 기분이라고 말씀하셨습니다. 이 새로운 사건이 그들의 인생에 굉장한 전기를 마련했다는 생각과 더불어 이분들이 바로 '학문후속세대다'라는 생각이 들었습니다. 대학원에서 전문교육을 받은 분보다 새로운 어떤 집합적인 지성, 새로운 집단 지성을 알게 되신 분들, 그 전대미문의 계기 속에서 새로운 삶을 시작하신 분들이 사실은 진정한 학문후속세대가 아닐까요? 어제 이분들

과 만나서 이야기할 기회가 있었는데 촛불집회에 몇 번밖에 나가지 못한 저는 매우 부끄러웠습니다. 그 사이 촛불집회는 진화를 했습니다. 참여할 것 같지 않았던 사람들까지 모두 나와 참여하면서 새로운 모습으로 바뀌어갔습니다. 모든 사람이 자기 이야기를 하고 고민하고 토론하는 그 과정에 제가 누락되어 있었다는 사실이 부끄러웠습니다. 저에게 진짜 공부는 촛불집회일 수 있었는데 지식을 공부해야 한다며 몇 번 나가지 않을 것이 안타까웠습니다. 그러다가 오랜만에 나가보니 촛불집회의 주체성이 달라져 있었습니다. 이런 것들을 보면 대학 내의 학문후속세대라는 것에는 한계가 있으며 진짜 학문후속세대는 이 촛불에 있는 다중 지성이 아닐까 싶습니다.

청중 ── 지금은 경제적인 가치에 너무 치우쳐 있어 인문적 가치가 중시되고 있는 추세인데요, 반대로 인문적인 가치에 치우치게 된다면 또 어떨까 하는 생각이 듭니다. 과연 사회가 유지될까요? 예를 들어 법을 적용할 때도 한 사람, 한 사람의 처지와 상황을 고려하면 좋겠지만 그렇게 해서는 사회를 유지하기가 쉽지 않잖아요? 경쟁이 있어야 열심히 일을 하게 되기도 하고요. 이렇게 인문적인 가치가 사회에 지배적으로 뿌리내린다면 이 사회는 어떻게 될까요?

우기동 ── 인문학적 가치가 사회를 지배하는 시대가 올까 걱정되시나 봐요. 제가 아까 자본주의와 인문학적 가치의 양립에 대해 부정적으로 이야기했습니다만 그 의미를 잘 새겨보아야 합니다. 경쟁 속에서도 경쟁이 가지고 있는 긍정적 의미를 살펴볼 필요는 있지요. 이전투구가 아닌 정상적 경쟁의 의미 말입니다. 특히 경제활동은 경쟁 중심으로 이루어지고 그래서 인센티브가 있지요. 사회주의가 실패한 이유 중 하나가 사회주의적 인간형 창출에 실패한 것 아닙니까? 인센티브를 안 주니까요. 사회주의적 인간형 창출에 실패한 것은 결국 인문학적 가치를 제대로 실현하지 못했다고 볼 수 있거든요. 그런데 인문정신이 사람이 사람을 바꾸고 더불어 공동체적 의식을 가지는 것이라고 해서 그 속에 경쟁이 없다는 말은 아닙니다. 누구에게나 당연히 내가 최고라는 자의식이 있기 때문에 서로 생각이 달라 끊임없이 대립하고 갈등하며 경쟁하게 되어 있습니다. 바로 '이것을 어떻게 조화롭게 통일시키고 화해시키며 함께 가게 하는가'에 대한 해결 방법을 만들어내는 능력이 중요한 것이고 그런 것을 만들어내는 작동 기제가 중요하다는 말입니다.

사람이 안 싸우고 경쟁 없이 지낼 수 있나요? 오늘날의 욕망은 매우 왜곡되어 있지만 인간이 기본적으로 욕망을 가지고 있는 한 어떤 형태로든 싸울 수밖에 없지요. 그런데 자본주의적 경쟁, 특히 신자유주의에서 경쟁은 우리 인문학적인 가치 속에서의 만남, 갈등, 경쟁과는 전혀다른 길로 가고 있습니다. 이 위험한 경쟁에서는 내가 되었든 네가 되었든, 혹은 열 명 중에 몇 명은 떨어지게 되어 있거든요. 어떤 미사여구를 사용해 신자유주의에 대해 말해도 신자유주의 속에는 죽느냐 사느냐의 경쟁, 그 외에는 내용이 없습니다.

경쟁해야죠, 경쟁하게 되어 있지요. 그런데 이 경쟁은 누구를 죽이는 경쟁이 아니라 무언가를 업그레이드시키는 경쟁이어야 합니다. 경쟁하고 나서 '미안하다'고 말할 수 있는 경쟁이어야 합니다. 이런 경쟁으로 물질적 생산성이 높아지죠. 풍요한 것은 좋습니다. 그걸 부정한다는 것이 아니라니까요. 지금 자본주의의 경쟁시스템에서는 풍요나 편리함이 짜임새 없이 잉여로 있지 않습니까? 한쪽에서는 남아가고 한쪽에

서는 모자라거나 굶어 죽는데 오로지 경쟁만 부추기는 것 아닙니까? 한쪽에서 남아돌아도 더 경쟁하라는 것 아닙니까? 이런 경쟁에는 인문정신이 없습니다. 그 잉여를 짜임새 있는 형태로 만들어가는 것에, 철학적으로는 존재론적으로 맞추어나가는 것에 인문정신이 있다는 말입니다. 그러니까 여기 계시는 분들도 모두 경제활동을 하셔야죠.

인문학자의 역할은 제가 아까 말씀드린 대로입니다. 세상을 향해 '인간처럼 살자'고 외치는 일입니다. 왜곡된 욕망과 경쟁 때문에 허황된 거품 속에서 살지 말고 인간답게 살자는 것이지요. 그리고 구체적인 어떤 영역에서도 인문학은 말할 수 있지요. 정치의 예를 들어볼까요? 정치는 기본적으로 살아가는 과정에서 서로 부딪치는 문제를 해결하는 사람 간의 관계 아닙니까? 그러니까 자기중심으로 해결하려고 경쟁을 하지요. 그때 사람의 도리를 잃어서는 안 됩니다. 특히 모두를 위하는 보편적 가치를 놓치면 안 됩니다.

최근 우리 사회에서 헌법 개정 논의가 나오지 않았습니까? 그런데 대부분 사람들의 관심은 권력입니다. 대통령중심제, 내각제, 이원집정제 등에 관심이 있거든요. 저는 거기에 관심 없습니다. 엄밀하게 말해 관심 없는 게 아니라 그보다 더 중요하게 관심 가지는 게 있다는 겁니다. 저는 국민의 기본권에 관심이 있습니다. 대통령중심제도 좋고 내각책임제도 좋습니다. 문제는 국민기본권이 더욱 확대되고 보장되느냐 하는 것입니다. 제가 아까 말씀드린 인권의 측면, 자유권과 시민권은 말할 것도 없고 사회권이라고 하는 경제권, 문화권 나아가 연대권이 보장되는지, 그 기본권이 실리는지 안 실리는지에 관심을 가져야 합니다. 그다음에 이런 기본권을 가장 잘 실현할 수 있는 권력 형태가 무엇이냐를 논의해야 합니다. 정치권력 문제가 계속 뜨겠죠. 하지만 우리 같은 인문학자들

은 인간의 보편적 가치를 실현하는 국민기본권이 더 보장되어야 한다고
외칩니다. 이런 게 인문학적 정신이 관여할 수 있는 일일 겁니다.

신승철 —— 인문학은 일정한 가치 기반을 제공합니다. 생명윤리, 윤리
경영과 같은 것에 가치기반을 제공해줍니다. 가치기반을 제공해주면
서 사회적 가치의 부분에 대해서 발언합니다. 신자유주의는 시장가치
를 높이면서 공동체가치를 낮춥니다. 시장가치를 높이면서 생명가치
를 낮춥니다. 서로 맞교환이 되는 것이죠. 개발되는 만큼 환경이 파괴
되고 개발되는 만큼 어떤 공동체는 파괴됩니다. 그리고 노동을 하면 할
수록 꿈의 가치가 낮아집니다. 꿈꿀 자유는 드물어집니다. 또 노동가치
는 욕망할 자유, 욕망가치를 낮춥니다. 가치적인 부분에서 신자유주의
는 하나뿐입니다. 시장가치, 오로지 이 하나뿐이며 이것이 모든 것을
차지하고 있다고 생각하기 때문에 인문학뿐만 아니라 공동체, 꿈, 욕망,
생명 등에 대해서 다 공격적인 것입니다.

　그래서 이런 생각이 듭니다. 저는 인문학에서 꿈꿀 권리에 관해 미래
진행형이라고 표현합니다. 즉, 꿈꿀 권리를 주는 것입니다. 그 인문학
을 읽음으로써 그러한 권리를 얻을 수 있고, 가치에 접속할 수 있습니
다. 제 후배 중 울산에서 비정규직으로 일하면서 노동운동을 하다가 계
약이 만료되어 실업자 생활을 하고 있는 친구가 있습니다. 어느 날 그
친구가 책을 읽고 있기에 무슨 책인가 싶어서 보았더니 사르트르였습
니다. 그래서 왜 사르트르를 읽느냐고 물었습니다. 그러자 후배가 대답
했습니다. '나는 자유롭고 싶다. 노동운동을 하려 했지만 노동이라는
것이 자유롭지 못했다. 그렇기 때문에 실업자인 지금 상황에서 사르트
르를 읽고 싶다.' 물론입니다. 사르트르를 읽고 자유에 대해서 생각할

수 있습니다. 인문학은 사실 그런 '여지'를 주는 것이죠. 미래에 대해서 다시 생각할 수 있는 여지와 대안을 꿈꿀 수 있는 방법을 인문학이 제시해줄 수 있습니다. 신자유주의 시대에도 이 다중들이 생각할 수 있는 방법을 인문학에서 찾을 것입니다. 인문학을 통해 미래를 보고 어떤 지향성을 볼 것이며 또 가치를 보게 될 것입니다. 저는 이 같은 인문학의 역할이 신자유주의 시대에 하나의 테마가 되는 경향도 있지만 신자유주의가 말하지 못하는 새로운 여백으로서, 생성으로서 중요한 의미를 갖는다고 생각합니다.

강성원 —— 지금 두 분 선생님이 말씀하신 내용의 요지는 경제적 가치 안에 인문정신이 깃들어야 하고 그것은 인간을 어떻게 보다 행복하게 할 것인가 고민하는 것이어야 된다는 것으로 보입니다. 경제와 이윤 개념을 인문학적 토대에서 파악해내고 이를 실제적으로 구축하고자 하는 의지가 필요하다는 말씀인 듯하네요.

청중 —— 저는 잠깐 미국에서 살았는데 그곳에 있으면서 사람들이 왜 아이들을 미국에 보내 영어를 빨리 배우게 하려고 안간힘을 쓸까 하는 의문이 들었습니다. 지금까지는 강한 나라였을지 모르지만 제가 보기에 미국은 경쟁력 측면에서 굉장히 취약하기 때문입니다. 우리나라도 마찬가지라고 생각합니다. 예전에는 뜻이 있다면 누구나 대학에 갈 수 있었는데 요즘은 등록금이 너무 비싸서 아예 갈 엄두도 못 내게 되는 경우가 생기고 있습니다. 유럽 쪽 교육은 상당히 차별화되어 있고 사회가 보장하는 내용이 많기 때문에 좀 더 다양한 그룹에서 학생들을 선발하니 좀 더 낫다고 알고 있는데요. 이러한 내용들과 관련해 아까 4조 원의 예를 드셨는데 이 돈이 어떻게 쓰였는지 혹시 아신다면 말씀해주시면 좋겠습니다. 또 우리나라에서 교육을 사회화하려는 움직임이 있는지도 궁금한데요. 다시 말해서 사람들이 자식 학비를 대느라 아까운 인생을 헛되이 보내고 있는 이런 상황에서 교육비를 국가나 사회가 부담해야 한다는 등의 논의가 이루어지고 있는지 알고 싶습니다.

우기동 —— 정확히 모르겠지만 4조 원 가운데 일부는 복지비로 사용되었어요. 그래서 몇 년 전에 노동부에서 일자리 주는 정책이 나왔을 겁니다.

물질적으로도 풍요로워야 하고 생산성도 있어야 하죠. 그런데 인문적 가치와 결합시켜서 나가자는 거지요. 아까 이야기의 연장선상에서 말씀드리면 경제적 가치를 높이기 위해서 경쟁하고 갈등을 일으키며 살 수밖에 없지만 이 와중에서도 사람 관계를 아름답게 가꾸는 노력을 하자는 말입니다. 인문학의 역할을 통해 인간권리를 확대하자는 이야기를 할 수 있는 거예요. 인간의 가치관, 그 권리가 보장되는 사회제도가 될 때 인문학적 가치는 실현되기 때문에 이런 이야기를 할 수 있는 겁니다.

시민인문학강좌를 하면서 문집을 만듭니다. 이 문집에는 사회적 통념상 어렵게 사는 분들의 글이 실려 있습니다. 저는 그분들의 글을 보며 정말 많은 것을 느낍니다. 상당히 많은 글들이 공통적으로 '잔잔한 눈물'을 일깨워줍니다. 각박한 세상에서 경쟁하며 사는 동안 우리가 잔잔한 눈물을 잃어버렸다는 것을 깨닫게 됩니다. TV에 몇 십 년 전 헤어진 사람을 찾아주는 프로그램이 있잖아요? 해후하는 장면을 보면 모르는 사이에 눈물이 나옵니다. 이 모습에 가난한 사람은 눈물을 흘리지만 부자는 눈물을 흘리지 않는다, 이런 거 아니잖아요? 인간세상사 다

애틋하거든요. 그런데 살아온 과정에서 나온 글들이 너무 솔직한 거예요. 우리 글쟁이처럼 미사여구 동원하고 각색한 것이 아니라 그냥 그대로 쓴 것이라 그렇습니다. 이분들이 살아온 과정이 제가 살아온 과정보다 훨씬 치열했기 때문에, 또 그 치열했던 삶을 글을 통해 다른 사람에게 친절하게 알려주고 있기 때문에 글을 보면 잔잔한 감동이 밀려옵니다. 그래서 우리가 사회적 통념상 사회적 약자라고 부르는 사람들이 인문학적 가치에서는 강자일 수 있다는 것입니다. 이분들의 문집은 저에게 삶을 가르치는 교과서입니다.

우리가 이런 잔잔한 눈물과 감동을 느끼는 것은 다시 말해 여유가 생겼다는 의미일 수도 있습니다. 잔잔한 감동과 여유를 느낄 때 미소를 짓게 되죠. 다급함이나 경쟁 속에서는 미소를 지을 수 없습니다. 이 미소는 웃음연구소에서 '막 웃읍시다. 한 번 웃으면 몇 백 개의 근육이 움직여서 건강해집니다' 라는 식의 내용으로 전파하는 그런 웃음이 아닙니다. 잔잔한 눈물이 감동을, 감동이 여유를, 여유가 조용한 미소를 부르지 않습니까? 이는 바로 인문학적 가치를 알고 살아온 삶을 표현하는 방법입니다. 이처럼 인문학적 가치를 나누는 교육적 삶의 방식에서는 경쟁도 긍정적으로 변화시킬 수 있습니다. 결국 제 이야기는 인문학적 가치를 바탕으로 삼을 때 교육도, 경쟁도, 삶의 방식도, 감동과 여유 속에서 어우러질 수 있다는 겁니다.

신승철 —— 마지막으로 저는 처음 우기동 선생님께서 클레멘트 코스가 노숙인을 치유한다는 개념에 대해 지적하신 부분에 공감한다는 말씀을 드리고 싶습니다. 노숙인들이 성공신화를 만들어가도록 하는 것이, 즉 치과의사나 선생님이 되도록 돕는 것이 인문학의 궁극적인 치유 개념은 아니라고 생각합니다. 그래서 클레멘트 코스가 노숙인들을 정상적인 인간으로 바꾸기 위한 과정이라면 저도 클레멘트 코스라는 용어를 쓰지 않겠습니다. 굉장히 중요한 정보를 우기동 선생님께서 이야기해주신 것 같습니다. 소수자의 광기라는 부분은 저에게 새로운 주제로 다가옵니다.

강성원 —— 저는 인문정신을 보장하는 민주주의가 실현되어 있는가 혹은 보장되어 있는가를 따져보는 일이 신자유주의 시대에 인문학의 역할이라는 우기동 선생님의 말씀을 오늘 포럼의 결론으로 삼고 싶습니다. 그래서 이제 남은 문제는 인문정신과 인문정신을 온전히 실현할 수 있도록 하는 민주주의의 참된 의미를 찾는 것입니다.

오늘 이 시간을 통해 우리가 인문학의 정체성 문제에 대한 확실한 이해와 답변을 구할 수 있었던 것은 아니지만, 인문정신의 의미를 제대로 밝히기 위해 우선 우리 인문학 역사의 공과를 이야기했고 인문정신과 민주주의의 관계를 다시금 확인했다는 것으로 이 포럼이 논의하고자 했던 정체성 문제를 일단락 지을 수 있을 것 같습니다. 이렇게 서로 문제의식을 공유한 것만으로도 의미가 있다고 봅니다. 앞으로 이 부분에 대해 더 고민하여 지금 거의 내적 파탄에 가까운 상태로 보이는—저는 그렇게 느끼고 있습니다—우리 삶을 위해 지금 어떻게든, 무엇이든 해야 한다는 데까지 인식이 모아진 것에 의의를 두고 싶습니다. 우리 인문학은 이제 우리 삶을 위해 근대화 이후 본격적으로 한 번도 다루지 못했던 인간과 사회의 요구에 맞는 올바른 가치관 확립문제를 제대로 궁구해야 할 것입니다. 이에 대한 절절한 대중의 요구, 우리 모두의 요구가 현실로 존재하는 것입니다. 저는 이런 요구가 민주주의를 만들어나간

다고 믿습니다.

　사족 같지만 덧붙이자면, 저는 지금까지의 인류사는 '중산층 되기'
의 역사였다고 봅니다. 중산층 되기는 인류 발전을 이끌어온 가장 오래
된 현실적 목표였습니다. 선사 이래 인류가 추구해온 모든 노고의 결과
가 집약된 것이 중산층의 삶이라고 보고 있습니다. '최대 다수의 최대
행복'은 전 인류의 중산층화, 중산층의 보편화로 표현할 수 있지 않을
까 하는 생각도 듭니다.

　중산층의 삶이 무조건 나쁘다는 것이 아닙니다. 그것은 여전히 앞으
로도 인류의 가장 구체적인 발전 목표로 남을 것입니다. 하지만 인생의
성공과 실패를 경제적·사회적 최상위에 속해야만 하는 것으로 여기는
가치관이 일상을 지배하는 지금의 중산층 삶은 문제입니다. 특히 우리
의 중산층은 능력 경쟁을 통해서만 세상을 보고 느끼며 살아갑니다.

　이런 문제가 대부분의 인류사회에 존재했던 것들이었다고 볼 수도
있습니다. 사실 이런 능력들 덕분에 인류가 지금까지 발전해온 것이기
도 하니까요. 하지만 우리의 인생은 현재 어떤가요? 생이 나락으로 떨
어지는 것을 막기 위한 자기 보호와 보존을 위해 늘 경쟁하며 전전긍긍
해야, 그것도 운이 좋아야 겨우 기본이 유지되는 것이 현재 우리 삶입
니다.

　자아는 이런 것들을 준비하기 위해 나날을 영위하지만 현재의 자신
속에는 자신의 진정한 내적 휴식과 외적 평안을 바라는 자아, 곧 자신의
정체성은 찾을 수 없고 머리든 몸이든 움직여야만 먹고사는 내가 내 안
에서 달리고 있을 뿐입니다. 나는 평생 나를 벗어날 수 없고 내 안에는
내가 머물 수 없습니다. 물론 먹고살기 위해, 살아남기 위해 무엇인가
를 해야 하는 것은 인류를 비롯한 모든 생명체의 운명입니다. 하지만

인류가 지금 하는 방식은 자기파괴적입니다. 모든 계층, 모든 구성원의 삶을 낭떠러지로 밀어내는 방식입니다. 개인이 감당하기 힘들 만큼 지나치게 분열적이고 편집적입니다. 그리고 옛날 노예의 삶과는 다른 삶이라고 하지만 몸과 마음이 느끼는 것은 노예 상태입니다. 크게 달라진 것은 없습니다.

역사적·사회적인 중산층의 이념기능이 문제가 된 시기는 이미 지나왔다고 보입니다. 근대의 보편주의가 문제라고 지적도 했지만 중산층의 보편화는 결국 중산층이 지닌 역사적·사회적인 반동적 기능도 해소하게 만들지 않을까요?

중산층은 중산층으로 살아남기 위해 추종해야 하는 이런 삶의 양식을 오래 견뎌내기 힘든 계층입니다. 중산층의 이런 속성은 중산층의 보편화라는 인류의 강력한 역사적·사회적 의지를, 바로 이런 과정에 의해 형성된 자신의 정체성을 해소하는 데로 나가게 할 수 있습니다. 그만큼 중산층 되기는 인류의 본성에 어긋나 있다고 보입니다. 지금의 중산층은 사회 전체 인구에 비례해 본다면 봉건시대의 지배층을 연상시키고 있습니다. 문명이란 이름의, 부와 성공이란 이름의 넘을 수 없는 사회적 경계선과 피지배 관계가 여전히—다른 형태이지만—지속되고 있습니다.

백화점이나 에버랜드, 스타벅스 같은 곳에 있으면 인생이 안녕한 것을 느낍니까? 안전관리 잘되고 쾌적한, 그래서 인생의 안정을 비교적 보장받을 수 있는 공간을 공공영역이라 부를 수 있습니다. 하지만 거기 있는 개인들은 결핍과 불행감도 많이 느낍니다. 심리적으로는 요동치고 있기 일쑤입니다. 쪽방이나 넓은 아파트에도 위기감으로 인한 불안과 공포는 있습니다. 대중문화와 저널, 정치와 사생활 어디에서도 공공성은 구하기 힘들고 사물은 속되거나 야하지 않은 것이 없습니다. 아름

신자유주의 시대에 인문학의 역할

다운 피부는 권력이라고 하지 않습니까? 아름다운 모든 것은 권력이 된다는 점을 어린애도 알고 있습니다. 권력의 유무가 동물의 생사를 결정짓기 때문일까요? 농촌에도 안정과 안녕은 없습니다. 이것을 구하려면 도시만큼 바쁘게 움직여야 합니다. 모든 인간관계가 이해관계로 성립되고 있습니다.

대중들은 지금 의식적이건 아니건 이 피폐함으로부터 어떤 변화를 절실히 구하고 있습니다. 중산층의 위기와 피곤함은 보이지 않게 이들을 죽음으로 몰아가고 있습니다. 민주주의의 진정한 의미는 이런 상황에 불편부당함을 느낀 사람이 내는 목소리일 것입니다.

지금까지 이 포럼에서 논의해왔던 우리 근현대적 삶에 연관된 인문학의 문제는 바로 우리가 처한 이 같은 삶의 상황과 역사를 압축해 표현하고 있다고 해도 과언이 아닙니다. 인류의 발전이 곧 중산층으로의 생활발전을 의미하고 중산층의 양적 발전만이 아닌 질적 발전도 인간이 추구할 수밖에 없는 길이라는 점을 당연한 것으로 전제할 수 있다면, 중산층을 포함한 대중의 민주주의 추구는 인류사의 필연일 것입니다. 실제로 이런 변화는 세계사적으로도 일어났고 지금도 일어나고 있습니다. 이번 포럼에 참여하신 선생님들의 가치관이 우선 그렇습니다. 그리고 이런 의식들이 모여 우리 사회의 근대화를 완성하고 근대화의 정체를 바로잡을 것으로 보입니다. 그것은 곧 탈근대의 시작이기도 할 것입니다. 이런 의식들을 잊지 않겠다고 다 같이 다짐하는 것으로 전체 포럼을 마치겠습니다. 고맙습니다.

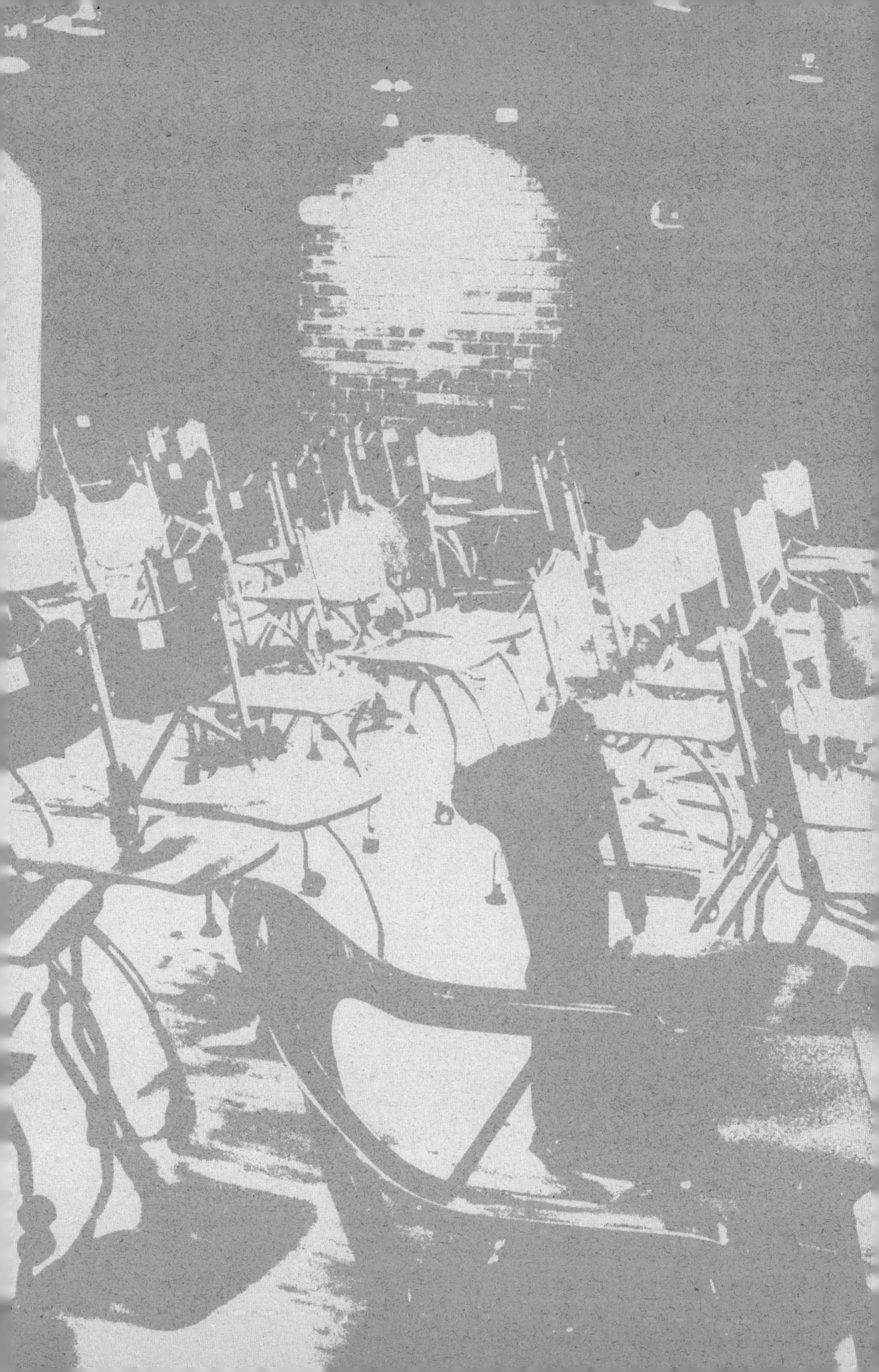

인문학박물관에서 — 어떻게 살아야 하는가를 말하는 인문학자 12인의 육성

ⓒ 김경일 · 김동춘 · 김정인 · 김창남 · 김한종 · 신승철 · 우기동 · 이영미
  전재호 · 진중권 · 한홍구 · 홍윤기, 2010

초판 1쇄 2010년 5월 17일

지은이 | 김경일 · 김동춘 · 김정인 · 김창남 · 김한종 · 신승철 · 우기동 · 이영미
        전재호 · 진중권 · 한홍구 · 홍윤기
펴낸이 | 강준우 **기획** | 인문학박물관 **녹취** | 문미 **편집** | 정지희, 김미량, 이혜미, 박김문숙
디자인 | 이은혜, 임현주 **마케팅** | 이태준, 최현수 **관리** | 김수연 **펴낸곳** | 인물과사상사
출판등록 | 제17-204호 1998년 3월 11일 **주소** | (121-839) 서울시 마포구 서교동 392-4 삼양빌딩 2층
전화 | 02-325-6364 **팩스** | 02-474-1413 **홈페이지** | www.inmul.co.kr | insa@inmul.co.kr
ISBN 978-89-5906-146-4 03300
값 14,000원